NTOA 10

Trobisch • Die Entstehung der Paulusbriefsammlung

NOVUM TESTAMENTUM ET ORBIS ANTIQUUS (NTOA)

Im Auftrag des Biblischen Instituts
der Universität Freiburg Schweiz
Herausgegeben von Max Küchler
in Zusammenarbeit mit Gerd Theißen

Zum Autor:

David Trobisch, geboren 1958 in Ebolowa (Kamerun, Westafrika), studierte evangelische Theologie an der Augustana-Hochschule, Neuendettelsau, und an den Universitäten Tübingen und Heidelberg. Mit vorliegender Arbeit promovierte er 1988 an der Universität Heidelberg bei Prof. G. Theißen, dessen Assistent er zur Zeit ist.

NOVUM TESTAMENTUM ET ORBIS ANTIQUUS 10

David Trobisch

Die Entstehung der Paulusbriefsammlung

Studien zu den Anfängen christlicher Publizistik

UNIVERSITÄTSVERLAG FREIBURG SCHWEIZ
VANDENHOECK & RUPRECHT GÖTTINGEN
1989

CIP-Titelaufnahme der Deutschen Bibliothek

Trobisch, David:
Die Entstehung der Paulusbriefsammlung: Studien zu den Anfängen christlicher Publizistik / David Trobisch. – Freiburg, Schweiz: Univ.-Verl.; Göttingen: Vandenhoeck u. Ruprecht, 1989
(Novum testamentum et orbis antiquus; 10)
ISBN 3-525-53911-8 (Vandenhoeck & Ruprecht) Gb.
ISBN 3-7278-0640-0 (Univ.-Verl.) Gb.
NE: GT

Veröffentlicht mit Unterstützung des Hochschulrates
der Universität Freiburg Schweiz

Die Druckvorlagen der Textseiten
wurden vom Autor ab Datenträger
als reprofertige Vorlage zur Verfügung gestellt
Computersatz «LOGOS» D. Trobisch, Mannheim

Paulusdruckerei Freiburg Schweiz
ISBN 3-7278-0640-0 (Universitätsverlag)
ISBN 3-525-53911-8 (Vandenhoeck & Ruprecht)

VORWORT

Die vorliegende Arbeit wurde im Wintersemester 1987/88 von der Theologischen Fakultät der Universität Heidelberg als Dissertation angenommen. Für den Druck wurde sie noch einmal überarbeitet.

Mein Dank gilt in erster Linie Herrn Prof. Dr. Gerd Theißen, der das Forschungsprojekt von Anfang an kritisch betreut hat, für seine freundliche Unterstützung und intensive Anteilnahme. Den Herren Professoren Dr. Christoph Burchard und Dr. Dieter Hagedorn danke ich für die Übernahme des Korreferates und für zahlreiche Anregungen. Ich bedanke mich bei Herrn Prof. Dr. Ludwig Koenen, der mir in unbürokartischer Weise Einsicht in die Papyrussammlung der University of Michigan in Ann Arbor ermöglichte, beim British Museum in London für die Übersendung der angeforderten photographischen Abzüge und bei Frau Prof. Dr. Barabara Aland, Dr. K.Junack und den anderen Mitarbeitern des Institutes für neutestamentliche Textforschung in Münster/Westfalen für ihre freundliche Aufnahme und bereitwillige Unterstützung.

Außerdem gilt mein Dank noch Prof. Dr. Gerd Theißen und Prof Dr. Max Küchler für die Aufnahme der Untersuchung in die Reihe NOVUM TESTAMENTUM ET ORBIS ANTIQUUS.

Mannheim, 24.12.1988 — David Trobisch

INHALT

"Die Frage nach der ä l t e s t e n S a m m l u n g v o n P a u l u s - B r i e f e n hat die Exegeten und Historiker so oft und mit soviel Scharfsinn beschäftigt, daß man diese Frage nur mit geringer Hoffnung auf neue überzeugende Ergebnisse anfaßt. Dennoch sei dies Problem noch einmal angegangen."

Walter Schmithals[1]

I. EINFÜHRUNG

Wer das Neue Testament in einer gängigen Übersetzung aufschlägt, findet auf die Evangelien und die Apostelgeschichte folgend Schriften, die den Anspruch erheben, vom Apostel Paulus verfaßt zu sein. Als Briefe werden sie bezeichnet, doch über weite Strecken wird der Leser den erwarteten brieflichen Charakter vermissen. Eher wie Traktate oder schriftliche Predigten lesen sich die kleinen, sorgsam stilisierten und in sich abgeschlossenen Schriften und vermitteln so den Eindruck, ursprünglich unabhängig voneinander entstanden und überliefert worden zu sein. Kaum ein Bibelleser kann auf Anhieb sagen, wieviele Paulusbriefe es sind, die in das Neue Testament Eingang gefunden haben, und die Behauptung, der Hebräerbrief sei ein Paulusbrief, wird meist verständnisloses Kopfschütteln hervorrufen. Fragt man schließlich historische Exegeten, so stellt man fest, daß nicht weniger als sieben der vierzehn biblischen Paulusbriefe mit guten Gründen verdächtigt werden, nicht vom Apostel zu stammen.[2] Aber auch innerhalb der anerkannt echten Briefe stehen Textabschnitte, die von vielen für unpaulinisch gehalten werden.[3]

Ganz anders zeigt sich das Bild, wenn die griechischen Handschriften des

---

[1] Walter Schmithals, "Zur Abfassung und ältesten Sammlung der paulinischen Hauptbriefe", *ThF*, 35 (1965), S.185-186.

[2] Bei der unpaulinische Verfasserschaft von 1Tim, 2Tim, Tit, 2Thess und Hb kann wohl von einem weitgehenden Konsens der Wissenschaft gesprochen werden. Umstrittener ist die Zuschreibung des Eph und des Kol. Außerhalb der Bibel sind im *3Kor*, *Laod* und im Briefwechsel zwischen Seneca und Paulus unechte Briefe bis heute erhalten geblieben.

[3] Z.B. Röm 16,25-27 und 2Kor 6,14-7,1.

Neuen Testamentes betrachtet werden. Die Paulusbriefe werden dort so weit sie sich zurückverfolgen lassen als geschlossene Einheit, dem sogenannten Corpus Paulinum, überliefert. Die Briefsammlung war offensichtlich ein eigenständiges Buch, bevor sie zusammen mit der Ausgabe der Evangelien, der Apg mit der katholischen Briefsammlung und der Offenbarung des Johannes zum Neuen Testament vereinigt wurde.

Wahrscheinlich handelt es sich bei der Erstausgabe der Paulusbriefsammlung um das älteste christliche Buch, mit Sicherheit aber gehört die kanonische Ausgabe der Schriften des Apostels Paulus zu den meistgelesenen Werken der Weltliteratur. Doch was geschah als die Texte zum ersten Mal veröffentlicht wurden? Und durch wieviele bearbeitende Hände ist die Sammlung gegangen bis sie zu dem Buch wurde, das in die christliche Bibel gelangte? Wie weit gehen unsere heutigen Ausgaben auf Paulus zurück und was stammt von späteren christlichen Interpolatoren und Fälschern? Sind die historischen Angaben der Texte zuverlässig? Sind die theologischen Aussagen paulinisch?

Nicht alles wird sich klären lassen und manches wohl immer rätselhaft bleiben. Die Geschichte des Buches von der Entstehung beim Autor Paulus bis zu den heutigen Ausgaben an einigen Stellen zu erhellen, das hat sich die vorliegende Untersuchung zur Aufgabe gesetzt.

Es sind nur wenige Arbeiten erschienen, die sich die Entstehung der Paulusbriefsammlung ausdrücklich zum Thema gesetzt haben. Andererseits wird keine Einleitung in das Neue Testament und kein Kommentar zu einem Paulusbrief verfaßt, ohne auch Aussagen über die Sammlungsgeschichte zu machen oder zu implizieren.

Diese Situation macht es schwer, ein geordnetes Bild der Forschungsgeschichte zu zeichnen. Eine Linie fängt in diesem Jahrhundert bei Theodor Zahn an und hat durch A.v.Harnack und H.Lietzmann großen Einfluß auf deutsche Exegeten ausgeübt. Eine andere Linie beginnt bei J.E.Goodspeed. Seine Ergebnisse sind vielen angelsächsichen Auslegern zur selbstverständlichen Voraussetzung geworden. Am Ende werden die beiden neueren Entwürfe von W.Schmithals und K.Aland vorgestellt, und auf weitere einschlägige Arbeiten ist im Verlauf der Untersuchung Bezug genommen.

Im Rahmen seiner Forschungen zur Entstehung des Kanons, hat sich *Th.Zahn* auch mit der Paulusbriefsammlung auseinandergesetzt.[4] Ausgangs-

---

[4] Theodor Zahn, *Geschichte des neutestamentlichen Kanons: Das Neue Testament vor Origenes* (Erlangen: Deichert,1888/1889), 1, S.811-839. Der Hb gehört nicht zur ältesten Paulusbriefsammlung, vgl. ebd., S.965-968.

punkt sind für ihn die ältesten Zeugnisse für die Existenz einzelner Paulusbriefe: *1Clem* 47 bezeugt seiner Ansicht nach den 1Kor, *PolPhil* 11,3 den Phil und *IgnEph* 12 den Eph. Es werden Anspielungen dieser Schriften auf weitere Paulusbriefe untersucht. Die Analyse ergibt, daß Ignatius und Polykarp offensichtlich, Clemens sehr wahrscheinlich eine Sammlung von 13 Briefen, also aller neutestamentlichen Paulusbriefe außer dem Hb, kannten. Eine solche Sammlung wird auch durch die anderen zeitgenössischen Zeugnisse nicht widerlegt.[5] Die vollständige Gleichmäßigkeit des Umfangs gebietet aber nun, "*eine momentane Entstehung*" der Sammlung "*durch bewußtes Handeln und eine gleichfalls dem Zufall entnommene Verbreitung derselben von dem Ort ihrer Entstehung aus*" anzunehmen.[6] Entstanden ist die Sammlung zwischen der Abfassung der Apg, die die Paulusbriefe nicht benutzt, und des *1Clem*. "*Eine wahrscheinliche mittlere Annahme dürfte das J.80 oder 85 sein.*"[7]

Nach Zahns Ansicht bezeugen der *KanMur*, Tertullian und Origenes eine uralte Ordnung der Briefe, die den 1Kor an erster Stelle und den Röm an letzter Stelle der Sammlung bietet. Dies spricht für die Vermutung, daß die Sammlung in Korinth zusammengestellt wurde. Andererseits ist auch aus dem 1Clem, bei Hegesipp und Dionysius von Korinth erkennbar, "*daß die Kirche Griechenlands und an ihrer Spitze die Gemeinde von Korinth noch im ganzen Verlauf des 2.Jahrhunderts ein Brennpunkt der kirchlichen Gesamtentwicklung gewesen ist*".[8]

Da nicht alle Paulusbriefe, die sich aus den erhaltenen Briefen erschließen lassen (1Kor 5,9-11; 2Petr 3,15), in die Sammlung aufgenommen wurden, hat der Herausgeber eine Auswahl getroffen und "... *nur solche Briefe, welche nach Form und Inhalt geeignet schienen, der versammelten Gemeinde wiederholt zu ihrer Erbauung vorgelesen zu werden*" aufgenommen.[9] Einige Briefe werden in Korinth vorgelegen haben, andere sind vielleicht von auswärtigen Gemeinden erbeten worden. Wenn Fehler unterlaufen sind - wie etwa bei der Adresse des Eph, den Th.Zahn als Rundschreiben deutet - so ist das auf einen Irrtum oder auf bewußte Täuschung durch einen Betrüger zurückzuführen aber nicht auf die Absicht der Herausgeber der Sammlung.

A.Harnack knüpft deutlich an Ansichten Th.Zahns an und führt sie kritisch

---

[5] *Hirte des Hermas, Barn, KerPetr, Did.*

[6] Ebd., S.831.

[7] Ebd., S.835.

[8] Ebd., S.837.

[9] Ebd., S.838.

weiter.[10] Da die Handschriften die Paulusbriefe nur als Sammlung enthalten, steht auch für Harnack fest, daß keiner der Briefe eine selbständige Überlieferung hatte. Stattdessen lassen sich in der Überlieferung aber drei Sammlungen unterscheiden: eine Sammlung mit 14 Briefen, eine ohne Hb mit 13 Briefen, die schon von *PolPhil* belegt ist, und eine Sammlung ohne Hb und Pastoralbriefe von 10 Briefen, die durch Markion bezeugt ist.

Entstanden sind die Sammlungen zwischen der Abfassung der Apg und Polykarp einerseits und Markion andererseits. "*Man wird also das letzte Viertel des 1. Jahrhunderts für die Entstehung der Sammlung der 10 und, gegen Ende dieses Zeitraums, auch der 13 Briefe offen lassen müssen.*"[11]

Zu Zahns Argumenten für Korinth als Entstehungsort der 10-Briefe-Sammlung fügt Harnack hinzu, daß die beiden seiner Ansicht nach deutlich erkennbaren redaktionellen Eingriffe der Herausgeber dieser Sammlung nach Korinth weisen, nämlich die ökumenische Adresse des 1Kor (1Kor 1,2b), die nicht lediglich diesem Brief sondern der ganzen Briefsammlung galt, und die Bearbeitung des 2Kor, der aus mehreren Briefen zusammengestellt wurde. Nach Aussagen des 1Kor und 2Thess hat der Sammler eine Auswahl getroffen. Fragt man nach den Kriterien, so "*bleibt nichts übrig, als sich mit der Feststellung zu begnügen, daß man aufnahm, was allgemein erbaulich und lehrhaft erschien und was man deshalb allen Gemeinden zugänglich machen wollte; denn unzweifelhaft sollte die Sammlung in den Gottesdiensten gelesen werden.*"[12] In die Sammlung der zehn Briefe sind nur echte Briefe aufgenommen worden. Alle sind sie an Gemeinden gerichtet, auch Phm. Da zu diesem frühen Zeitpunkt noch Leute am Leben waren, die Paulus persönlich gekannt hatten, ist die Verbreitung von dreisten Fälschungen undenkbar. Bei der Veröffentlichung wurde lediglich die Adresse des 1Kor erweitert und der 2Kor zusammengestellt.

Da Polykarp die Pastoralbriefe bezeugt, sind sie wohl in Asien entstanden und in die Sammlung eingefügt worden. Die genaue Entstehungsgeschichte dieser Briefe bleibt ein ungelöstes Rätsel.

Der *Hebräerbrief* wurde spätestens im letzten Viertel des 2.Jahrhunderts in Alexandrien der Paulusbriefsammlung angefügt. Der paulinische Ursprung wurde durch Hb 13,23 nahegelegt. Die endgültige Gestalt erhielt die Sammlung gegen Ende des zweiten Jahrhunderts bei der Kanonisierung in Rom.

---

[10] Adolf von Harnack, *Die Briefsammlung des Apostels Paulus und die anderen vorkonstantinischen christlichen Briefsammlungen: Sechs Vorlesungen aus der altkirchlichen Literaturgeschichte.* (Leipzig: Hinrichs, 1926), S.6-27.

[11] Ebd., S.7.

[12] Ebd., S.10.

Die römische Gemeinde hat den Röm an die Spitze gestellt und die Doxologie Röm 16,25-27 in den Text aufgenommen.

Seinem Römerbriefkommentar hat *H.Lietzmann* eine "Einführung in die Textgeschichte der Paulusbriefe" vorangestellt.[13] Seiner Ansicht nach wurden die 13 Briefe (ohne Hb) von Anfang an als Sammlung und in der heutigen Reihenfolge überliefert. Diese Sammlung war mit Sicherheit im ersten Viertel des zweiten Jahrhunderts schon weit verbreitet, entstand vielleicht in Kleinasien und war aus Briefen zusammengestellt, die man von den Gemeinden angefordert hatte, an die sie adressiert waren. Die Abschriften wurden von den Herausgebern der Sammlung unverändert übernommen, es läßt sich aber nicht ausschließen, daß die Gemeinden ihr Exemplar vorher schon leicht überarbeitet hatten.

E.J.Goodspeed unterscheidet sich im Wesentlichen von Harnack darin, daß er für die Vorgeschichte der Sammlung nicht annimmt, daß die Briefe in den adressierten Gemeinden eifrig gelesen und hoch geschätzt wurden, sondern daß sie in Vergessenheit gerieten, nachdem sie ihren konkreten Zweck erfüllt hatten.[14] Erst Jahre später stößt ein Sammler zufällig auf einen Brief, reist herum, findet weitere Briefe und stellt die Sammlung zusammen.

Goodspeed geht weiterhin davon aus, daß die Apg die Paulusbriefsammlung noch nicht kannte (*terminus a quo*), die Offb aber eine Sammlung ohne Pastoralbriefe bereits intensiv benutzt (*terminus ad quem*), wodurch sich für ihn eine Datierung zwischen 85 und 95 ergibt.[15] Als Entstehungsort hält

---

[13] Hans Lietzmann, "Einführung in die Textgeschichte der Paulusbriefe", *An die Römer*, HNT, 8, 4.Auflage (Tübingen: Mohr, 1933), S.1-18 = *Kleine Schriften*, 2: Studien zum Neuen Testament TU, 68 (1958), S.138-159.

[14] *The Meaning of Ephesians* (Chicago: University of Chicago Press, 1933); ders., "The Editio Princeps of Paul", *JBL*, 64 (1945), S.193-204; ders., "Ephesians and the First Edition of Paul", *JBL*, 70 (1951), S.285-291; ders., *A History of Early Christian Literature*, revised and enlarged by Robert M.Grant (Chicago: University of Chicago Press, 1966); ders., *The Formation of the New Testament* (Chicago: University of Chicago Press, 1926), 2.Auflage 1927; ders., *An Introduction to the New Testament* (Chicago: University of Chicago Press, 1937), 15.Auflage 1966. Eine umfassende Darstellung von Goodspeeds Entwurf und eine Einordnung in die ältere Forschungsgeschichte bietet C.L.Mitton, *The Formation of the Pauline Corpus of Letters* (London: Epworth Press, 1955).

[15] Vgl. auch Mitton, *Formation*, S.34.

Goodspeed Ephesus für sehr wahrscheinlich.[16]

Immer wieder betont Goodspeed, daß die außergewöhnlich zahlreichen wörtlichen Parallelen zwischen Eph und den übrigen neun Paulusbriefen (ohne Pastoralbriefe und Hb) einer Erklärung bedürfen.[17] Die beste Erklärung für diese Beobachtung liegt seiner Meinung nach darin, daß die Entstehung des Eph mit der Herausgabe der Paulusbriefsammlung in Verbindung zu bringen ist, die unserem Corpus Paulinum voranging und in der der Epheserbrief die Sammlung einleitete.[18] Den Charakter des Eph bestimmt er als pseudepigraphes Einleitungsschreiben der Sammlung, in der die für die Herausgeber wichtigsten Aspekte paulinischer Theologie zusammengefaßt sind.[19]

J.Knox übernimmt die Theorien Goodspeeds mit leichten Abwandlungen.[20] Er bringt neben dem Eph noch den Phm mit der Herausgabe der Paulusbriefsammlung in Verbindung und schlägt als Entstehungsort Ephesus zu Beginn des 2.Jahrhunderts vor.[21]

L.Mowry kritisiert die Annahme Goodspeeds, daß die Paulusbriefe erst nach der Veröffentlichung der Apg weitere Verbreitung fanden.[22] Vielmehr sind Teilsammlungen anzunehmen, die im Hinterland der Provinz Asia, Makedonien und Achaia entstanden

---

[16] Goodspeeds Argumente für Ephesus als Abfassungsort sind übersichtlich zusammengestellt bei Mitton, *Formation*, S.46-48.

[17] *The Meaning of Ephesians*, S.9: "*Out of 618 short phrases into which Ephesians may be conveniently broken for detailed comparison with the Pauline letters, 550 have unmistakable parallels in Paul, in words or substance. These parallels are with every part of Ephesians, and they are found in all the nine genuine letters of Paul.*" Die Parallelen werden ebd. S.82-165 synoptisch dargestellt.

[18] Ebd.S.73: "*It seems abundantly clear that the epistle is full of matters ... which blossom into full significance if the epistle be understood as an introduction to the Pauline letters, when first they were offered to the churches, by the hand that had patiently gathered them from the obscurity into which they had naturally fallen.*"

[19] Ebd.S.16: "*To set forth the transcendent value of the Christian faith for a generation of Greek Christians in danger of forgetting it, to rally the scattered churches to a sense of their essential solidarity, to bridge the gap between Paul's day and his own with a summary of the new-found Pauline teaching in terms of the writer's own day, and to commend the assembled letters of Paul to Christians everywhere - these are the elements which this great unknown soon after the publication of the Acts combined into a letter so good that many people still insist that it must be the work of Paul himself.*"

[20] John Knox, *Philemon Among the Letters of Paul: A New View of Its Place and Importance* (Chicago: University of Chicago Press, 1935)

[21] In "A Note On the Format of the Pauline Corpus", *HThR*, 50 (1957), S.311-314 verteidigt er sich gegen ein Mißverständnis durch seinen Kollegen J.Finegan ("The Original Form of the Pauline Collection", *HThR, 49 (1956), S.85-103)* und wiederholt seine Position, ohne neue Beobachtungen anzuführen.

[22] Lucetta Mowry, "The Early Circulation of Paul's Letters", *JBL*, 63 (1944), S.73-86.

und zunächst nur dort verbreitet wurden.

Aus den Reihen bei Markion, Origenes, Tertullian und dem *KanMur* folgert *Ch.H.Buck*, daß das Corpus Paulinum ursprünglich auf zwei Rollen überliefert wurde.[23] Die eine enthielt den 1Kor und 2Kor zusammen mit einem kürzeren Brief (bei Origenes und *KanMur* ist es der Eph, bei Tertullian und Markion der Gal), die andere Rolle enthielt den Röm und die restlichen Briefe. Eine Ordnung nach der Länge kam erst mit dem Gebrauch des Kodex am Ende des 2.Jahrhunderts auf.

Das 1955 erschienene Buch *The Formation of the Pauline Corpus of Letters*[24] von *C.L.Mitton* stellt nicht so sehr eigenständige Untersuchungen vor, sondern vermittelt den europäischen Fachkollegen in übersichtlicher und handlicher Form die Entwürfe von E.J.Goodspeed und J.Knox,[25] denen sich Mitton im Wesentlichen anschließt.[26]

Am Ende seien noch die beiden neueren Entwürfe von W.Schmithals und K.Aland dargestellt.

W.Schmithals geht davon aus, daß insgesamt 16 Briefe zu den sieben paulinischen Hauptbriefen (Röm, Kor, Gal, Phil, Thess) zusammengearbeitet wurden.[27] Außerdem hält er an der These von F.C.Baur fest, daß sich Paulus in diesen Briefen gegen ein und dieselbe Front wendet, was er durch einen synoptischen Vergleich der relevanten Textstellen belegt.[28]

Setzt man die 16 rekonstruierten ursprünglichen Briefe in eine relative Chronologie und datiert sie, so "*ergibt sich, daß die von uns untersuchten Hauptbriefe des Paulus in einem Zeitraum von weniger als 2 Jahren während der soge-*

---

[23] Charles H.Buck, "The Early Order of the Pauline Corpus", *JBL*, 68 (1949), S.351-357.

[24] London: Epworth Press, 1955.

[25] Neben Th.Zahn, A.Harnack und W.Bauer sind folgende englischsprachigen Autoren verarbeitet: F.W.Beare, R.H.Charles, A.H.Charteris, W.F.Howard, F.G.Kenyon, J.Knox, K.Lake, C.L.Mitton, J.Moffatt, Oxford Committee, E.G.Selwyn, B.F.Westcott.

[26] Vgl. die Zusammenfassung S.75-76: "*(I) The letters of Paul did not creep gradually into the life and worship of the Church, but sprang suddenly into the consciousness of the Christian community, about a generation after they had first been written, and in such a way as to suggest that they had been deliberately collected and then published as a Corpus, after a considerable period of almost complete neglect. This first collection took place about A.D.90. It was carried into effect in or near Ephesus.*"

[27] W.Schmithals, "Zur Abfassung und ältesten Sammlung der paulinischen Hauptbriefe", *Paulus und die Gnostiker: Untersuchungen zu den kleinen Paulusbriefen*, ThF, 35(Hamburg-Bergstedt: Reich, 1965), S.175-200. Erste Fassung des Aufsatzes: *ZNW*, 51 (1960), S.225-245.

[28] "Zur Abfassung", S.178.

nannten 3.Missionsreise geschrieben worden sind."[29]

Die Analyse der ältesten Zeugnisse für die Paulusbriefsammlung[30] ergibt, daß der Hebräerbrief und die Pastoralbriefe anfangs nicht zur Sammlung gehörten. Eph, Kol und Phm gehören eng zusammen. Die Stellung von Eph und Kol wechselt in den betrachteten Zeugnissen, und da der Röm nach der Analyse von Schmithals die alte Sammlung abschloß, ist auch der Platz des Phm am Ende der Sammlung sekundär. Diese Beobachtungen reizen "*zu dem Versuch, auch diese Gruppe von drei Briefen einmal auszuscheiden. Dann bleiben in einer festen Ordnung die sieben Hauptbriefe übrig: 1.Kor. 2.Kor. Gal. Phil. 1.Thess. 2.Thess. Röm.*"[31] Die redaktionelle Einfügung 1Kor 1,2b leitet diese Sammlung ein, die redaktionelle Doxologie Röm 16,25-27 schließt sie ab. Der Sammler hat aus den ihm bekannten Briefen eine Auswahl getroffen. Auswahlkriterium bildete dabei die antignostische Tendenz der Brieftexte. Die Sieben-Zahl soll zusammen mit der ökumenischen Adresse unterstreichen, daß Paulus an die eine Gemeinde schreibt, die über den ganzen Erdkreis zerstreut ist. Denn - so sieht es der *KanMur* - auch Johannes meint die gesamte Christenheit, wenn er an sieben Gemeinden schreibt. Auch die Briefsammlungen des Ignatius, des Dionysius von Korinth und der katholischen Briefe umfaßten sieben Briefe. Und die 14 überlieferten Paulusbriefe lassen sich als zwei Mal sieben Briefe deuten. Die Sieben-Zahl ist eine "*zentral beherrschende Konzeption*"[32] urchristlicher Briefsammlungen, so daß damit zugleich auch das wesentliche Motiv gefunden ist, das zu der redaktionellen Komposition von mehreren Briefen des Apostels zu gerade sieben Schreiben führte. "*Da schon der 1.Clem. diese - die älteste - Sammlung von Paulusbriefen benutzt, muß sie spätestens in den 80er Jahren des 1.Jh.entstanden ... sein.*"[33] Der Nachweis Harnacks, daß die Sammlung in Korinth zustande kam, wird übernommen.

Die älteste Sammlung "*wurde zunächst durch eine anfangs selbständig umlaufende Sammlung von drei Paulinen (Eph.-Kol.-Phlm.) ergänzt ... Später wurde dieses nun zehn Schreiben umfassende Korpus durch die Pastoralbriefe vermehrt, die ebenfalls längere Zeit als eigenständige Kollektion in Umlauf gewesen sein dürften. Durch Hebr. wurde diese Sammlung dann schließlich auf 2 X 7 Briefe*

---

29 Ebd., S.185.

30 *KanMur*; Tertullian *AdvMarc* 4,5; *DePraescrHaer* 36; Markion; p^{46}; *Catalogus Claromontanus*.

31 "Zur Abfassung", S.188.

32 Ebd., S.191.

33 Ebd., S.191-192.

ergänzt."[34]

Abschließend sei der Entwurf von *K.Aland* vorgestellt.[35] Nach einer Diskussion ausgewählter Arbeiten,[36] setzt sich auch K.Aland mit den einschlägigen Primärquellen auseinander.[37] Neu ist die Einbeziehung der Ergebnisse der Untersuchung des Textcharakters von Paulushandschriften, die am Institut für neutestamentliche Textforschung in Münster/Westfalen durchgeführt wurden. Sie ergaben einen überraschend hohen Prozentsatz von Handschriften mit gemischtem Text.[38] Im Gegensatz zu Th.Zahn, A.Harnack und

---

[34] Ebd., S.195.

[35] K.Aland, "Die Entstehung des Corpus Paulinum", *Neutestamentliche Entwürfe*, Theologische Bücherei, 63 (München: Kaiser, 1979), S.302-350.

[36] Diskutiert werden die oben vorgestellten Entwürfe von H.Lietzmann und W.Schmithals. Außerdem noch H.J.Frede, "Die Ordnung der Paulusbriefe und der Platz des Kolosserbriefs im Corpus Paulinum", *Vetus Latina: Die Reste der altlateinischen Bibel*, 24 (Freiburg: Herder, 1969), S.290-303. Vgl. auch: H.J. Frede, "Die Ordnung der Paulusbriefe", *Studia Evangelica*, 6, TU, 112 (Berlin: Akademie-Verlag, 1973), S.122-127

[37] S.327: Tabelle mit den Anordnungen der Briefe bei Markion, *KanMur*, p^{46} und Tertullian.

[38] Dem Institut gebührt hohe Anerkennung und Respekt für das Verdienst, die vielen hundert Handschriften an ausgewählten Teststellen kollationiert zu haben. Die Auswertung kann in der dargebotenen Form aber noch nicht überzeugen. So wird in der Tabelle aaO. S.310 angegeben, daß 49,3% der Teststellen des Codex Sinaiticus (01) im Röm Lesarten bieten, dic konstituierend für den byzantinischen Reichstext sind, eine Textform, von der man wohl erst nach Ausformung des byzantinischen Reiches, also zwei- bis dreihundert Jahre nach der Niederschrift des Codex Sinaiticus, sprechen sollte. In "Die Grundurkunde des Glaubens: Ein Bericht über 40 Jahre Arbeit an ihrem Text", *Bericht der Hermann Kunst-Stiftung zur Förderung der neutestamentlichen Textforschung für die Jahre 1982 bis 1984* (Münster, 1985), S.24-25 setzt Aland selbst die Anfänge des byzantinischen Textes in das 6.Jhdt. Die frühest mögliche Entstehung der Vorform des byzantinischen Reichstextes, des sogenannten Koine-Textes, datiert er allerdings in die zweite Hälfte des dritten Jahrhunderts (Barbara und Kurt Aland, *Der Text des Neuen Testaments: Einführung in die wissenschaftlichen Ausgaben sowie in Theorie und Praxis der modernen Textkritik*, (Stuttgart: Deutsche Bibelgesellschaft, 1982), S.74). Noch ein weiteres Beispiel: der in der gleichen Tabelle um das Jahr 200 datierte p^{46} bietet im Röm, 1.2Kor, Phil, Kol an 27% bis 28,6% der Teststellen rein byzantinische Lesarten. Eine Erklärung für das seltsame Ergebnis, daß die älteste Handschrift hier über ein Viertel Lesarten der jüngsten Textform hat, ist wohl die unpräzise Erfassung des "byzantinischen Reichstextes", was sich auch in einer undifferenzierten Terminologie niederschlägt. In Aland, *Text des NT*, S.140 wird auf den Mehrheitstext Bezug genommen mit den Worten: "... *Mehrheitstext (d.h. den byzantinischen Reichstext,*

H.Lietzmann stellt sich Aland die Entstehung der Paulusbriefsammlung als allmähliche Entwicklung vor: "*Jede Gemeinde, die einen Brief (oder mehrere) vom Apostel erhalten hatte, bewahrte ihn nicht nur sorgfältig auf und verlas ihn in der Gemeindeversammlung, sondern tauschte auch Abschriften der Briefe mit Nachbargemeinden aus.*"[39] "*In bunter Reihenfolge - und in wechselnder Zahl - dürften die Handschriften damals die Paulusbriefe geboten haben, und zwar als Resultat der allmählichen und verschiedene Grundbestandteile voraussetzenden Entstehung der Sammlung.*"[40] Im Bemühen um eine Vereinheitlichung setzt sich dann eine Anordnung der Briefe nach der Länge durch.

Der Entwurf gibt nicht vor, eine endgültige Lösung zu bieten. Die Ergebnisse der Untersuchung des Textcharakters konnten nicht die gewünschten klärenden Argumente liefern. K.Aland endet mit den Worten: "*Aber ich hoffe, daß wenigstens das vorgelegte neue Material als Fortschritt beim Versuch der Erhellung der Situation und als Förderung einer die komplexe Überlieferung des Corpus Paulinum mehr als früher berücksichtigenden Diskussion begrüßt werden wird.*"[41]

Als Versuch, das von Aland vorgelegte Material kritisch zu würdigen, versteht sich der erste Hauptteil der folgenden Untersuchung.

Analyse der Argumentation

Die Argumente der vorgestellten Entwürfe lassen sich grob in zwei Gruppen aufteilen: Einerseits in Aussagen, denen eine Interpretation der Primärquellen zugrunde liegt, das sind die ältesten Erwähnungen der Paulusbriefe, Zitate, Kanonslisten, Übersetzungen, Kommentare, verlorene und erhaltene Handschriften, und andererseits in Wahrscheinlichkeitsaussagen über die typische Entstehung antiker Briefsammlungen.

Neben einer erneuten sorgfältigen Quellenanalyse liegt der Schwerpunkt dieser Arbeit darauf, durch einen Vergleich ausgewählter Sammlungen die typi-

---

Koinetext oder wie man ihn nennen will, in seinen verschiedenen Schattierungen und Abstufungen) ..." 1200 Jahre Textgeschichte, wenn p^{46} berücksichtigt wird, sogar 1300 Jahre, werden in einen Topf geworfen. Bis nicht offengelegt ist, welche Textstellen des Corpus Paulinum als Teststellen ausgesucht und welche Lesarten für konstitutiv für den Mehrheitstext gehalten wurden, ist eine fruchtbare Auseinandersetzung mit den Untersuchungsergebnissen und eine wissenschaftliche Einschätzung kaum möglich.

39 Aland, *Text des NT*, S.57.

40 Aland, "Entstehung", S.348.

41 Ebd., S.350.

sche Entstehungsgeschichte antiker Briefsammlungen zu beschreiben. Während in den meisten Entwürfen eine Tendenz zu beobachten ist, zunächst den historischen Paulus und seine echten Briefe zu beschreiben[42] und von daher die Geschichte der Sammlung zu rekonstruieren, habe ich mich bemüht, den umgekehrten Weg zu gehen. Ich beginne bei der heutigen Gestalt der Sammlung und versuche, so weit auf Paulus zuzugehen, wie es die Quellen erlauben. Die Auswirkungen dieser Vorentscheidung waren stärker, als ich ursprünglich vermutete. Es konnte nur auf wenige Vorarbeiten zurückgegriffen werden, und die Erschließung des weiten Vergleichsmaterials erwies sich als äußerst arbeits- und zeitintensiv. Ich habe deshalb einen wichtigen Aspekt, der in fast keiner Theorie zur Entstehung des Corpus Paulinum fehlt, in den Mittelpunkt der Arbeit gerückt: Die Interpretation des wechselnden Umfanges und der veränderten Reihenfolge der Briefe in den alten Paulusausgaben.

Die vorliegende Untersuchung schlägt also keinen grundsätzlich neuen Weg ein, sie beschreitet ihn aber aus einer anderen Richtung. In den nächsten beiden Kapiteln wird nach Ausgaben der Paulusbriefsammlung gesucht, die älter sind als das Buch, das in die christliche Bibel aufgenommen wurde. Im darauf folgenden Kapitel wird dann aufgrund von Regelmäßigkeiten, die bei anderen antiken Briefsammlungen beobachtet wurden, die Verbindung zwischen dem Autor Paulus und den ersten Veröffentlichungen seiner Schriften untersucht.

---

[42] Eindrucksvolles Beispiel ist der Entwurf von W.Schmithals: Zunächst werden historische Umstände beschrieben (alle Hauptbriefe wandten sich gegen die gleiche Front), dann werden die Texte literarkritisch auf verschiedene Briefe aufgeteilt, auf dieser Grundlage wird die Redaktion der ältesten Sammlung beschrieben und dann die redaktionellen Interessen der späteren, erweiterten Sammlungen, die die ältesten erhaltenen Paulusausgaben bilden. Vgl. auch E.J.Goodspeed, *The Meaning of Ephesians*, S.14, der diese Vorgangsweise methodologisch bejaht: "*It is the glory of historical interpretation that when once the situation that called forth a document is determined, the document at once becomes luminous with meaning.*" Und da die historische Situation, in der Paulus den Eph verfaßt haben soll, nicht überzeugend beschrieben werden kann, folgert Goodspeed, daß Eph auch nicht von Paulus stammt.

"Alle uns erhaltenen Textformen der Paulusbriefe gehen auf eine einzige Sammlung zurück: kein Brief hat eine eigene Ueberlieferung. ... Aber noch weiter: diese Sammlung hat überall den gleichen Inhalt und auch im wesentlichen die gleiche Anordnung."

Hans Lietzmann[1]

II. UMFANG UND ANORDNUNG DER BRIEFE IN DEN ALTEN PAULUSAUSGABEN

Der folgende Teil bemüht sich um die Deutung der Brieffolge und des Umfanges der ältesten erhaltenen Ausgaben des Corpus Paulinum. Diese Ausgaben werden zunächst beschrieben. Dann wird nach einem vergleichbaren Befund bei anderen antiken Briefsammlungen gefragt. Theorien, die den Befund dort erklären, werden dann wieder auf das Corpus Paulinum bezogen und auf ihre Anwendbarkeit geprüft.

Ausgangspunkt ist die heutige Gestalt der Paulusbriefsammlung, und es sollen die Sammlungen beschrieben werden, aus denen sie sich entwickelt hat. Die Vorteile dieser Vorgangsweise liegen auf der Hand: wer mit den allerersten Anfängen beginnt, muß mit Hypothesen beginnen und muß in der Darstellung der weiteren Entwicklung beweisen, daß diese Vorentscheidungen richtig waren. Wer umgekehrt vorgeht, legt die Kriterien zur Urteilsbildung vor und kann die Untersuchung beruhigt in Hypothesen ausklingen lassen.

Damit ist auch der Gegenstand der Untersuchung festgelegt: es interessieren nur die Vorläufer der heutigen Sammlung. Sammlungen, die sich in eine andere Richtung entwickelt haben, werden nur am Rande gestreift.

Da sich auf diesem Wege herausstellt, daß unsere heutige Sammlung aus kleineren Einheiten entstanden ist, wird jede dieser älteren Teilsammlungen für sich weiteruntersucht, wobei wieder vom Jüngeren zum Älteren fortgeschritten werden soll.

---

[1] "Einführung in die Textgeschichte der Paulusbriefe", S.1.

A. Einleitung

Bei fast allen Versuchen, die Entstehungsgeschichte des Corpus Paulinum näher zu beschreiben, hat die Interpretation der Reihenfolge der Briefe in alten Ausgaben der Paulusbriefsammlung eine wesentliche Rolle gespielt. Bis zu zwanzig verschiedene Reihen werden in der Forschung aufgezählt, so daß A.Jülicher in seiner *Einleitung in das Neue Testament* resigniert von einem "*Wirrwarr*" sprechen kann,[2] und nach H.J.Frede "*steht kein Brief an immer derselben Stelle*".[3] Die große Zahl der Quellen, die zur Rekonstruktion alter Paulusausgaben herangezogen werden können, hat immer wieder dazu verleitet, die Materialsammlungen der Vorgänger zu übernehmen, durch eigene Beobachtungen zu ergänzen und sich auf eine Neuinterpretation des als gesichert vorausgesetzten Befundes zu beschränken.

Im Folgenden werden die Quellen nochmals gesichtet. Als Belege für alte griechische Ausgaben der Paulusbriefe kommen zunächst die Ausgaben selbst, also die Handschriften, in Betracht. Der Begriff *Ausgabe* bezeichnet dabei tatsächlich in Umlauf befindliche Exemplare der Paulusbriefsammlung und beschränkt sich nicht auf durch bewußte Redaktionsarbeit erstellte Rezensionen. Denn es zeigt sich in der handschriftlichen Überlieferung von Texten häufig, daß textgeschichtlich prägende Ausgaben auch durch Fehler entstehen können. Dabei werden dem Prinzip folgend, vom Jüngeren zum Älteren fortzuschreiten, zuerst die Minuskeln, dann die Majuskeln und am Ende die Papyri behandelt. In einem weiteren Abschnitt werden dann die Quellen untersucht, die alte Ausgaben nur indirekt bezeugen, das sind verlorene Vorlagen erhaltener Handschriften, alte Kommentarwerke, Zitatreihen der Kirchenväter, die alten Übersetzungen und natürlich die Kanonslisten.

So viel sei schon vorweggenommen: am Ende der Untersuchung hatten von den vielen verschiedenen Reihen nur eine kleine Zahl einer kritischen Sichtung standgehalten. Und die Aufgabe, in dieser veränderten Situation eine neue, umfassende Deutung des Befundes zu versuchen, erscheint besonders reizvoll.

---

[2] 7.Auflage (Tübingen: Mohr, 1931), S.547: "*Innerhalb der neun Gemeindebriefe herrscht bis ins 4.Jhdt hinein geradezu Wirrwarr.*"

[3] H.J.Frede, "Die Ordnung der Paulusbriefe und der Platz des Kol", S.290. Ganz im Gegensatz dazu steht die oben zitierte Aussage Hans Lietzmanns.

B. Die Handschriften

Es war nicht mein Ziel, den Umfang und die Reihenfolge der Briefe sämtlicher Paulusbriefsammlungen in den etwa 800 Handschriften zu erfassen. Dies wäre für einen Einzelnen ein zu großes Vorhaben. Auch ist vom Institut für neutestamentliche Textforschung in Münster/Westfalen zu erwarten, daß das Material nach und nach in einer viel besser benutzbaren Form der Öffentlichkeit zugänglich gemacht wird, als das im Rahmen dieser Untersuchung möglich wäre. Und drittens haben die Erfahrungen der letzten Jahre gezeigt, daß die Erfassung der neutestamentlichen Handschriften noch keineswegs abgeschlossen ist.[4]

Mein Ziel war daher, eine Theorie zu entwickeln, die einerseits in der Lage ist, die in der Literatur diskutierten Reihen zu deuten, und von der andererseits zu erhoffen ist, daß sie sich auch bei heute noch unveröffentlichten oder unbekannten Handschriften bestätigen wird.

1. Die Minuskeln

Ich habe die Reihen sämtlicher Papyri und Majuskeln, die Paulustexte enthalten, untersucht, die Minuskeln aber nur so weit, so weit ihre Reihen bisher diskutiert worden sind. Die drei umfassendsten Diskussionen dieser Problematik schienen mir dabei in den Aufsätzen von William H.P.Hatch "The Position of Hebrews in the Canon of the New Testament" (1936),[5] Hermann Josef Frede "Die Ordnung der Paulusbriefe und der Platz des Kolosserbriefs im Corpus Paulinum" (1969)[6] und Kurt Aland "Die Entstehung des Corpus Paulinum" (1979)[7] gegeben zu sein.

In den Minuskeln lassen sich am häufigsten die Reihen *Röm-Phm Hb*[8] und *Röm-Thess Hb Tim-Phm* beobachten. Minuskel 794 bietet als Kuriosum die

---

[4] Zwischen 1963 und 1983 sind allein 24 neue Majuskeln beschrieben worden, bei einer Gesamtzahl von 241 sind das immerhin 10 Prozent. Insgesamt sind in dem selben Zeitraum über 400 neue Handschriften in Münster erfaßt worden (Aland, "Grundurkunde des Glaubens", S.31).

[5] *HThR*, 29 (1936), S.133-151.

[6] *Vetus Latina: Die Reste der altlateinischen Bibel*, 24 (Freiburg, 1969), S.290-303.

[7] *Neutestamentliche Entwürfe*, Theologische Bücherei, Bd.63 (München: Chr.Kaiser, 1979), S.302-350.

[8] Hatch, "Position of Hebrews", S.143 Anm.43, gibt für die Reihe Röm-Phm Hb 329 Minuskeln ohne Namensnennung an.

Vermischung dieser beiden Reihen *Röm-Thess Hb Tim-Phm Hb.*[9]

Davon abweichende Reihen verzeichnet H.P.Hatch für die Handschriften 103, 455, 606, 1930, 1961, 1964, 1977, 1978, 1994 und 2248. H.J.Frede fügt Minuskel 5 dazu und Aland ergänzt 720, 1241, 1729, 1838, 1962, 1992, 2104, 2127, 2576, 2685, 2690 und 2739.

Von diesen zuletztgenannten Handschriften werden ausgeschieden, weil es sich um Kommentarhandschriften handelt (in Klammern ist das Sigel bei v.Soden angegeben):[10] 103 ($O\theta^{28}$), 455 ($O\theta^{41}$), 606 ($O\theta\delta^{10}$), 720 ($\theta^{\varepsilon 20}$, $O\theta^{20}$), 1930 ($\theta^{\pi 62}$), 1961 ($\theta^{\pi 45}$), 1962 (X^{10}), 1964 ($\theta^{\pi 54}$), 1977 ($\theta^{\pi 44}$), 1978 ($\theta^{\pi 53}$), 1994 ($\theta^{\pi 60}$), 1992 ($\theta^{\pi 31}$), 2104 ($\theta^{\pi 21}$), 2248 ($\theta^{\pi 408}$), 2576[11], 2690, 2739[12].

Es bleiben die Minuskeln 5, 1241, 1838, 2127, 2685, die im Folgenden einer näheren Betrachtung unterzogen werden.

Minuskel 5 (Paris, Bibl.Nat.Gr.112; v.Soden: δ453) aus dem 14.Jhdt enthält: Apg kath, Röm-Eph Kol Phil Thess Hb Tim-Phm, Mt-Joh. Am oberen Rand der Seite, auf der Eph endet und Kol beginnt, steht eine Marginalnotiz, die mir vom Schreiber der Handschrift zu stammen scheint:[13] "η επιστολη προς φιλιππισιν εμπροσθεν ταυτ." Dem Schreiber ist die ungewöhnliche Stellung aufgefallen. Ob es sich dabei um die Korrektur eines Fehlers oder lediglich um einen Hinweis für den Leser handelt, läßt sich nicht entscheiden.

---

[9] Ich kann für diese Reihe nur eine Minuskel nennen. Vermutlich aber wird diese Reihenfolge noch öfter vorhanden sein.

[10] Vorausgesetzt ist, daß Kommentar-HSS nicht zwingend die Anordnung der Briefe einer Texthandschriftentradition wiedergeben. Offensichtlich ist das daran, daß die meisten der ausgeschiedenen HSS den Theophylakt-Kommentar bieten, die Theophylaktkommentare ihrerseits also keine einheitliche Anordnung der Briefe aufweisen. Eine vergleichbar ungeregelte Anordnung der Briefe findet sich im lateinischen Kommentar des Ambrosiaster (Beschreibung von 30 HSS bei H.J.Vogels, *Das Corpus Paulinum des Ambrosiaster*, BBB, 13 (Bonn: Haustein, 1957), S.19-26). Die HS 1962 (X^{10})hat die übliche Reihe des Chrysostomos-Kommentares: Röm-Thess Hb Tim-Tit. Es fehlen Röm 1,1-6 und Tit 1,11ff (v.Soden, *NT*, 1, S.279). Der fehlende Phm ist also auf den Verlust der äußeren Blätter der HS zurückzuführen. Aland hat hier wohl zu Unrecht einen Hinweis auf eine Sammlung ohne den Phm vermutet ("Entstehung", S.346).

[11] Bibl. Ambrosiana F104 sup: Theophylakt-Kommentar, datiert auf 1287.

[12] *Codices Vaticani Graeci: Codices 1485-1683*, recensuit Cyrus Gianelli (Vatikan: 1950). Dort wird S.30-32 Vat. Gr. 1501 beschrieben: *"Euthymii Zigabeni commentarius in epistulas s.Pauli"* (S.30).

[13] Betrachtung des Mikrofilmes und der photographischen Abzüge im Institut für neutestamentliche Textforschung in Münster/Westfalen. Nach der Numerierung auf der HS handelt es sich dabei um Folio 150.

Minuskel 1241 (Sinai, Kathar.-Kloster 260, v.Soden: δ 371) aus dem 12.Jhdt hat laut Aland die Reihe:[14] Kor Gal Thess Tim-Phm Hb Jak Röm Eph Phil Kol Jud. Die Handschrift wirft eine Reihe von Schwierigkeiten auf: nicht alle Teile sind von der gleichen Hand geschrieben, hinter Gal und Jak stehen scheinbar unmotivierte Lücken[15], der zunächst einspaltig geschriebene Kodex wird ab Apg zweispaltig. Es ist wohl mit Aland anzunehmen, daß die Reihenfolge mehr durch Zufall als durch Absicht entstand. Aber auch wenn es sich um eine bewußte Ordnung handeln sollte, so wird man ihr keinen Wert für die Rekonstruktion der Entstehungsgeschichte unserer heutigen Paulusbriefsammlung beimessen können. Denn nicht nur das alte Corpus der Paulusbriefe, sondern auch die katholische Briefsammlung ist aufgelöst.

Minuskel 1729 (Athos, Vatopediu 968) bricht nach 1Tim 3,3 ab. Sie ist aber auch am Anfang defekt, der Text setzt mit Apg 4,24 ein. Der fehlende Phm ist wahrscheinlich auf den Verlust der äußeren Blätter der Handschrift zurückzuführen.[16]

Minuskel 1838 (Grottaferrata, Bibl. della Badia A'β'6, v.Soden: α 175) in Grottaferrata im 11.Jhdt geschrieben enthält Apg kath, Röm-Thess Hb Tim Tit. Sie ist unvollständig. Neben der Lücke 1Kor 12,20-2Kor 2,13 fehlt Tit 1,1-Phm. Auch daraus sollte man wohl nicht eine alte Ausgabe ohne Phm rekonstruieren.[17]

Minuskel 2127 (Palermo, Bibl. Naz. Dep. Mus.4; v.Soden δ 202) aus dem 12.Jhdt enthält neben den Evangelien, Apg und kath, Röm-Thess Hb Tim-Tit noch Psalmen und Oden. Ein Buchbinder hat für starke Unordnung gesorgt. In den Evangelien herrscht völliges Chaos. Vielleicht ist der kurze Phm dem fehleranfälligen Buchbinder zum Opfer gefallen. Als klarer Nachweis für eine Ausgabe ohne Phm kann auch diese Handschrift nicht gelten.[18]

---

[14] Weder v.Soden, *NT*, noch W.H.P.Hatch, *The Greek Manuscripts of the New Testament at Mount Sinai: Facsimiles and Descriptions*, American schools of Oriental Research. Publications of the Jerusalem School (Paris: Geuthner, 1932), Vol.I, Plate XLV, verzeichnen eine ungewöhnliche Reihenfolge. Die Angaben stammen aus Aland, "Entstehung", S.346-347.

[15] Ebenso zwischen 1Kor und 2Kor (fol 149). Beobachtung am Mikrofilm.

[16] Gegen Aland, "Entstehung", S.335; 346. Die HS wird von Aland, ebd. ins 16.Jhdt datiert.

[17] Gegen Aland, "Entstehung", S.346. Der Anfang des Tit ist erhalten, das Ende der HS ist verloren gegangen: "*Huic vero proxima ad Titum epistola paullo post initium desinit, Codice nobis deficiente in pag. versa folii 193, vetustate temporis labefactata.*" D.A.Rocchi, *Codices Cryptenses seu Abatiae Cryptae Ferratae in Tusculano digesti et illustrati cura et studio* (Tusculani: Typis Abatiae Cryptae Ferratae, 1883), S.22-23 Nr.23.

[18] Alle vier von Aland, "Entstehung", S.346 aufgeführten Minuskeln (1729, 1838, 1962,

Minuskel 2685 (Meteora, Barlaam 3) aus dem 15.Jhdt, auf Papier geschrieben, zeichnet sich dadurch aus, daß Hb auf Röm folgt.[19] Sie ist nicht vollständig erhalten. Da dem Hb im Gegensatz zu den anderen Briefen ein Kommentar beigegeben ist, stammt dieser Brief wohl aus einer anderen Vorlage als der Rest der Sammlung.[20] Die Ordnung ist daher eher als Ergebnis eines redaktionellen Eingriffes denn als Bewahrung einer alten Handschriftentradition zu deuten.

Zusammenfassung

In den Minuskeln lassen sich die Reihen Röm-Thess Hb Tim-Phm, Röm-Phm Hb und Röm-Thess Hb Tim-Phm Hb beobachten. Von den 23 in der Literatur genannten Handschriften, die weitere Reihenfolgen belegen sollen, konnte bei näherer Betrachtung nur eine einzige - unter Vorbehalt - bestehen: Minuskel 5 mit der Reihe Röm-Eph Kol Phil Thess Hb Tim-Phm, bei der die Stellung von Phil und Kol bemerkenswert ist.

2. Die Majuskeln

Von den 65 Majuskeln mit Paulustext[21] lassen sich bei 45 Handschriften

2127), in denen der Phm fehlt, sind defekt. Eine Bestreitung der Zugehörigkeit des Phm aufgrund dieser HSS ist unhaltbar.

[19] Aland, "Entstehung", S.346; K.Aland (Hg), "Die griechischen Handschriften des Neuen Testaments: Ergänzungen zur 'Kurzgefaßten Liste' (Fortsetzungsliste VII)", *Materialien zur neutestamentlichen Handschriftenkunde*, 1, (Berlin: de Gruyter, 1969), S.26.

[20] Beobachtung am Mikrofilm.

[21] Aland, *Text des NT*, S.91 gibt an *(e=Evangelien, a=Apg+kath, p=Corpus Paulinum, r=Offb)*:

Inhalt	Minuskel		Majuskel		Papyri
eapr	56		3		
eap	147		2		
apr	75		1		
pr	6				
ep	5				
ap	263		8		
p	137		53		23
	689	+	67	+	23 = 779

keine Aussagen über die Reihenfolge machen, weil sie zu fragmentarisch erhalten sind.[22] Bleiben 20 Handschriften zur Auswertung.

In diesen lassen sich folgende Reihen beobachten (unvollständige Sammlungen sind in Klammern gesetzt): *Röm-Phm Hb* in den Handschriften L 020, Ψ 044, (048), 056, 075 und 0142, *Röm-Thess Hb Tim-Phm* in den Handschriften ℵ 01, A 02, (B 03), C 04, (H 015), (I 016), K 018, P 025, 0150 und 0151, *Röm-Phm* in den Handschriften F 010 und G 012, *Röm-Eph Kol Phil Thess-Phm Hb* in den Handschriften D 06 und D^{abs1}.

a) Die Reihe Röm-Phm Hb

Von den sechs Handschriften bieten drei den Ökumeniuskommentar: 056 (O^{7}), 075 ($O^{\pi 3}$), 0142 (O^{6}). Sie entsprechen damit der üblichen Reihe dieses Kommentares, denn von den 73 Ökumeniushandschriften, die bei v.Soden[23] beschrieben sind, ist nur für eine einzige (O^{18} = Minuskel 441+442) die Reihe Röm-Thess Hb Tim-Phm verzeichnet.[24] Eine Besonderheit des Ökumeniuskommentares ist es, daß er zu den bereits aus älteren Kommentaren

---

Dazu kommt noch die Abschrift 205^{abs} und wahrscheinlich auch D^{abs1} und D^{abs2}. Nach meiner Zählung der Majuskeln mit Paulustext (Aland, *Text des NT*, S.117-137 dienten mir als Quelle) ergibt sich die Zahl 65, die Abschriften eingeschlossen. Aus Aland, *Text des NT*, Abbildung 39, S.135, läßt sich erschließen, daß in Alands Statistik noch die HS 0224, die zu 0186 gehört, und die HS 0129, die ein griechisch-koptisches Lektionar darstellt und nicht in die Majuskelliste paßt (Aland, aaO., S.130), versehentlich mitgezählt wurden.

[22] 049 enthält Hb nicht und bricht in 1Thess 2,13 ab (v.Soden, *NT*, 1, S.216, Sigle α2). Die übrigen ausgeschiedenen Majuskelhandschriften sind: D^{abs2}, 061, 062, 081, 082, 088, 098, 0111, 0121a, 0121b, 0122, 0158, 0159, 0172, 0174, 0176, 0183, 0185, 0186, 0198, 0199, 0201, 0205, 0208, 0209, 0219, 0220, 0221, 0222, 0223, 0225, 0226, 0227, 0228, 0230, 0240, 0241, 0243, 0252, 0254, 0259, 0261, 0262, 0270.

[23] *NT*, Bd.I, S.270-278.

[24] O^{28} (= Minuskel 103) bietet nur zur Apg den Ökumenius-Kommentar, ab Röm 7,15 wird der Theophylakt-Kommentar geboten. Die Bezeichnung ist korrigiert: $O\Theta^{28}$ s. v.Soden, *NT*, Bd.I, S.XV. Außerdem verwechselt V.Soden, *NT*, Bd.I, S.696 O^{14} mit O^{28}. Bei $O^{\pi 111}$ (= Minuskel 1878+1879) ist Aland, *Kurzgefaßte Liste der griechischen Handschriften des Neuen Testaments*, ANTF, 1 (Berlin: De Gruyter, 1963), S.159 ein Fehler unterlaufen, wo angegeben ist, daß die HS aus zwei Bänden besteht (Röm-2Kor; Gal-Phm) ohne Hb. Nach W.H.P.Hatch, *Greek Manuscripts of the New Testament at Mount Sinai*, plate XXII reicht aber der zweite Band dieser HS des Katarinenklosters (Sinai 282 = Minuskel 1879) von Gal 1,1 bis Hb 13,25 ("*Hebrews follows immediately after Philemon.*"). Diese Angaben ließen sich durch die Betrachtung des Mikrofilmes bestätigen.

bekannten Einleitungsabschnitten zum Hb einen Abschnitt ergänzt, der sich mit der Diskussion um die paulinische Verfasserschaft des Hb auseinandersetzt.[25]

Denselben Abschnitt bietet auch der Codex Angelicus (L 020) zum Hb. Der übliche Einleitungsabschnitt fehlt beim Hb, wird bei den restlichen Briefen aber geboten. Das läßt vermuten, daß Hb in dem Vorgänger dieser Handschrift, dem die üblichen Einleitungsabschnitte beigefügt wurden, nicht enthalten war, sondern erst nachträglich aus einer anderen Tradition ergänzt wurde.[26]

Über die Lokalisierung der drei Texthandschriften läßt sich nichts Sicheres sagen. L 020 wird in das 9.Jhdt, Ψ 044 in das 8.-9.Jhdt und der zweimal überschriebene Palimpsest 048 in das 5.Jhdt datiert.

b) Die Reihe Röm-Thess Hb Tim-Phm

Bei drei Handschriften handelt es sich um Kommentarhandschriften (v.Sodens Sigle in Klammern beigefügt): 0150 (X^2), 0151 (X^{21}) enthalten die von einem Unbekannten in Form einer fortlaufenden Hermenie hergestellten Auszüge aus den Homilien des Chrysostomos. Auch alle Minuskelhandschriften mit diesem Kommentar bieten den Hb zwischen dem Thess und dem Tim.[27] K 018 ($A^{\pi\rho 1}$) ist durch Auslegungen in Minuskelschrift unterteilt und enthält ebenfalls Scholien, die Chrysostomos zugeschrieben werden.[28]

---

[25] V.Soden, *NT*, Bd.I, S.696. Der Abschnitt ist ebd. S.347 unter der Nummer [141] abgedruckt. Übersetzung: "Der Hebräerbrief aber erweckt den Anschein, nicht von Paulus zu stammen, sowohl wegen des Stils (χαρακτήρ) wie auch weil die bei allen (Variante: +anderen) Briefen üblichen Briefeingänge fehlen... Der Grund aber, den Stil zu wechseln, ist offensichtlich: man sagt, (der Brief) an die Hebräer war nämlich in ihrer Sprache geschrieben und erst nachträglich übersetzt worden, von Lukas, wie die einen meinen, oder - wie die meisten meinen - von Klemens, dessen Stil er nämlich auch bewahrt. Daß er seinen Namen am Anfang des Briefes nicht nennt, hat folgenden Grund: Paulus war nämlich der Apostel der Heiden und nicht der Juden...". Ähnliche Vorstellungen sind schon bei Clemens von Alexandrien, Origenes und Euseb belegt, Hatch, "Position of Hebrews", S.141.

[26] Beobachtung am Mikrofilm. Ähnliches läßt sich an den sogenannten markionitischen Prologen lateinischer HSS beobachten (P.Corssen, "Zur Überlieferungsgeschichte des Römerbriefes" *ZNW*, 10 (1909), S.40): "*Wer diese Prologe miteinander vergleicht, wird sogleich erkennen, daß der zum Hebräerbrief nicht von demselben Verfasser ist. In manchen Handschriften, die die übrigen Prologe haben, fehlt er.*"

[27] V.Soden, *NT*, I, S.693-694.

[28] B.M.Metzger, *Der Text des Neuen Testaments: Eine Einführung in die neutestamentli-*

Von den übrigen sieben Handschriften enthalten vier (א 01, A 02, C 04, P 025) vollständige Paulusbriefsammlungen, in den anderen drei fehlt mindestens ein Brief.[29]

Von keiner der sieben Text-Handschriften ist der Entstehungsort mit Sicherheit bestimmbar. Es wird für א 01, A 02 und B 03 meist Ägypten genannt.[30] Die Ausgaben reichen mit B 03 und א 01 bis in das vierte Jahrhundert zurück.[31]

c) Die Handschriften D 06, D^{abs1}, F 010 und G 012

Die Bilingue, *Codex Boernerianus (G 012)*, umfaßt die 13 Briefe in der Reihenfolge Röm-Phm. Die irische Minuskel, in der die lateinische Interlinearversion geschrieben ist, stammt von derselben Hand wie die griechische Unziale und läßt sich auf die zweite Hälfte des neunten Jahrhunderts datieren.[32] Da sich die Entstehung des lateinischen Textes mit dem Kloster von St.Gallen in Beziehung bringen läßt, wird auch der Entstehungsort des Boernerianus St.Gallen sein.[33]

Auch *Codex Augiensis (F 010)* ist eine Bilingue und ist ebenfalls nördlich der Alpen entstanden. Sie wird in die zweite Hälfte des 9.Jhdt datiert. Der griechische Text bietet dieselbe Anzahl von Briefen in der gleichen Reihenfolge wie der Boernerianus. Entstehungsort ist die Abtei Reichenau im Bodensee.[34]

Codex Claromontanus (D 06) wird von Frede in das 5.[35], bei Aland in das

---

che Textkritik, (Stuttgart, Berlin, Köln, Mainz: Kohlhammer, 1966), S.54.

[29] In B 03 fehlen Tim-Phm; in H 015 fehlen Röm, Eph, Phil, 2Thess, Phm; in I 016 fehlt Röm. Der Verlust ist in diesen HSS auf äußere Beschädigung zurückzuführen.

[30] So wurden als Entstehungsort von B und Sinaiticus auch schon Rom, Süditalien und Cäsarea vertreten (für B s. F.G.Kenyon, *Der Text der griechischen Bibel*, Zweite Auflage, überarbeitet und ergänzt von A.W.Adams (Göttingen: Vandenhoeck, 1961), S.66; für Sinaiticus vgl. H.J.M.Milne, T.C.Skeat, *Scribes and Correctors of the Codex Sinaiticus* (Oxford: University Press, 1938), S.66-69).

[31] A 02 5.Jhdt, C 04 5.Jhdt, H 015 6.Jhdt, I 016 5.Jhdt, P 025 9.Jhdt.

[32] H.J.Frede, *Altlateinische Paulus-Handschriften*, Vetus Latina, Die Reste der altlateinischen Bibel nach Petrus Sabatier, neugesammelt und herausgegeben von der Erzabtei Beuron, Aus der Geschichte der lateinischen Bibel, Bd.4 (Freiburg: Herder, 1964), S.51.

[33] Ebd. S.55 und S.77.

[34] Ebd. S.83-84.

[35] Ebd. S.22.

6.Jhdt datiert.[36] Der Entstehungsort ist nicht sicher zu bestimmen.[37] Er bietet die Briefe in der Reihe Röm-Eph Kol Phil Thess-Phm, dann folgen auf drei ursprünglich leer gebliebenen Seiten der *Catalogus Claromontanus* und anschließend der Hb.

Codex Sangermanensis (D^{abs1}) ist eine Abschrift des Claromontanus aus dem 9.Jhdt.[38] Die Schreiber haben ihre Vorlage dabei so genau kopiert, daß sie oft sowohl die ursprüngliche Lesart wie auch die Korrektur der Vorlage in die Handschrift übernommen haben.[39]

d) Die rekonstruierten Vorlagen

F und G haben die gleichen Lücken im griechischen Text (Röm 1,1-5; 2,16-25; 1Kor 3,8-16; 6,7-14; Kol 2,1-8; Phm 21ff), die sich auf Blattausfall in der Vorlage zurückführen lassen.[40] Zahlreiche Unterschiede in Worttrennung und Schreibfehler weisen darauf hin, daß keine der Handschriften die Vorlage der anderen gewesen sein kann, daß sie aber beide auf dieselbe Vorlage zurückgehen.[41]

H.J.Frede rekonstruiert das Verwandtschaftsverhältnis folgendermaßen:[42] Mitte des 9.Jhdts wird in St.Gallen von einem gelehrten Herausgeber eine alte Bilingue für eine Edition vorbereitet. Er trug in den lateinischen Text Alternativübersetzungen ein und löste die *scriptio continua* des griechischen Textes durch Zeichen auf. Dieses zum Konzeptmanuskript gewordene Exemplar X wurde nun einmal in St.Gallen (G) und einmal in Reichenau (F) abgeschrieben, wobei jedem Schreiber eine Anzahl von Mißinterpretationen der

[36] Aland, *Text des NT*, S.119.

[37] Frede, *Altlateinische PaulusHSS*, S.22 weist auf Elemente sowohl der griechischen wie auch der lateinischen Kalligraphie und schließt auf ein zweisprachiges Gebiet, am ehesten Süditalien, wohin auch die ältesten Korrektoren gut passen würden. Daneben wurde wegen des ähnlichen Textes, den Lucifer von Cagliari verwendet, gerne Sardinien vermutet. Vgl. ebd. S.22 A.2 und Kenyon, *Text*, S.73.

[38] Die Datierung ist dadurch erschwert, daß die Schreiber versucht haben, auch die Schrift ihrer Vorlage zu kopieren. Die Datierungen reichten vom 4. bis ins 11.Jhdt. Frede, *Altlateinische PaulusHSS*, S.35-36.

[39] Beispiele ebd. S.37-39.

[40] Frede, ebd., S.52.

[41] Ebenso G.Zuntz, *The Text of the Epistles: A Disquisition upon the Corpus Paulinum*. The Schweich Lectures of the British Academy (1946) (London: Oxford University Press, 1953), S.86.

[42] Frede, *Altlateinische PaulusHSS*, S.81-85. Dort auch Abriß der Forschungsgeschichte.

Angaben des Herausgebers unterliefen.[43] So wurde des öfteren die zweite Übersetzung übersehen oder die Wortaufteilung im Griechischen mißverstanden.

Die Bilinguen sollten zum Studium des griechischen Textes anleiten. Der Schreiber von G wählte dazu das System der Interlinearversion, um einzelne griechische Wörter zu glossieren, Wahllesarten anzugeben, Eigennamen zu erklären und grammatikalische Hinweise einzufügen. Der Schreiber von F dagegen ordnete die Texte in zwei Spalten an, wobei er bemüht war, daß sich die Texte Zeile für Zeile bis auf die Silbe entsprachen, wenn es die Struktur zuließ.

Der Schreiber von G ließ an den Stellen Platz frei, wo er in seiner Vorlage Lücken vermutete, so etwa vor Röm 15,1, wo er in der Vorlage die in seiner lateinischen Bibel an dieser Stelle gebotene Doxologie 16,25-27 vermißte.[44] Ebenso blieb am Ende der Handschrift Platz frei, um den Brief an die Laodicäner (hinter Phm ist die Überschrift bereits notiert) und den Hb, die er aus seiner Bibel kannte, abzuschreiben. Doch die Lücken wurden nie geschlossen. Auch der Schreiber von F hat an den Lücken nur den lateinischen Text nach der Vulgata ergänzt. Beide Schreiber haben also nur eine einzige Handschrift als Vorlage für den griechischen Text benutzt.

Anders scheint die Situation beim Codex Claromontanus zu sein. Er zeigt nicht nur bei den Korrektoren, sondern auch in seinem ursprünglichen Text Einflüsse des sogenannten Koinetextes.[45] Er geht mit der Vorlage von F und G auf einen gemeinsamen Archetyp (Z) aus dem 4.Jhdt zurück.

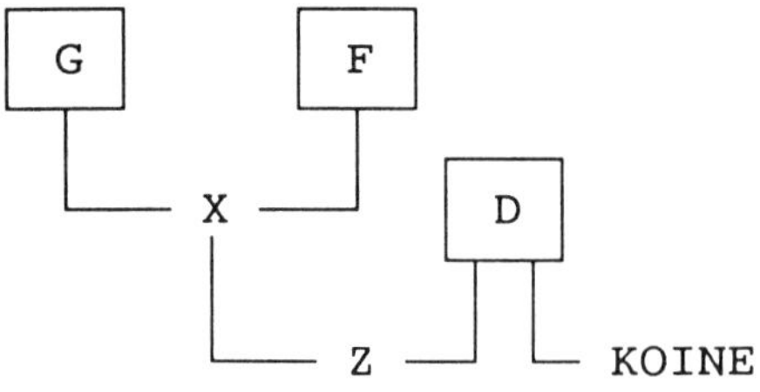

Stemma der Handschriften D 06, F 010 und G 012[46]

[43] Daß F keine Abschrift von G sein kann, beweisen Wahllesarten zu Eph 4,18. Ebd. S.85-86.

[44] Außer den oben erwähnten Lücken auch 2Tim 2,12-13, wo der Text wohl unleserlich war, Eph 2,4, wo er das griechische Äquivalent einer Doppellesart der Vulgata erwartete.

[45] Ebd., S.95.

[46] Ebd., S.88-97.

Die oben beschriebene Lücke von D nach Phm, der dort nachgetragene Katalog und die sicher sekundäre Erweiterung in F und G machen deutlich, daß der Hb nicht zum Grundbestand von Z gehörte, sondern erst vom Schreiber des Claromontanus ergänzt wurden.[47]

Ob die Stellung von Phil und Kol auf Z zurückgeht, läßt sich meines Erachtens nicht so leicht entscheiden. Sie kann durch einen Fehler entstanden sein, die Rückführung auf eine griechische Vorlage läßt sich aber nicht mit Sicherheit ausschließen.[48]

e) Zusammenfassung

Zu den bereits bei den Minuskeln nachgewiesenen Reihen *Röm-Phm Hb* und *Röm-Thess Hb Tim-Phm* kam der handschriftliche Beleg einer griechischen Paulusbriefsammlung hinzu, die den Hb nicht enthält, mit der Reihe *Röm-Phm* und die Reihe *Röm-Eph Kol Phil Thess-Phm Hb*. Auch eine Ausgabe *Röm-Eph Kol Phil Thess-Phm* ließ sich wahrscheinlich machen.

3. Die Papyri

Von den 88 bei K.Aland[49] verzeichneten neutestamentlichen Papyri bieten 23 Texte aus dem Corpus Paulinum.[50] Von diesen 23 bieten drei Papyri (p^{34},

---

[47] So auch H.J.Vogels, "Der Codex Claromontanus der paulinischen Briefe", *Amicitiae Corolla: A Volume of Essays Presented to James Rendel Harris*, Hg. H.G.Wood, London (University of London Press: 1933), S.281-282. H.J.Frede, "Die Ordnung der Paulusbriefe und der Platz des Kol", S.299 meint, daß Hb in der bilinguen Ausgabe des 4.Jhdts, von der D abstammt, nicht vorhanden war. Daß Briefcorpora üblicherweise nicht dadurch erweitert werden, daß neue Briefe in den bekannten Bestand eingeordnet, sondern am Ende als Anhang beigegeben werden, wird später in dieser Arbeit ausgeführt.

[48] Die Korrektur am Ende des lateinischen Eph mag damit zusammenhängen (Frede, "Ordnung", S.299-300). Der ursprüngliche Text lautete in der HS wahrscheinlich "*ad ephesios. ad philippenses*". Minuskel 5 (mit Hb) ist die einzige handschriftliche Parallele und weist ebenfalls einen Korrektureintrag auf (s.oben). Frede (aaO., S.300) gibt Bibelzitatreihen bei Augustin und anderen lateinischen Autoren an, die die Reihe Kol Phil bieten: "*Die Beurteilung der Brieffolge im Vorgänger von 75 (= Claromontanus, der Verf.), in der bilinguen Originalausgabe und erst recht in den ihr vorausgehenden isolierten griechischen und lateinischen Texten bleibt bei diesem Befund schwierig.*" (ebd. S.300)

[49] *Text des NT*, S.106-111.

[50] p^{10}, p^{11}, p^{12}, p^{13}, p^{14}, p^{15}, p^{16}, p^{17}, p^{26}, p^{27}, p^{30}, p^{31}, p^{32}, p^{34}, p^{40}, p^{46}, p^{49}, p^{51}, p^{61}, p^{65},

p^{46}, p^{61}) Fragmente aus mehr als einem Brief. Daneben lassen die in p^{13} und p^{30} erhaltenen Kolumnen- oder Seitenzählungen noch Aussagen über den Umfang der ursprünglichen Sammlung zu.

P^{13}: Es handelt sich bei diesem Papyrus um Reste einer Rolle, auf deren Vorderseite wahrscheinlich gegen Ende des dritten Jahrhunderts die lateinische Livius-Epitome niedergeschrieben wurde. Einige Jahrzehnte später, also wahrscheinlich in der ersten Hälfte des vierten Jahrhunderts, wurde die Rolle an brüchigen Stellen mit Hilfe von Papyrusstreifen verstärkt und die Rückseite beschrieben.[51] Der Text setzt mit Hb 2,14 ein und reicht mit Lücken bis Hb 12,17. Da die Kolumnen durchnumeriert sind und die erste Kolumne die Nummer μζ (=47) trägt, ist dem Hb mindestens eine Schrift vorangegangen. Von 11 Kolumnen sind Reste erhalten, so daß sich der Platz am Anfang der Rolle berechnen läßt.

Geht man von der wahrscheinlichen Annahme aus, daß die Rolle eine Ausgabe der Paulusbriefe enthielt, so steht fest, daß es keine der bisher beschriebenen Ausgaben gewesen sein kann, da weder Röm-2Thess und schon gar nicht Röm-Phm vor dem Hb Platz gehabt hätten. Über den ursprünglichen Umfang der Sammlung zu spekulieren und beliebige Kombinationen von Paulusbriefen oder anderer neutestamentlicher Schriften zu vermuten, ist müßig. Stattdessen verweise ich auf den unten beschriebenen p^{46}. Dort folgt der Hb auf den Röm. Der Röm aber ließe sich im p^{13} ganz gut vor dem Hb unterbringen.

Aland erwähnt "*restliche kleine Fetzen der frr noch unidentifiziert*".[52] Die vom British Museum aus London angeforderten Photographien zeigten 18 Fragmente (Inventar Nummer: 1532 (6)). Auf fünf Fragmenten ist Recto noch lateinische Schrift zu lesen, auf Verso sind nur auf einem dieser Fragmente noch Schriftspuren eines Buchstabens (wahrscheinlich ein π) zu erkennen. Fünf Fragmente sind zu winzig, um über ihre Zugehörigkeit etwas aussagen zu können. Bei den restlichen acht Fragmenten handelt es sich wohl um die von den Herausgebern erwähnten "*strips of cursive documents which were used to patch and strengthen the papyrus before the verso was used*".[53]

---

p^{68}, p^{79}, p^{87}.

[51] B.P.Grenfell, A.S.Hunt, *The Oxyrhynchus Papyri*, IV (London: Oxford University Press, 1904), S.37. (POxyrhynchus 657).

[52] K.Aland (Hg), *Repertorium der griechischen christlichen Papyri, 1: Biblische Papyri, Altes Testament, Neues Testament, Varia, Apokryphen.* In Namen der patristischen Arbeitsstelle Münster hg. (Berlin, New York: De Gruyter, 1976), S.232.

[53] Grenfell/Hunt, aaO., S.37.

Die Zahlen und Rechnungen im Einzelnen:[54] Durchschnittswerte der erhaltenen Kolumnen: 34-36 Buchstaben pro Zeile, 23-27 Zeilen (von den 9 Kolumnen, deren Zeilenzahl mit Sicherheit bestimmt werden kann, haben zwei 23, zwei 24, zwei 25, zwei 26 und eine 27 Zeilen) ergeben 782-972 Buchstaben pro Kolumne (Mittelwert: ((23+24+25+26)*2+27)/9*35=867,22; (867,22-782)/8,67=9,82%; (972-867,22)/8,67=12,08%; (9,82+12,08)/2=10,95). Dies ergibt einen Mittelwert von 867,22 Buchstaben pro Kolumne +/- 10,95%. Auf den 46 ausgefallenen Kolumnen hätten also 39892 Buchstaben Platz gefunden (867,22*46=39892,12). Für Hb 1,1-2,14 wurden 2569 Buchstaben, für den Röm 34410 Buchstaben (die Doxologie p46 fol 20v ist berücksichtigt) gezählt, das ergibt zusammen (34410+2569=36979) 36979 Buchstaben, was 7,3% unter dem errechneten Mittelwert liegt ((39892,12-36979)/ 398,92=7,3) und damit gut im Bereich des Möglichen bleibt.

P^{30} aus dem 3. bis 4.Jhdt besteht aus vier Fragmenten zweier Blätter eines einspaltigen Kodex. Er enthält Text aus 1 und 2Thess. Am oberen Rand der Spalte, die Reste von 1Thess 4,13 bietet (Fragment 1 Recto), ist die Seitenzahl σζ (=207) erhalten. Auf der Rückseite desselben Fragmentes läßt sich die Lesung durch die Paginierung der folgenden Seite ση (=208) verifizieren.[55] Es ist sehr wahrscheinlich, daß dem 1Thess in diesem Kodex die Gemeindebriefe Röm-Kol vorangingen.[56]

Von größtem Interesse wäre es für die vorliegende Untersuchung, wenn man feststellen könnte, ob der Hb im Rahmen der Gemeindebriefe dem 1Thess vorausging oder nicht. Bei dem beträchtlichen Umfang des Hb (etwa ein Siebtel des Corpus Paulinum) mag man zunächst zuversichtlich sein. Nun läßt sich aber immer nur die Länge einer Spalte der beiden fragmentarisch erhaltenen Kodexblätter berechnen, da Fragment 1 und Fragment 3 jeweils auf einer Seite den Anfang einer Spalte und auf der anderen den Anfang der nächsten Spalte bieten. Für die Kolumne der Fragmente 1 und 2 Recto werden von Grenfell und Hunt 33 Textzeilen rekonstruiert, für die Kolumne von Fragment 3 und 4 Verso aber 37 Zeilen. Bei vorangegangenem Hb würde der zweite Wert entsprechen, ohne Hb der erste Wert.

---

[54] Aus den Spalten sieben und acht der Tabelle bei Finegan, "Original Form", S.96, in der die nomina sacra im p^{46} für die dort gut bezeugten Briefe einmal ausgeschrieben und einmal abgekürzt gezählt wurden, ergibt sich als durchschnittlicher Prozentsatz an Verkürzungen durch *nomina sacra* 2,5. (Gal: 3,2%; Eph: 3,6%; Phil: 3,6%; Hb: 1,2%). Diese Verkürzungen wurden in den folgenden Rechnungen vernachlässigt.

[55] Photographische Wiedergabe bei: M.Wittek, *Album de Paléographie greque: Specimens d'écritures livresques du IIIe siècle avant J.C. au VIIe siècle conservés dans des collections Belges* (Gand: Story-Scientia, 1967), planche 13.

[56] So auch die Herausgeber B.P.Grenfell und A.S.Hunt, *The Oxyrhynchus Papyri*, XIII (London: Oxford University Press, 1919), Nr.1598, S.12: "*The numbers of the pages ... suggest that the book was a collection of St.Paul's Epistles, and it is noteworthy that the usual order of these from Romans to IThess. would exactly account for the preceding 206 pages.*"

Die Zahlen und Rechnungen im Einzelnen: Für 1Thess 1,1-4,12 wurden 5257 Buchstaben veranschlagt. Die Summen Röm-1Thess 4,12 lauten (Röm-Kol: 128466) mit Hb 160105 (128466+5257+26382) und ohne Hb (128466+5257) 133723.[57] Von den 48 Zeilen, deren Länge sich am Papyrus feststellen läßt, haben in der Ausgabe von Grenfell und Hunt:

Anzahl Zeilen:	1	5	11	15	8	7	1
Buchstaben/Zeile:	17	18	19	20	21	22	23

woraus sich die Grenzwerte für die durchschnittliche Buchstabenzahl pro Zeile von 18 und 22 ergeben (Mittelwert: (17+5*18+11*19+15*20+8*21+7*22+23)/48 =961/48= 20,02). Auf 206 Seiten hätten also bei 33 Zeilen pro Seite (20,02*33) 660,66 oder bei 37 Zeilen pro Seite (20,02*37) 740,74 Buchstaben Platz. Legt man den ersten Wert zugrunde (660,66*206=136095,96; Abweichung: (136096-133723)/1337,23= +1,77%), so ließen sich auf den vorangegangenen 206 Seiten die Gemeindebriefe ohne den Hb unterbringen, nimmt man den zweiten Wert (740,74*206=152592,44; Abweichung: (160105-152592)/1601,05= -4,69%), hätte der Hb auch noch Platz.

Eine Klärung bringt die Überprüfung der Zeilenangaben pro Kolumne. Grenfell und Hunt gehen davon aus, daß zwischen 2Thess 5,18 und 2Thess 5,26 18 Zeilen ausgefallen sind. Nach meiner Zählung fehlen 286 Buchstaben (*nomina sacra* sind berücksichtigt), was bei einer mittleren Buchstabenzahl pro Zeile von 20 etwa 14 Zeilen ergibt. Dadurch hätte die Kolumne ursprünglich 33 Zeilen gehabt, also denselben Wert wie Fragment 1 und 2 Recto. Und dann kann auch ausgeschlossen werden, daß der Hb zusammen mit den üblichen Gemeindebriefen am Anfang dieser Sammlung stand.[58]

P^{34} ist ein Fragment eines Doppelblattes aus einem Kodex mit vier Kolumnen.[59] Er enthält Teile aus 1 und 2Kor und wird in das 6. oder 7.Jhdt datiert. Die Reihenfolge der Korintherbriefe wird vom Papyrus nicht in Frage gestellt.

Der Chester Beatty Kodex P^{46} wird in das 3.Jhdt datiert[60] und enthält Pau-

[57] Die Zahlen stammen aus der im Anhang dieser Untersuchung beschriebenen Computerzählung. Siehe S.138ff.

[58] Aland, *Repertorium*, S.251 gibt ohne nähere Begründung als rekonstruierte Zeilenzahl 34 und rekonstruierte Buchstabenzahl 18-24 an, was korrekt ist, wenn die Zeile mit der Seitennumerierung mitgezählt wird.

[59] C.Wessely, "Literarischer theologischer Text Nr.26", *Studien zur Paläographie und Papyruskunde*, 12 (Leipzig, 1912), S.246.

[60] In der Literatur begegnet man fast einhellig der Datierung *um 200*. Dies ist keineswegs so sicher, wie man annehmen möchte. Sie führt sich auf eine Bemerkung Ulrich Wilckens in seiner Rezension von Kenyons erster Ausgabe des p^{46} zurück, "The Chester

lusbriefe in der Reihenfolge Röm Hb 1Kor 2Kor Eph Gal Phil Kol 1Thess.

Der Text setzt mit Röm 5,17 ein und hört mit 1Thess 5,28 auf. Der Kodex besteht aus 86 Blättern, und da fast alle ihre ursprüngliche Seitenzählung erhalten haben, kann der Umfang rekonstruiert werden: Insgesamt bestand der Kodex aus 52 Doppelblättern, die in einer Lage aufeinander gelegt und in der Mitte gefaltet wurden. Da für den ausgefallenen Text am Anfang sieben fehlende Blätter angenommen werden müssen, fehlen auch am Ende noch sieben Blätter, also 14 Seiten. Der Text für 2Thess und die Pastoralbriefe hätte aber nach der Rechnung des Herausgebers F.G.Kenyon mindestens 23 weitere Seiten belegt.[61]

Dies hat immer wieder zu Konjekturen Anlaß gegeben. Kenyon selbst meint, daß nach dem 2Thess die letzten zehn Seiten leer geblieben sind und verweist auf einen Parallelfall im Jesaja Codex Chester Beatty VII (A).[62] J.Finegan und W.Schmithals gehen davon aus, daß außerdem noch Phm enthalten war.[63] H.A.Sanders hatte eine verkürzte Form von 1 und 2Tim ohne Tit vermutet.[64] Dahinter steht die bisher handschriftlich nicht belegbare Vermutung, daß einmal eine Ausgabe der Paulusbriefe ohne die Pastoralbriefe existierte.

Mit dem p^{46} ist diese These kaum zu belegen. Bevor der Schreiber mit seiner Arbeit anfing, mußte er den nötigen Platz genau berechnen. Denn der einlagige Kodex erlaubte eine spätere Erweiterung nicht mehr. Um eine gleichmäßige Kante zu erhalten, wenn der Kodex zusammengeklappt war, waren die äußeren Doppelblätter größer als die inneren. Die Berechnung des benötigten Platzes gestaltete sich also bei einem so umfangreichen Text wie ihn die Paulusbriefe darstellen, als kompliziert und fehleranfällig.[65] Ferner läßt

---

Beatty Biblical Papyri", *APF*, 11 (1935), S.112-114. Am Ende seiner paläographischen Überlegungen schreibt Wilcken: *"Ich brauche den sachverständigen Lesern nicht zu sagen, daß das subjektive Taxierungen sind, die ich nur mit allem Vorbehalt erwähne."* (S.113).

[61] *The Chester Beatty Biblical Papyri: Descriptions and Texts of Twelve Manuscripts on Papyrus of the Greek Bible*, Fasciculus III supplement, Pauline Epistles (London: Emery Walker, 1936/1937). Einleitung auf den Seiten VII-XXII.

[62] Bezeichnung bei Aland, *Repertorium*, S.191-192: AT 129.

[63] Finegan, "Original Form", S.93; Schmithals, "Zur Abfassung", S.187.

[64] *A Third-century Papyrus Codex of the Epistles of Paul*, University of Michigan Studies, Humanistic Series, vol.38 (Ann Arbor: University of Michigan Press, 1935) S.10-11. Damals waren noch nicht alle Fragmente des p^{46} bekannt, daher hatte Sanders auch Phm hinter Phil angesetzt, was sich später als falsch erwies (ebd. S.10).

[65] Sollte sich der Schreiber des p^{46} bei seiner Rechnung auf die eingetragenen Stichenzahlen gestützt haben, so könnte sich auch dadurch sein Irrtum erklären. Die Stichenangaben sind sehr unpräzise, so werden für Eph 316 Stichen und für den kürzeren Gal

sich beobachten, daß der Schreiber des p^{46} etwa ab der Hälfte des Kodex beginnt, immer mehr Buchstaben pro Zeile und immer mehr Zeilen pro Seite zu schreiben.[66] Dies deutet meiner Ansicht nach darauf hin, daß der Schreiber bemerkte, daß er sich bei der Berechnung des benötigten Platzes vertan hatte. Wenn er am Ende noch 10 Blätter leer gelassen hätte, wäre sein Verhalten schwer verständlich.[67] Daß zur Zeit des p^{46} die Pastoralbriefe und Phm in Ägypten bekannt waren, beweist für Tit das Fragment p^{32} und für Phm p^{87}, die beide in die gleiche Zeit datiert werden.[68]

p^{61} gehört in das 7. oder 8.Jahrhundert. Die sieben bisher identifizierten und herausgegebenen Fragmente stammen aus fünf Doppelblättern eines Kodex und enthalten Text aus Röm, 1Kor, Phil, Kol, 1Thess, Tit, Phm. Wobei die Folgen Röm 1Kor; Phil Kol 1Thess; Tit Phm gesichert sind. Da sich der Platz des Hb nicht bestimmen läßt, ansonsten aber scheinbar die übliche Ordnung der Briefe geboten wird, trägt dieser Papyrus nichts Neues zur Fragestellung der Untersuchung bei.[69]

Zusammenfassung

Der einzige Papyrus, der gesicherte Aussagen über Umfang und Reihenfolge einer Paulusbriefsammlung erlaubt, ist p^{46}. Es ist vor allem die seltsame Reihenfolge der Briefe - *Röm Hb Kor Eph Gal Phil Kol 1Thess*, wo der Text abbricht -, die es zu interpretieren gilt. Seine Lokalisierung in Ägypten legt nahe, ihn in die Vorgeschichte der in den großen Majuskeln belegten Samm-

375 Stichen angegeben. Tabelle bei Kenyon, *The Chester Beatty Biblical Papyri*, III, S.XII-XIII. Vgl. auch H.A.Sanders, *A Third-Century Papyrus*, S.21-22.

[66] Kenyon, *The Chester Beatty Biblical Papyri*, III, S.IX: "*The number of lines on a page ... tends to increase as the MS. progresses. Thus in Romans, Hebrews, and most of I Corinthians the number is usually 26 to 28; in the latter part of I Corinthians and the whole of 2 Corinthians, 28 or 29, with an occasional 30; in the rest of the MS., 29 to 32.*"

[67] So Kenyon, *The Chester Beatty Biblical Papyri*, III, S.XI.

[68] p^{87} wird von der Herausgeberin sogar ausdrücklich nach der Schrift des p^{46} datiert, womit die Gleichzeitigkeit auch bei einer Umdatierung gewährleistet bleibt. C.Römer, "170. Philemonbrief 13-15; 24-25", *Kölner Papyri (P.Köln)*, 4, Papyrologica Coloniensia Vol.VII, bearbeitet von Bärbel Kramer, Cornelia Römer, Dieter Hagedorn (Opladen: Westdeutscher Verlag, 1982), S.28-31 (P.Köln 170).

[69] Aland, *Repertorium*, S.290: "*dem Umfang der erhaltenen foll nach würden die Paulusbriefe ohne Hebr ca 130-150 foll, mit Hebr 150-170 foll umfaßt haben; jeder Brief beginnt auf einer neuen p*"

lung einzuordnen.[70]

C. Die übrigen historischen Quellen

Die Belege für alte griechische Paulusausgaben lassen sich grob in fünf Gruppen unterteilen: Erschlossene Vorlagen erhaltener Handschriften, Kommentare, Zitatreihen, Übersetzungen und Kataloge.[71]

1. Erschlossene Vorlagen erhaltener Handschriften

Eigentlich hätte die Behandlung des den Handschriften D, F, G gemeinsamen Archetyps Z an diese Stelle gehört. Die Erwägungen bei den einzelnen Handschriften haben gezeigt, daß sich über die Reihe von Phil und Kol in Z nichts ganz Sicheres sagen läßt. Fest steht dagegen, daß der Hb nicht enthalten war.

Die Handschrift B (03) weist heute drei verschiedene Kapiteleinteilungen auf.[72] Die zweite wurde im 4. oder 5.Jhdt eingetragen. Sie betrachtet die Paulusbriefsammlung als Einheit und numeriert die Abschnitte fortlaufend durch. Am Ende von Gal ist die Zählung bei Kapitel 59 angelangt, in Eph 1,1 aber setzt sie mit Kapitel 70 neu ein und läuft dann korrekt weiter bis 2Thess. Der folgende Hb beginnt mit Kapitel 59.[73] "*Nach der Reihenfolge der Kapiteleinteilung ist klar, daß in einem Vorfahren des Codex Vaticanus der Hebräerbrief hinter dem Galaterbrief stand und daß der Schreiber des Vaticanus mechanisch die Kapitelnummern abschrieb, obwohl sie nach dem Galaterbrief*

---

[70] Kenyon, *Chester Beatty*, III, S.XI: "*We seem to have here some light on the formation of the Pauline canon.*"

[71] Als Ausgangspunkt wurden die Quellensammlungen bei Zahn, *Kanon*, und H.J.Frede, "Die Ordnung der Paulusbriefe und der Platz des Kol" benutzt.

[72] Die älteste Kapiteleinteilung stammt von der ersten Hand. Die dritte betrifft nur die Apg und die beiden neutestamentlichen Briefsammlungen. Sie wurde vor dem 10., wahrscheinlich im 7.Jhdt, eingetragen und weist als Besonderheit auf, daß dort die beiden Korintherbriefe als Einheit durchnumeriert werden. C.M.Martini, *Novum Testamentum e Codice Vaticano Graeco 1209*, Tertia viae phototypice expressum (Vatican, 1968), S.XIII: "*1 Cor et 2 Cor unicam numerationem continuam habent, velut si una eademque epistula sint*".

[73] Die erste lesbare Kapitelzahl steht Hb 3,1 und lautet 60. Daß Hb mit Kap.59 begann, ist daher sicher.

nicht mehr stimmten."[74] Außerdem bleibt in dieser Kapitulation der 2Petr unberücksichtigt, was in der Regel als ein Zeichen hohen Alters angesehen wird, da der 2Petr für die jüngste Schrift des Neuen Testamentes gehalten wird.[75] Die Kapiteleinteilung belegt eine verlorene Handschrift mit der Reihenfolge *Röm-Gal Hb Eph-Thess* und reicht vielleicht noch vor die Entstehungszeit des Vaticanus zurück.

2. Die Kommentare

Bei Kommentarwerken läßt sich beides beobachten: sie übernehmen die Reihe der üblichen Handschriften und bezeugen damit indirekt Ausgaben, oder sie stellen die Briefe nach redaktionellen Aspekten um.[76] Im zweiten Fall wäre es irreführend, eine alte Handschriftentradition zu vermuten. Im Zusammenhang dieser Untersuchung interessieren die griechischen Kommentare, die von der üblichen Ordnung abweichen. Es wird im Einzelfalle zu entscheiden sein, ob sich die Reihe auf Tradition oder auf Redaktion zurückführen läßt.

Von den alten Kommentarwerken sind die Kommentare *Ephraims des Syrers* und *Theodors von Mopsuestia* wegen ihrer außergewöhnlichen Reihenfolgen aufgefallen.

So versuchte Th.Zahn nachzuweisen, daß *Theodor von Mopsuestia* in seinem Kommentar den Paulusbriefen die Ordnung Röm Kor Hb Eph Gal-Phm gab.[77] Zum einen beruft sich Theodor in seiner Auslegung des Gal an einer Stelle auf seinen Hb-Kommentar als auf eine frühere Arbeit,[78] zum anderen

---

[74] B.M.Metzger, *Text des NT*, S.48 Anm.3.

[75] Ebd. S.48.

[76] "*Epistula ad Galatas missa dicitur ab apostolo ab Epheso civitate, et idcirco quidam illam praemittunt epistulam, hanc ordinant consequentem.*" Marii Victorini Afri, *Commentarii in Epistulas Pauli ad Galatas ad Philippenses ad Ephesios*, hg. Albrecht Locher, (Leipzig: Teubner, 1972), S.1 macht beispielhaft eine bewußte chronologische Ordnung deutlich. Ähnliche Überlegungen mögen die modernen Herausgeber des NTD zur Reihenfolge Mk Mt Lk Joh veranlaßt haben.

[77] "Das neue Testament Theodors von Mopsuestia und der ursprüngliche Kanon der Syrer", *NKZ*, 11 (1900), S.788-806.

[78] Zu Gal 4,24 (*Theodori Episcopi Mopsuesteni in epistolas B. Pauli commentarii: The Latin Version with the Greek Fragments: With an Introduction Notes an Indices*, ed.H.B.Swete (Cambridge: University Press, Bd.1: 1880. Bd.2: 1882; republished Westmead u.a.: Gregg International, 1969), Bd.1, S.76,10-11): "*et hoc in epistola illa quae ad Hebraeos est interpretantes ostendimus euidentius.*"

zählt er in der Einleitung zum Phm die Adressaten der Gemeindebriefe in der obigen Reihenfolge auf.[79] Richtig daran ist, daß die Kommentare wohl nicht als ein Buch, sondern nach und nach zu den einzelnen Briefen veröffentlicht wurden.[80] Zahns Behauptung allerdings, daß der Epheserkommentar vor dem Gal-Kommentar erschien, läßt sich durch eine Bemerkung Theodors zu Eph 1,4 (*dixi namque et in epistola Galatarum...*, ed.Swete, Bd.1, S.123), in der er auf den bereits fertiggestellten Galaterkommentar verweist, eindeutig widerlegen.[81] Und gänzlich verfehlt scheint mir, aus der Reihenfolge des Erscheinens die Reihe der Briefe in einer Bibelhandschrift zwingend ableiten zu wollen.[82]

Auch Th.Zahns Rekonstruktion der Reihenfolge im Pauluskommentar *Ephraims des Syrers*[83] kann nicht aufrecht erhalten werden. Sie beruht auf einer Angabe zu Röm 1,11, aus der deutlich wird, daß Ephraim den Gal und die Korintherbriefe für älter als den Röm hält. Abgesehen davon, daß diese Ansicht historisch wohl zutrifft, bietet die einzige Überlieferung dieses Kommentares, die armenische Übersetzung, die Briefe in der Reihe Röm Kor 3Kor Phil-Thess Hb Tim Tit.[84]

3. Zitatreihen

Aus der Reihenfolge, in der Bibelzitate innerhalb von Schriftbeweisen gemacht werden, wurde auf die Reihenfolge der Briefe in der Handschrift, die der Autor benutzte, zurückgeschlossen. Auch wenn diese von Th.Zahn exten-

---

79 H.B.Swete, aaO., Bd.2, S.259,5-261,5. Es wird die Echtheit des Phm zu beweisen versucht, indem gezeigt wird, daß er zwar kein Gemeindebrief ist, aber gattungsmäßig doch zu den typischen Paulusbriefen an Einzelpersonen (epistolae "*speciales ad aliquos scriptae*") zu zählen ist. In diesem Zusammenhang ist die Reihenfolge, in der die Adressaten genannt werden, unwichtig.

80 H.B.Swete, aaO., Bd.1, S.lxii: "*It is probable that the labour of composition was spread over several years*".

81 Darauf verweist schon vor Th.Zahn Swete, aaO., 1, S.lxiii.

82 So auch Swete, aaO., 1, S.76 Anm.10: "*It can hardly be supposed that Th. followed an order peculiar to any particular version or MS.*"

83 "Das NT Theodors", S.798-799.

84 J.Molitor, *Der Paulustext des Hl. Ephräm: Aus seinem armenisch erhaltenen Paulinenkommentar untersucht und rekonstruiert.* MBE 4 (Rom: Päpstliches Bibelinstitut, 1938), S.5*. Phm wurde vielleicht nur wegen seines geringen Umfangs und unbedeutenden Inhaltes nicht kommentiert (ebd. S.5*-6*).

siv praktizierte Methode Nachfolger gefunden hat, muß mit Nachdruck darauf hingewiesen werden, wie vage solche Ergebnisse sind.[85] Eine Zitatreihe alleine wird in dieser Untersuchung nicht als klarer Nachweis einer bestimmten Sammlung anerkannt.[86]

4. Die Übersetzungen

Reihen, die in griechischen Handschriften nicht belegt werden können, weisen die sahidische, die gotische Übersetzung und die Vetus Latina auf.[87]

---

[85] So führt H.J.Frede, "Die Ordnung der Paulusbriefe und der Platz des Kol", S.298 als einzigen konkreten Beleg für seine Reihe W4 (Röm Kor Gal Phil Eph Thess Kol Tim Tit Phm) 23 Stellen aus dem pseudo-augustinischen Speculum an, an denen mehrere Pauluszitate aneinandergereiht sind. Selbstverständlich wird nicht an jeder Stelle aus allen Briefen zitiert. Von den 23 Stellen lassen sich vier Stellen gar nicht mit der nachzuweisenden Reihe vereinbaren. Für die beiden interessanten Folgen Phil Eph und Thess Kol lassen sich nur je zwei Stellen anführen.

[86] H.F.D.Sparks, "The Order of the Epistles in P[46]", *JThS*, 42 (1941), S.180-181, weist auf Zitatreihen bei Hieracas (Anfang 4.Jhdt, Leontopolis im Nildelta), die bei Epiphanius belegt sind, hin. "*Not only does the quotation of Heb.vii.3 after Rom.viii.26 at Panarion lxvii.3 suggest that in Hieraca's Paul Romans may have immediately preceded Hebrews, but the language of Panarion lxvii.2 ... amounts almost to decisive proof that I Corinthians followed it.*" (S.181). Die Stelle bietet die Reihe: Hb 12,14; Hb 13,4; 1Kor 7,33-34. Damit soll die Reihe des p[46] gestützt werden. Zitatreihen bei Tertullian: Frede, "Ordnung der Paulusbriefe", S.195 Anm.1; bei Cyprian: ebd. Anm.2; für Clemens Romanus, Polykarp, Irenäus und Origenes: Th.Zahn, *Kanon*, II, S.344-354; vgl. auch Bd.I, S.811-839; für Ephraim: Th.Zahn, "Das NT Theodors", S.788-806.

[87] Auch hier gilt wieder, danach zu fragen, ob sich die Reihenfolge auf Handschriftentradition oder auf Redaktion zurückführen läßt. Als anschauliches Beispiel für den letzteren Fall mag die Stellung des Hb, Jak und Jud in Luthers Übersetzung dienen. Kurios ist in diesem Zusammenhang auch die Reihe des Nestle-Aland Textes: obwohl man sich vom Text her der alexandrinischen Tradition verpflichtet weiß, übernimmt man deren Anordnung der Schriften nicht, sondern setzt den Hb hinter den Phm und zerstört die sammlungsgeschichtliche Einheit von Apg und katholischer Briefsammlung durch die Stellung des Corpus Paulinum. Hier hat der alte *textus receptus* eine deutliche Spur hinterlassen. Ein Beispiel für die Umordnung der Briefe bei der Übersetzung bietet das Corpus der sieben gefälschten Briefe des Heiligen Antonius. *Lettres de S.Antoine version Géorgienne et fragments Coptes*, Hg.Gérard Garitte, Corpus Scriptorum Christianorum Orientalium, 148; Scriptores Iberici, 5 (Louvain: Durbecq, 1955), S.VIII gibt folgende Reihen an (G = georgisch, L = lateinisch, A = arabisch, C = koptisch):

In der *syrischen* Version weist die *Peschitta*, *Harklensis* und die Auskunft bei *Junilius* die Reihe Röm-Phm Hb auf.[88] Die Reihe der *Philoxenia* läßt sich nicht ermitteln.[89] Von der *palästinisch-syrischen* Version ist ebenfalls, so weit ich sehen kann, keine umfassende Handschrift des Corpus Paulinum bekannt und ediert.[90]

Von den 19 in der Ausgabe von Horner verarbeiteten *bohairischen* Handschriften bieten 14 den Hb zwischen dem 2Thess und 1Tim, fünf dagegen nach dem Phm.[91] Auch in der *armenischen* Überlieferung sind diese beiden Reihen erhalten. Die *georgische* Übersetzung wurde nicht von einer griechischen Vorlage angefertigt, sondern geht auf armenische und altsyrische Traditionen zurück.[92] In der *editio princeps* wurde Hb nach Phm abgedruckt.[93]

Von den 26 bei B.Metzger[94] verzeichneten *äthiopischen* Handschriften bieten nur zwei das Corpus Paulinum. Eine davon ist polyglott und kommt daher nicht als sicherer Beleg einer griechischen Reihe in Betracht,[95] die andere bietet Hb vor 1Tim.[96] Auch die

G	1	2	3	4	5	6	7
L	1	4	5	2	3	6	7
A	1	2	5	6	7	3	4
C	-	-	5	-	-	3	4

[88] Hatch, "Position of Hb", S.145.

[89] Aland, *Text des NT*, S.203-204: "*Leider ist die Philoxenia nicht erhalten. Die Arbeit an ihrer Rekonstruktion geht schon über mehrere Generationen, ohne daß sie als abgeschlossen betrachtet werden könnte.*" B.M.Metzger, *The Early Versions of the New Testament: Their Origin, Transmission, and Limitations* (Oxford: Clarendon Press, 1977), S.65-68 weiß jedoch von einer stattlichen Anzahl von HSS zu berichten. Aussagen zum C.P. fehlen aber auch dort. Hatch, "Position of Hb", S.145 geht davon aus, daß die Reihe der Philoxenia mit der der Peschitta und der Harklensis übereinstimmte.

[90] Alle Paulusbriefe (auch Hb) außer Phm und 2Thess sind durch Fragmente belegt (B.M.Metzger, *Early Versions*, S.79). Vollständige Liste bei Ch. Perrot, "Un fragment christo-palestinien découvert à Khirbet Mird (Actes des Apôtres, X, 28-29; 32-41)", *RB*, 70 (1963), S.506-555 (S.550-552).

[91] G.Horner, *The Coptic Version of the New Testament in the Northern Dialect Otherwise Called Memphitic and Bohairic with Introduction, Critical Apparatus and Literal English Translation*, Vol.III: The Epistles of S.Paul: edited from MS. oriental 424 in the British Museum (Oxford: Clarendon Press, 1905), S.X-LII. Vgl. Hatch, "Position of Hb", S.136-137; 145.

[92] Aland, *Text des NT*, S.213

[93] Hatch, "Position of Hb", S.148, Anm.69.

[94] *Early Versions*, S.224-228.

[95] Milan, Biblioteca Ambrosiana, MS. B. 20 inf.

[96] Paris, Bibliothèque Nationale Éth. MS.27 (Zotenberg 45).

arabischen Übersetzungen bieten scheinbar keine ungewöhnlichen Reihen.[97] Die *nubische* Version enthielt Hb, sie ist aber zu fragmentarisch erhalten, um über Reihe und Umfang der Paulussammlung Auskunft zu geben.[98] Das Corpus Paulinum ist in der alten *persischen*,[99] der *soghdischen*[100] und der *kaukasisch albanischen*[101] Überlieferung gar nicht oder zu fragmentarisch belegt. Die *altkirchenslawischen* Handschriften bieten den Hb hinter dem 2Thess.[102] Die Übersetzung erfolgte mit Sicherheit von einer griechischen Vorlage,[103] reicht aber nur bis in das 9.Jhdt zurück[104] und fällt damit für die Gewinnung einer alten Form der Paulusbriefsammlung außer Betracht.

a) Vetus Latina

Sieht man von der wechselnden Stellung des Hb, Laod und 3Kor ab, so bieten die etwa 20 altlateinischen Handschriften mit Paulustext[105] drei ungewöhnliche Reihen:[106] im lateinischen Teil des *Codex Claromontanus* (D 06 = HS 75) wird, wie bereits oben ausgeführt, der Kol vor dem Phil eingeordnet, in den Handschriften 61 (*Book of Armagh*, 9.Jhdt) und 64 (*Freisinger Fragmente*)[107] wird der Kol hinter dem 2Thess eingeordnet, das Inhaltsverzeichnis der nur fragmentarisch erhaltenen Handschrift 86 (*Monza*, Biblioteca Capitolare i-

---

97 Ebd., S.263 bietet eine HS (MS. Sinai arab. 73) Hb nach 2Thess.

98 Ebd., S.268-274.

99 Ebd., S.278.

100 Ebd., S.281: In einer Homilie wird 1Kor 11,23-25 zitiert; ein Blatt einer syrisch-soghdischen Bilingue enthält Gal 3,25-4,6, zwei weitere Fragmente bieten Text aus 1Kor 5,7 und 1Kor 9,24.

101 Ebd., S.282.

102 Ebd., S.408-409 Liste des handschriftlichen Befundes. Angabe zur Stellung des Hb bei: Chr. Hannick, "Das Neue Testament in altkirchenslawischer Sprache: Der gegenwärtige Stand seiner Erforschung und seine Bedeutung für die griechische Textgeschichte", K.Aland (Hg.), *ANTF*, 5 (Berlin/New York: De Gruyter, 1972), S.405.

103 Ebd., S.421.

104 Ebd., S.431-432.

105 Ebd., S.293-294.

106 Die Angaben sind entnommen: H.J.sFrede, "Die Ordnung der Paulusbriefe und der Platz des Kol", S.301-303. Dort sind auch VulgataHSS mit gleichen Reihen aufgeführt. Die arabischen Zahlen entsprechen der Klassifizierung des Vetus Latina Institutes in Beuron.

107 2Thess, Kol, 2Tim Tit Phm fehlen ganz. Die Rekonstruktion beruht auf der Beobachtung, daß 1Thess an Phil anschließt und die Reihe durch VulgataHSS oft belegt ist (Liste bei H.J.Frede, ebd., S.302 IIa, es handelt sich dabei um jüngere Vertreter des Texttyps I). Der erste Teil mit den Paulusbriefen wird in das 6.Jhdt datiert. H.J.Frede, *Altlateinische Paulus-Handschriften* (Freiburg: Herder, 1964), S.103.

2/9, 10.Jhdt) bietet Röm Kor 3Kor Gal Phil Eph Kol Thess Tim-Hb.[108] Obwohl Hb meist in den Sammlungen aufgenommen wurde, steht doch fest, daß er im Archetyp von D(75) F(78) G(77) nicht enthalten war.[109] Wie es bei der stattlichen Zahl von 10000 Vulgatahandschriften nicht verwundert, treten auch in der weiteren lateinischen Überlieferung - vielleicht unter Einfluß altlateinischer Handschriften - noch viele Unregelmäßigkeiten auf.[110] Die Zuweisung der einzelnen Handschriften zur Vetus Latina ist nicht unumstritten.[111] Ursprünglich scheinen mehrere Übersetzungen von unterschiedlicher Qualität unabhängig voneinander entstanden und verbreitet worden zu sein.[112] Es kann daher nicht ausgeschlossen werden, daß im Einzelfall die Reihe einer griechischen Vorlage wiedergegeben wird, eine sichere Aussage läßt sich aber meines Erachtens nicht machen.

b) Die gotische Übersetzung

Die gotische Übersetzung des C.P. entstand Mitte des 4.Jahrhunderts.[113]

---

[108] Das Inhaltsverzeichnis, das dem Text des Röm vorangeht, trägt die Überschrift: "*HEC SUNT IN HOC CODICE EPIST PAULI APOSTOLI NR XIII*", zählt tatsächlich aber 15 Briefe auf. Dahinter verbirgt sich wohl eine alte Sammlung, der der Hb und der *Laod* angefügt wurden. Soweit kontrollierbar (Eph 4,1 bis 2Tim 3,11 ist erhalten, Hb läßt sich nicht verifizieren) stimmt die Liste mit der HS überein. Ebd., S.121-122; 159.

[109] H.J.Frede, "Die Ordnung der Paulusbriefe und der Platz des Kol", S.299.

[110] H.J.Frede zählt 18 Reihen der Vulgata auf. Ebd., S.302-303. Einzelheiten bei S.Berger, *Histoire de la Vulgate pendant les premiers siècles du moyen age* (Nancy: Berger - Levrault et Cie, 1893), vor allem S.341-342.

[111] Vgl. B.M.Metzger, *Early Versions*, S.294-295.

[112] Augustin weiß von einer Vielzahl von Übersetzungen zu berichten (*De doctrina Christiana*, 2,16.21-22) und auch Hieronymus klagt: "*Si enim Latinis exemplaribus fides est adhibenda, respondeant quibus: tot sunt (exemplaria) paene quot codices*" (*Ep. ad Damasum*). Dies wird von der modernen Textkritik bestätigt, vgl. B.M.Metzger, *Early Versions*, S.322-323. Nach wie vor nicht befriedigend erklärt ist sowohl die textliche Verwandtschaft der Vetus Latina mit dem syrischen NT als auch die hebräischen und aramäischen Kenntnisse, die bei den Übersetzern vorausgesetzt werden müssen, ebd.S.288. Die älteste Erwähnung einer lateinischen Paulusbriefsammlung findet sich im Verhandlungsprotokoll der *Passio Sanctorum Scillitanorum*, 12 vom 17.Juli 180: "*Saturninus proconsul dixit: Quae sunt res in capsa uestra? Speratus dixit: Libri et epistulae Pauli uiri iusti.*" ("Passio Sanctorum Scillitanorum", *The Acts of the Christian Martyrs: Introduction, Texts and Translations*, ed. Herbert Musurillo (Oxford: Clarendon Press, 1972), S.88,14-15).

[113] G.W.S.Friedrichsen, *The Gothic Version of the Epistles: A Study of Its Style and Textual History* (London: Oxford University Press, 1939), S.259-260.

Zwei umfassende Kodizes und zahlreiche Fragmente sind erhalten,[114] die alle über Mittelglieder auf einen gemeinsamen Archetyp zurückgehen.[115] Was die Übersetzung textkritisch besonders wertvoll macht, ist, daß sie ihre griechische Vorlage wortwörtlich überträgt. Sogar die Partikel werden wiedergegeben.[116] Andererseits aber ist zum Text, der als Koinetext mit "westlichen" und vorbyzantinischen Lesarten eingestuft wird, bis heute noch kein griechisches Äquivalent gefunden worden.[117] Die gotische Version ist damit Zeuge für eine Paulusausgabe, die auch zeitlich in die Entstehungszeit der wichtigen Bibelunzialhandschriften zurückreicht, aber griechisch nicht mehr erhalten ist. Leider kann nicht mit Sicherheit festgestellt werden, ob auch die Reihenfolge der Paulusbriefe aus einer griechischen Vorlage stammen. Die Reihe läßt sich als strikte Ordnung nach der Länge deuten, wäre dann also auf einen redaktionellen Eingriff zurückzuführen, was bei Übersetzungen häufiger zu beobachten ist.[118]

In dieser Sammlung fehlte Hb.[119] Die 13 Briefe haben in den Handschriften

---

114 Von den 390 Kodexblättern, die es in gotisch gibt, bieten 187 Text aus den Paulusbriefen. Der handschriftliche Befund ist verzeichnet bei B.M.Metzger, *Early Versions*, S.378-382, und: E.Stutz, "Das Neue Testament in gotischer Sprache", *ANTF*, 5 (Berlin, New York: De Gruyter) S.376-377. Neben den umfangreichen Resten zweier Kodizes in Mailand (Beschreibung bei *Die gotische Bibel*, ed. Wilhelm Streitberg, Erster Teil: Der gotische Text und seine griechische Vorlage. Mit Einleitung, Lesarten und Quellennachweisen sowie den kleineren Denkmälern als Anhang; 6., unveränderte Auflage (Heidelberg: C.Winter, 1971), S.XXVI-XXVII), sind in Wolfenbüttel ein Römerbrieffragment (Kap.11-15) und in Turin Teile aus dem Gal und Kol aufbewahrt.

115 Stutz, aaO., S.380.

116 B.M.Metzger, *Early Versions*, S.382.

117 Stutz, "Das NT in gotischer Sprache", S.388. Vgl. schon bei v.Soden, *NT*, Bd.1,2, S.1469. Friedrichsen, *The Gothic Version of the Epistles*, S.257-258 sieht keinen Anlaß, einen anderen Text als den Koinetext, wie er in den Handschriften K, L, P und bei Chrysostomos geboten wird, anzunehmen. Die westlichen Lesarten gäben sich im Einzelfalle als sekundär zu erkennen und sind wahrscheinlich von der Vetus Latina beeinflußt.

118 Vgl. die oben erwähnten altlateinischen und koptischen Ausgaben oder als modernes Beispiel die deutsche Lutherübersetzung, die die Reihe 1+2Petr 1-3Joh Hb Jak Jud bietet.

119 Hb stand mit Sicherheit nicht in den beiden umfassend erhaltenen Ambrosiani. Ob die *Skeireins*, ein gotischer Kommentar zum Johannesevangelium, aus Hb zitieren, ist umstritten. Der gotische Bischof Maximus (erste Hälfte 5.Jhdt) benutzte ihn. A.Vööbus, *Early Versions of the New Testament Manuscript Studies*, PETSE, 6 (Stockholm, 1954), S.305-306.

die Reihe Röm-Kor Eph Gal Phil-Phm.[120]

c) Koptische Versionen

Von den vierzehn bei Metzger beschriebenen ältesten *sahidischen* Kodizes bietet einer eine vollständige Abschrift des Corpus Paulinum.[121] Sie ist um 600 in dem bedeutenden Kloster des Apa Jeremias in Saqqâra entstanden und sorgfältig angefertigt. Die Reihe der Briefe lautet: Röm Kor Hb Gal-Phm.[122] Vielleicht verbirgt sich dahinter eine alte griechische Vorlage.

Ein Kodex in *mittelägyptischem* Dialekt aus der ersten Hälfte des 5.Jahrhunderts mit den Paulusbriefen liegt in Mailand (P.Mil.Cop. I) und weist die Reihe Röm Kor Hb Gal Phil Eph Thess Kol auf.[123] Trotz des hohen Alters des Kodex und der Lokalisierung in Ägypten bleibt die Erschließung einer ähnlichen griechischen Vorlage gewagt.[124]

Im *fayyumischen* Dialekt sind 14 Handschriften vom 4./5. bis zum 9.Jhdt bekannt, aber nicht ediert. Zehn davon bieten einen Text, der eng mit der bo-

---

[120] Stutz, "Das NT in gotischer Sprache",S.376-377. Es wurden textliche Besonderheiten gerne mit der Anpassung an die Vetus Latina erklärt. Es ist keine altlateinische HS mit dieser Reihenfolge erhalten. Die bei H.J.Frede, "Die Ordnung der Paulusbriefe und der Platz des Kol", angegebene Bezeugung durch das Kommentarwerk des Theodor von Mopsuestia wurde oben als unsicher zurückgewiesen und bietet außerdem noch den Hb.

[121] *Early Versions*, S.110-114. Die HS wurde von A.Chester Beatty 1924/1925 erworben und wird als Kodex A bezeichnet. Bei Metzger Nr.13. Außerdem sind Fragmente von 1Tim, Tit (Nr.11, 4.-5.Jhdt), Röm 1-2 (Nr.10, 4.-5.Jhdt) erhalten. Ein Kodex bietet Offb 1Joh Phm (Nr.4, 4.Jhdt) in dieser Reihe, ein anderer Joh, unbekannter Text, 1Kor Tit Ps und Jes (Nr.3, 3.-4.Jhdt) in dieser Reihe.

[122] Ebd., S.114 zu dieser Reihe: "*... this is the order found in all Sahidic manuscripts containing the Epistles or so much of them as reveals their order...*". Vgl. auch die weiter unten aufgeführte Reihe der sahidischen Übersetzung des 39.Osterfestbriefes des Athanasius.

[123] Weitere mittelägyptische Paulusbelege existieren nicht. Vom ursprünglich 150 Blätter umfassenden, einlagigen Kodex sind noch 54 fragmentarisch erhalten. Textlich mit der sahidischen Übersetzung verwandt. Tito Orlandi (Hg.), *Lettere di san Paolo in copto-ossirinchita*, Papiri della Università degli Studi di Milano, V (Milano, 1974). Nach Meinung des Hg. waren die Pastoralbriefe und Phm enthalten, ebd., S.11.

[124] Trotzdem wäre eine Einordnung der Reihenfolge in einen größeren Zusammenhang wünschenswert. Der Platz des Hb hat eine Parallele in der sahidischen Version, Thess Kol findet sich bei Altlateinern, Phil Eph ist einzigartig.

hairischen Version verwandt ist.[125]

5. Die Kataloge

Unter der Bezeichnung *Kataloge* werden im Folgenden verschiedene Listen von biblischen Schriften zusammengefaßt. Außergewöhnliche Reihen weisen dabei die Auskünfte über das Corpus Paulinum bei *Markion*, der *Canon Sinaiticus*, der *Catalogus Claromontanus*, *Kanon Mommsen*, eine Liste bei *Augustin*, die *sahidische Übersetzung des 39.Osterfestbriefes des Athanasius* und der *Kanon Muratori* auf. Es ist auffallend, daß keine dieser ungewöhnlichen Listen griechisch erhalten ist.

Auf die Berücksichtigung der Reihenfolge des sogenannten Dekret des Gelasius (Röm Kor Eph Thess Gal Phil Kol Tim Tit Phm) wird verzichtet, da es sehr hypothetisch wäre anzunehmen, daß dieses lateinische Verzeichnis der biblischen Bücher die Reihenfolge einer griechischen Handschrift wiedergibt.[126] Die Reihe Röm-Phm Hb bieten der Katalog bei *Amphilochius von Ikonium*[127] und ein Verzeichnis der *60 Kanonischen Bücher.*[128] Dieselbe Reihe hat vielleicht der Kanon zweier *Konzile von Karthago* in den Jahren 397 und 419, der aufzählt: "*Vom Apostel Paulus 13 Briefe. Von demselben an die Hebräer einen.*"[129]

Die Reihe Röm-Thess Hb Tim-Phm bieten der *39.Osterfestbrief* des Athanasius (367),[130] *Cosmas Indicopleustes* (um 550)[131], der *59.Kanon der Synode von Laodicea*

---

[125] Metzger, *Early Versions*, S.120. Vgl. P.E.Kahle, *Bala'izah: Coptic Texts from Deir el-Bala'izah in Upper Egypt* (London: Oxford University Press, 1954), 1, S.284-285.

[126] W.Schmithals, "Abfassung", S.197 Anm.85 hält die Reihe für konsequent nach Stichenzahl geordnet. Die Überlieferung des unechten Dekrets birgt große Schwierigkeiten, die eine genaue Datierung unmöglich machen. Vgl. Th.Zahn, Kanon II, S.259-267; Altaner, Patrologie, S.463;354.

[127] Siehe in dieser Untersuchung S.59.

[128] Th.Zahn, Kanon, II, S.289-293. Über die Datierung ist wenig zu erfahren. Th.Zahn verweist S.289 Anm.1 auf eine HS dieses Verzeichnisses, in der der Hb vor dem 1Tim geboten wird.

[129] Text bei Th.Zahn, *Kanon*, II, S.252. Es handelt sich dabei um eine Zusammenfassung eines Beschlusses auf dem Konzil von Hippo (Jahr: 393). Th.Zahn, ebd., S.250 hat den Beschluß von der Liste Augustins (*De doctrina Christiana*, II,8,13; stellt Kol hinter Thess, Hb hinter Phm) her interpretiert, der allen drei Versammlungen (in Hippo nur als Presbyter) beigewohnt hat. Die textkritisch zwar problematische Reihe für die katholischen Briefe geht aber in beiden Listen auseinander, und spricht gegen Th.Zahns Deutung.

[130] Th.Zahn, ebd., S.211-212.

[131] Cosmas hatte 14 Briefe in seiner Sammlung *TopChrist* 5,219; (*Topographie Chréti-*

(4.Jhdt)[132] und die sogenannte *Synopse des Athanasius*.[133]

Cyrill von Jerusalem (um 350)[134], das metrische Verzeichnis bei *Gregor von Nazianz*,[135] der *85. apostolische Kanon* (vor 560),[136] das *Inhaltsverzeichnis des Codex Alexandrinus* (A 02),[137] die Listen bei *Leontius Byzantius*[138] und *Johannes Damascenus*[139] und das dem Patriarchen *Nicephorus* zugeschriebene stichometrische Verzeichnis[140] sprechen von 14 Briefen ohne Angabe der Reihe. Und auch der Aufzählung der Adressaten bei *Hieronymus*[141] sollte man nicht mehr entnehmen.[142]

Tertullian berichtet, daß *Markion* Paulusbriefe überarbeitet und herausgegeben hätte, und setzt in seinem 5.Buch gegen Markion die Reihe Gal Kor Röm Thess Laod (=Eph) Kol Phil Phm in dessen Ausgabe voraus.[143] Epiphanius behauptet für Markion dagegen Phil hinter Phm.[144] Handschriften mit einer

---

enne. Tome II: Introduction, texte critique, illustration, traduction et notes, *Wanda Wolska-Conus* (Hg), SC, 159 (Paris: Cerf, 1970), S.329, 13-14). In seiner Einführung in die Paulusbriefe behandelt er Hb nach Thess und vor Tim (5, 222-226).

132 Th.Zahn, *Kanon*, II, S.202.

133 Ebd., S.316.

134 Ebd., S.179.

135 Ebd., S.217.

136 Ebd., S.193.

137 Ebd., S.288-289.

138 *Actio*, 2,4. Th.Zahn, Kanon, II, S.294.

139 *DeFideOrthod* 4,17. Th.Zahn, Kanon, II, S.295.

140 Ebd., S.298.

141 Ep 53,8.

142 Gegen Hatch, "Position of Hb", S.139-140. Der Satz lautet (ed.Labourt, Bd.3, S.22, 24-27): "*Paulus apostolus ad septem scribit ecclesias - octava enim ad Hebraeos a plerisque extra numerum ponitur -, Timotheum instruit ac Titum, Philemonem pro fugitivo famulo deprecatur.*" *Octava* bezieht sich auf die Anzahl von Gemeinden, an die Paulusbriefe gerichtet sind, und nicht auf den Platz in der Sammlung (nach 2Thess wäre es außerdem der 10.Brief).

143 *AdvMarc* 5,1,9 und 5,21,1.

144 *PanHaer* 42,9,4. Daß Epiphanius Eph nicht mit *Laod* gleichsetzt, beruht auf seinen mangelhaften Unterlagen, vgl. A.v.Harnack, *Marcion: Das Evangelium vom fremden Gott: Eine Monographie zur Geschichte der Grundlegung der katholischen Kirche* (Leipzig: Hinrichs, 1921), Beilage 3, S.62*-64*. In *PanHaer* 42,11,9-11 (*Panarion haer.34-64*, ed. K.Holl, GCS, 31, 2., von Jürgen Dummer bearbeitete Auflage (Berlin: Akademie-Verlag, 1980), S.123, 18-24; 124, 1-2) zählt er Markions Briefe in der Reihe Röm Eph Kol Laod Gal Kor Thess Phm Phil auf und weist ausdrücklich auf die fehlenden Tim Tit und Hb hin. Als weiterer Beleg für eine ähnliche Reihe werden gerne die sogenannten *markionitischen Paulusprologe* aufgeführt (D.de Bruyne, "Les deux derniers chapitres de la lettre aus Romains". *RBen*, 25 (1908), S.423-430. Frede, *Altlateinische PaulusHSS*,

solchen Ausgabe sind nicht vorhanden. Diese Reihe hat die meisten bisherigen Versuche zur Klärung der Entstehungsgeschichte des Corpus Paulinum schwer belastet und zu zahlreichen Spekulationen Anlaß gegeben. Es ist nicht geklärt, ob Markion unsere Sammlung überarbeitet hat, oder die Paulusbriefsammlung in der heutigen Gestalt erst in Reaktion auf Markion geboren wurde.[145] Im ersten Falle braucht uns die Sammlung Markions nicht zu kümmern, weil wir das Ältere besitzen und Markion nur einen Nebenzweig der Entwicklung darstellt, im zweiten Fall kann sie ebenfalls vernachlässigt werden, da unsere Sammlung ein völlig eigenständiges Werk wäre, das gerade in Reaktion auf Markion nicht dessen Text verwendet, sondern bestenfalls dieselben Quellen verarbeitet hätte.

Die Anordnung wird in der Regel als Versuch gedeutet, die Briefe in eine chronologische Reihenfolge zu bringen. Goodspeed unterstreicht dagegen, daß die Briefe außer Gal und Eph (Eph ist im Text von Westcott/Hort um 453 Buchstaben länger als 1+2Thess)[146] nach der Größe aufeinander folgen und Gal mit ziemlicher Sicherheit aus inhaltlichen Gründen von Markion an den Anfang gesetzt wurde. Tauscht man dagegen den Gal und den Eph aus, so erhält man folgendes Bild: Eph leitet die Sammlung ein, die eigentliche Sammlung ist dann der Größe nach geordnet.[147] Chronologische Ordnung vertritt: W.Hartke, *Die Sammlung und die älteste Ausgabe der Paulusbriefe*, (Bonn: C.Georgi, 1917), S.73; W.Hadorn, "Die Abfassung der Thessalonicherbriefe auf der dritten Missionsreise und der Kanon des Marcion", *ZNW*, 19 (1920), S.67-72; Th.Zahn, *Kanon*, II, S.344-347; Mitton, *Formation*; Frede, *Altlateinische PaulusHSS*, S.165-168 hält Markions Anordnung für alt und weist eine Ordnung aus dogmatischen Interessen entschieden zurück.

Als *Kanon Sinaiticus* wird gewöhnlich ein Stichenverzeichnis der biblischen Schriften bezeichnet, das in einer syrischen Miszellenhandschrift des Katharinenklosters auf dem Sinai (cod.syr 10) überliefert ist.[148] Es zählt die Briefe in der Reihenfolge Gal 1Kor 2Kor Röm Hb Kol Eph Phil Phil 1Thess 2Thess 2Tim Tit Phm auf. Die beiden Phil und der fehlende 1Tim beruhen wahrscheinlich auf Fehlern im Überlieferungsprozeß. Th.Zahn hat den ersten Phil als 3Kor identifizieren wollen und den fehlenden 1Tim als Auslassungsfehler

---

S.168-178 weist mit guten Gründen auf Unsicherheiten bei der Rekonstruktion der vorausgesetzten Reihe und des markionitischen Ursprungs hin.

145 Zur Diskussion s. A.Lindemann, *Paulus im ältesten Christentum: Das Bild des Apostels und die Rezeption der paulinischen Theologie in der frühchristlichen Literatur bis Marcion*, BHTh, 58 (Tübingen: Mohr, 1979), S.381.

146 Finegan, "Original Form", S.96. Nach der im Anhang dieser Untersuchung beschriebenen Computerzählung sind es 534 Buchstaben. Siehe S.138.

147 E.J.Goodspeed "Ephesians and First Edition", S.288-289, Verweis auf J.Knox.

148 Text bei A.Smith Lewis, *Studia Sinaitica*, No.I: *Catalogue of the Syriac MSS. in the Convent of St.Catherine on Mount Sinai* (London: Clay, 1894), S.11-14.

des Abschreibers gedeutet.[149] Die Unsicherheit, die mit derartigen Konjekturen verbunden ist, läßt das Verzeichnis als sicheren Beleg ausscheiden. Außerdem wollen Stichenverzeichnisse in erster Linie Angaben über die Länge der einzelnen Schriften und nicht über die Reihenfolge, in der diese Schriften in den Handschriften gesammelt werden, machen. Davon abgesehen ließe sich bestenfalls eine verlorene syrische Ausgabe belegen, die Rückführung auf eine griechische Vorlage wäre ein weiteres Postulat.

Ähnliches gilt vom *Catalogus Claromontanus*, einem Stichenverzeichnis biblischer Schriften, das in zwei Paulusbilinguen (D 06 Codex Claromontanus und die Abschrift D^{abs1} Codex Sangermanensis) in der Lücke, die ursprünglich für den Laodicänerbrief hinter Phm und vor Hb freigelassen wurde, in lateinischer Sprache eingetragen wurde.[150] Die Reihe für die Paulusbriefe lautet: Röm Kor Gal Eph Tim Tit Kol Phm. Der Text ist verdorben und muß wiederhergestellt werden. Th.Zahn hat sich für eine Auslassung von Phil Thess Hb hinter Eph ausgesprochen und Frede hat sich dem angeschlossen.[151] Er deutete das Verzeichnis als Übersetzung aus dem Griechischen und vermutete als Entstehungsort Ägypten. Doch wird man über Vermutungen nicht hinauskommen. Die Reihe der Evangelien (Mt Joh Mk Lk) und der katholischen Briefe (Petr Jak 1-3Joh Jud) sind ungewöhnlich und lassen den Catalogus Claromontanus nur mit erheblichen Vorbehalten als Beleg für eine griechische Handschrift erscheinen.[152]

Der sogenannte *Kanon Mommsen* oder *Cheltenhamer Verzeichnis* ist wahrscheinlich vor 359 in Afrika entstanden.[153] Neben einem Stichenverzeichnis der biblischen Schriften enthält er auch noch die Schriften des karthagischen

---

[149] "Das NT Theodors von Mopsuestia", S.793-805.

[150] H.J.Frede, *Altlateinische PaulusHSS*, S.25-26. Th.Zahn, *Kanon*, II, S.160-161 vermutet, daß die Sammlung mit Phm zu Ende war (ausgedehnte Schlußverzierung) und daß die 1 1/2 folgenden Seiten leer blieben, um dem bisher eingeschlagenen Muster treu zu bleiben und einen neuen Brief auf einer neuen Seite zu beginnen, und zwar auf der linken Seite des aufgeschlagenen Buches die lateinische und auf der rechten Seite den griechischen Text zu bieten.

[151] Th.Zahn, Kanon, II, S.171-172: Ein Homoioteleutonfehler: ΠΡΟΣ ΕΦΕΣΙΟΥΣ und ΠΡΟΣ ΕΒΡΑΙΟΥΣ. Frede, aaO., S.25-26.

[152] So auch F.Renner, *'An die Hebräer' - ein pseudepigraphischer Brief*. Münsterschwarzacher Studien, 14, hg. von Missionsbenediktinern der Abtei Münsterschwarzach (Münsterschwarzach: Vier-Türme-Verlag, 1970), S.28.

[153] Text des biblischen Teiles bei Th.Zahn, *Kanon*, II, S.143-145, das Verzeichnis der cyprianischen Schriften bei H.v.Soden, *Die Cyprianische Briefsammlung: Geschichte und Entstehung ihrer Überlieferung*, TU, 25,3 (Neue Folge 10.Bd, 3.Heft) (Leipzig: Hinrichs, 1904), S.44-45 tabellarisch zusammengefaßt.

Bischofs Cyprian. Er gibt die Gesamtzahl der Paulusbriefe mit 13 an. Wahrscheinlich hat Hb gefehlt.[154]

Die lateinische Liste Augustins in *De doctrina christiana*,2, 8,12-14 stellt Kol hinter Thess und Hb hinter Phm.[155] Sie ist in Vetus Latina Handschriften und für zahlreiche Vulgatamanuskripte belegt, kommt für die Rekonstruktion einer griechischen Ausgabe aber nur mit Vorbehalt in Betracht.[156] Die *sahidische Übersetzung des 39.Osterfestbriefes* setzt den Hb zwischen den Gal und den Eph und macht damit die ungesicherte Stellung des Hb in der sahidischen Übersetzung deutlich.[157]

Der *Kanon Muratori* wird in der Regel in das Ende des 2.Jahrhunderts datiert und mit Rom in Verbindung gebracht.[158] Es handelt sich dabei weder um ein Stichenverzeichnis noch um eine Kanonsliste im engeren Sinn sondern um "*eine Art Einleitung ins Neue Testament*".[159] Wegen seines angenommenen hohen Alters und seiner ungewöhnlichen Reihenfolge der Paulusbriefe, hat das Fragment seit seiner Entdeckung im Jahre 1740 eine Vielzahl von Exegeten beschäftigt. Der Text, der das Corpus Paulinum unmittelbar betrifft, lautet in der Übersetzung Schneemelchers[160]:

"Die Briefe aber des Paulus, welche es (d.h. von Paulus) sind, von welchem Orte und aus welchem Anlaß sie geschrieben sind, erklären das denen, die es wissen wollen, selbst. Zu-

---

[154] Auch Euseb, *historia ecclesiae*,6,20,3 benutzt die Bezeichnung "13 Briefe" für Sammlungen ohne den Hb.

[155] Th.Zahn, *Kanon*, II, S.253-259.

[156] H.J.Frede, "Die Ordnung der Paulusbriefe und der Platz des Kol", S.301-303.

[157] Frede, "Die Ordnung der Paulusbriefe und der Platz des Kol", S.293. In den erhaltenen sahidischen HSS steht der Hb zwischen dem 2Kor und Gal.

[158] Daß die Datierung und Lokalisierung unsicher ist, haben die Ausführungen A.C.Sundbergs, "Towards a Revised History of the New Testament Canon", Studia Evangelica 4, *TU*, 102 (1968), S.452-461 und "Canon Muratori: A Fourth-Century List", *HThR*, 66 (1973), S.1-41 gezeigt, der das Verzeichnis in den Osten ins 4.Jhdt setzt. Die für diese Fragen relevanten Textstellen lassen auch andere Übersetzungen zu, die Ausdrücke *ecclesiastica disciplina* und *sedente cathedra urbis Romae ecclesiae* tauchen sonst erst ab Mitte des 3.Jhdts auf, die Behandlung der *Weisheit Salomos*, des *Hirten des Hermas*, das Fehlen des Hb, die Hochschätzung der Offb und vor allem der *Petrus-Apokalypse* entsprechen den Auseinandersetzungen um den Kanon in der Ostkirche zwischen Euseb und Athanasius.

[159] H.Lietzmann, *Wie wurden die Bücher des Neuen Testaments heilige Schrift? Fünf Vorträge* (Tübingen: Mohr, 1907), S.53.

[160] Edgar Hennecke, *Neutestamentliche Apokryphen in deutscher Übersetzung*, 3., völlig neubearbeitete Auflage, hg. von Wilhelm Schneemelcher, 1.Band (Tübingen: Mohr, 1959), S.19-20.

erst von allen hat er an die Korinther, (denen) er die Häresie der Spaltung, sodann an die Galater, (denen) er die Beschneidung untersagt, sodann aber an die Römer, (denen) er darlegt, daß Christus die Regel der Schriften und ferner ihr Prinzip sei, ausführlicher geschrieben. Über sie müssen wir einzeln handeln, da der selige Apostel Paulus selbst, der Regel seines Vorgängers Johannes folgend, mit Namensnennung nur an sieben Gemeinden schreibt in folgender Ordnung: an die Korinther der erste (Brief), an die Epheser der zweite, an die Philipper der dritte, an die Kolosser der vierte, an die Galater der fünfte, an die Thessalonicher der sechste, an die Römer der siebente. Aber wenn auch an die Korinther und an die Thessalonicher zu ihrer Zurechtweisung noch einmal geschrieben wird, so ist doch deutlich erkennbar, daß eine Gemeinde über den ganzen Erdkreis verstreut ist. Denn auch Johannes in der Offenbarung schreibt zwar an sieben Gemeinden, redet jedoch zu allen. Aber an Philemon einer und an Titus einer und an Timotheus zwei, aus Zuneigung und Liebe (geschrieben), sind doch zu Ehren der katholischen Kirche zur Ordnung der kirchlichen Zucht heilig gehalten."

Die Deutung, die sich durchgesetzt hat, ist die, daß der Fragmentist bei der Aufzählung der Gemeindebriefe die Reihenfolge seiner Bibelausgabe wiedergibt. Dies wird meist ohne nähere Begründung als evident vorausgesetzt.[161] Nun sollte die Bestimmung des Fragments als "*eine Art Einleitung*" aber zur Vorsicht mahnen: die Betrachtung alter Pauluskommentare hat oben gezeigt, daß bei Kommentierungen auch sehr ungewöhnliche Reihenfolgen entstehen können.[162]

Eine meines Erachtens überzeugendere Interpretation hat N.A.Dahl vorgeschlagen:[163] Es ist nicht nötig anzunehmen, daß der Fragmentist eine andere

---

[161] Von Th.Zahn, *Kanon*, II, S.60-61 vertreten. Die Datierung des Eph Phil und Kol vor Gal Thess und Röm scheint ihm eine dermaßen "*thörichte Vorstellung*", daß er die Reihe nur daraus erklären kann, daß sie der Fragmentist aus einer Buchrolle übernahm.

[162] Ein Vergleich mit modernen Einleitungswerken mag interessant sein. So werden bei W.G.Kümmel, *Einleitung in das Neue Testament*, 19., durchgesehene und erweiterte Auflage (Heidelberg: Quelle & Meyer, 1978), die Briefe in der Reihe Thess Kor Gal Röm Phil Kol Phm Eph Pastoralbriefe, der Hb zusammen mit den katholischen Briefen behandelt, W.Marxen, *Einleitung in das Neue Testament: Eine Einführung in ihre Probleme*, 4., völlig neu bearbeitete Auflage (Gütersloh: Mohn, 1978), bietet: Thess Gal Phil Phm Kor Röm (Evang Apg) Kol Eph Pastoralbriefe Hb; H.M.Schenke, K.M.Fischer, *Einleitung in die Schriften des Neuen Testaments: Teil I: Die Briefe des Paulus und Schriften des Paulinismus*, Unter Mitarbeit von H.-G. Bethge und G.Schenke (Gütersloh: Mohn, 1978), Bd.1: 1Thess Gal Kor Phil Röm Phm Kol Eph 2Thess (1Petr) Pastoralbriefe und erst gegen Ende des 2.Bandes Hb. Ph.Vielhauer, *Geschichte der urchristlichen Literatur: Einleitung in das Neue Testament, die Apokryphen und die Apostolischen Väter*, (Berlin, New York: de Gruyter, 1975): Thess Gal Kor Phil Phm Röm Kol Eph Pastoralbriefe Hb. Keine dieser Reihen entspricht einer modernen Bibelausgabe.

[163] N.A.Dahl, "Welche Ordnung der Paulusbriefe wird vom Muratorischen Kanon vorausgesetzt?" *ZNW*, 52 (1961), S.39-53.

Ausgabe hatte als in der üblichen Reihenfolge, aber ohne Hb. Es ist zunächst nicht verständlich, warum die Gemeindebriefe zwei Mal aufgezählt werden. Beim ersten Mal handelt es sich vom lateinischen Wortlaut her fast mit Sicherheit um den Versuch, eine chronologische Ordnung zu schaffen (Kor vor Gal vor Röm). Aber beim zweiten Mal? Dahl hat darauf hingewiesen, daß, wenn man die zuerst erwähnten und chronologisch einander zugeordneten Briefe Kor Gal Röm aus der zweiten Aufzählung herausnimmt, die restlichen Briefe Eph Phil Kol Thess in der üblichen Reihenfolge übrigbleiben.[164]

Reihe	Kor	Eph	Phil	Kol	Gal	Thess	Röm
ohne	Kor				Gal		Röm
ergibt		Eph	Phil	Kol		Thess	

Fragt man nach der Wahrscheinlichkeit der beiden Vermutungen, so meine ich, daß eine Interpretation, die ohne die Annahme einer einzigartigen, anderweitig nicht bezeugten Ausgabe auskommt, unbedingt der Vorzug zu geben ist.

Dagegen läßt sich aufführen, daß sich bei Markion und Tertullian, wenn auch keine genaue Parallele, so doch verwandte Reihen finden lassen.[165] Nun ist die Deutung der beiden Aufzählungen bei Tertullian als Wiedergabe einer Handschrift sehr gewagt[166] und daß Markion ebenfalls darauf bedacht war, die Briefe in chronologischer Reihenfolge zu ordnen, ist nicht auszuschließen. Die Parallelität wäre schon alleine daraus erklärbar. Nun lassen sich der 1Kor und Röm von den Reiseplänen in den Schlußkapiteln der beiden Briefe her einander eindeutig zuordnen. Daß Markion den Gal an die erste Stelle setzte, hat vielleicht theologische Gründe, daß Gal nach 1Kor entstand (*KanMur*), ist aus dem Text nicht so offensichtlich, die zeitliche Nähe der beiden Briefe darf aber auch heute ungestraft vertreten werden. Und daß sich der Fragmentist vor einer chronologischen Einordnung der restlichen Briefe scheut, kann man ihm in Anbetracht moderner Diskussionen darüber nicht verübeln.[167]

---

[164] AaO., S.45-46: "*Die Vorwegnahme wird aber verständlich unter der Voraussetzung, daß zunächst diejenigen Briefe genannt werden, die in der nachfolgenden Liste an einem außergewöhnlichen Platz erscheinen...*"

[165] *DePraescrHaer* 36; *AdvMarc* IV,5.

[166] Vgl. die Diskussion zwischen Dahl, "Welche Ordnung?", S.41-42 und Aland, "Entstehung des C.P.", S.327-328. Letzterer räumt ein, daß es sich vom Zusammenhang der Texte her um eine geographisch orientierte Aufzählung handeln könnte, möchte die Übereinstimmung der beiden Aufzählungen aber auch dann nicht als Zufall gelten lassen. Vgl. auch Finegan, "Original Form", S.91, der sowohl Tertullian als auch *KanMur* als Beleg für die Ordnung der Briefe in einer Ausgabe ablehnt.

[167] Auch die Reihenfolge der Briefe an Einzelne sollte vom Einleitungscharakter des

Für diese Untersuchung reicht es aus, festzuhalten, daß der *KanMur* keinen zwingenden Beleg für eine außergewöhnliche Reihe der Paulusbriefe darstellt. Ihm kommt nicht das Gewicht zu, das ihm bei den Rekonstruktionsversuchen der Vorgeschichte des Corpus Paulinum in der Forschungsgeschichte fast einhellig zugestanden wurde.

6. Die ältesten Erwähnungen der Paulusbriefe

Die ältesten Erwähnungen der Paulusbriefe (*1Clem* 47,1-2; *IgnEph* 12,2; *PolPhil* 11,3; 2Petr 3,15-16) lassen keine Aussagen über Umfang und Reihenfolgen der bezeichneten Paulusbriefsammlungen zu.[168]

7. Zusammenfassung

Die kritische Durchsicht der Belege für verlorengegangene griechische Paulusausgaben hat noch eine in den Handschriften nicht belegte Reihe zum Vorschein gebracht: *Röm-Gal Hb Eph-Thess* in einer Kapitulation des Codex Vaticanus.

Fragments her gedeutet werden.

[168] Ausführliche Diskussion der Belege bei A.Lindemann, *Paulus*, S.71-97. *1Clem* 47,1-2: Ἀναλάβητε τὴν ἐπιστολὴν τοῦ μακαρίου Παύλου τοῦ ἀποστόλου. Τί πρῶτον ὑμῖν ἐν ἀρχῇ τοῦ εὐαγγελίου ἔγραψεν; *(Nehmt den Brief des seligen Paulus. Was hat er euch zuerst am Anfang des Evangeliums geschrieben?)* *IgnEph* 12,2: Παύλου συμμύσται, ... ὃς ἐν πάσῃ ἐπιστολῇ μνημονεύει ὑμων ἐν Χριστῷ Ἰησοῦ. *(... der in jedem Brief euer gedenkt in Christus Jesus.)* *PolPhil* 11,3: ... ὁ μακάριος Παῦλος, οἵτινες ἐστε ἐν ἀρχῇ τῆς ἐπιστολῆς αὑτου. Περὶ ὑμων γάρ ἐν πάσαις ταῖς ἐκκλησίαις καυχᾶται... *(... der selige Paulus, die ihr am Anfang seines Briefes seid. Er lobt euch vor allen Gemeinden...)* 2Petr 3,15-16: ... καὶ τὴν τοῦ κυρίου ἡμῶν μακροθυμίαν σωτηρίαν ἡγεῖσθε, καθώς καὶ ὁ ἀγαπητὸς ἡμῶν ἀδελφὸς Παῦλος κατὰ τὴν δοθεῖσαν αὑτῷ σοφίαν ἔγραψεν ὑμῖν, ὡς καὶ ἐν πάσαις ἐπιστολαῖς λαλῶν ἐν αὑταῖς περὶ τούτων... *(... und die Geduld unseres Herrn sollt ihr als eure Rettung betrachten, wie auch unser geliebter Bruder Paulus nach der ihm gegebenen Weisheit euch geschrieben hat, wie er auch in allen Briefen davon redet...)*

D. Deutung des Befundes

1. Beobachtungen am Corpus Cyprianum

Der Verdacht, daß unterschiedliche Reihenfolgen und Umfänge in der handschriftlichen Überlieferung einen Schlüssel zur Rekonstruktion der Entstehungsgeschichte einer Briefsammlung bieten können, wurde bei mir durch die Lektüre von Hans von Sodens *Die Cyprianische Briefsammlung*[169] geweckt. Von Soden stellte fest, daß Reihenfolge und Umfang der Sammlungen in den Handschriften durch Kombination mehrerer Vorlagen entstanden. Ganz deutlich war das in den Fällen, in denen eine bestimmte Sequenz von Briefen auch als eigenständige Sammlung überliefert war.

Wiederkehrende Folgen bilden beispielsweise die Briefe 60 57 59 52 47 45 44 51, die alle an den römischen Bischof Cornelius gerichtet sind, die Sequenz 73 71 70, Briefe, die sich auf den Ketzertaufstreit beziehen, und 10 28 37 11 38 39, Briefe, die Konfessorenangelegenheiten betreffen. Es handelt sich bei diesen Einheiten jeweils um eine Auswahl von Cyprianbriefen, die unter einem bestimmten Gesichtspunkt, dem sogenannten *Sammlerinteresse*, erfolgte. Da diese Briefsequenzen in den Handschriften einmal am Anfang, dann wieder in der Mitte oder am Ende der Sammlungen stehen, liegt die Annahme nahe, daß diese Einheiten zunächst als selbständige *Teilsammlungen* überliefert worden waren.[170]

Diese Beobachtung erlaubte es ihm nun, methodische Grundsätze zu entwickeln, um auch zunächst willkürlich erscheinende Reihenfolgen als Ergebnis eines sich ständig wiederholenden Vorganges sinnvoll zu interpretieren. Eine umfassende Ausgabe konnte nur durch Kombination mehrerer Vorlagen erstellt werden. Früher oder später trat bei einer bloßen Aneinanderreihung der Handschriften der Fall ein, daß sich ein Brief wiederholte. Um Zeit, Mühe und Kosten zu sparen, waren die Schreiber in der Regel darum bemüht, Dubletten zu vermeiden.[171]

---

[169] *Die Cyprianische Briefsammlung: Geschichte ihrer Entstehung und Überlieferung*, TU, 25.3 = Neue Folge 10.Bd., 3.Heft (Leipzig: Hinrichs 1904).

[170] Die Reihenfolge der Briefe in den Cyprianhandschriften ist in einem Schaubild zusammengefaßt bei v.Soden, aaO., Anhang Tabelle IV.

[171] Cyprian-HSS, die vereinzelte Briefe zwei oder gar drei Mal enthalten, sind Ausnahmen und wohl auf Versehen der Schreiber zurückzuführen. Einen Parallelfall bei neutestamentlichen HSS stellt Minuskel 794 dar, die den Hb hinter 2Thess und hinter Phm bietet (C.Tischendorf, *NT*, S.582). Auch in die Migne-Ausgabe der ca.2000 Briefe des Isidor von Pelusion (PG 78, 103-1646) sind durch Fehler zahlreiche Dubletten eingegangen. Eine einzige Cyprian-HS (536) umfaßt alle bekannten Briefe. Sie war 1459 von

Es ist leicht nachzuvollziehen, daß mit der fortschreitenden Textüberlieferung auch die Ausgaben der Cyprianbriefe, die die Vorlagen für weitere Ausgaben bildeten, umfangreicher wurden und daß auch der gemeinsame Bestand der Vorlagen anwuchs. Ebenso einfach kann man sich verdeutlichen, daß der geschickte Schreiber zunächst die längste Vorlage abschrieb und dann aus den anderen Vorlagen nur noch die Briefe nachtrug, die ihm noch fehlten, den sogenannten *Rest*.

Für von Soden ergaben sich daraus folgende Grundsätze[172]: "*Welchen Platz eine Hs. in der Geschichte der Sammlung einnimmt, ist zu ermitteln durch Vergleichung der A u s w a h l Cyprianischer Briefe, die sie enthält, und der R e i h e n f o l g e, in der sie diese enthält, mit der Auswahl und Reihenfolge, die andere Hss. bieten.*"[173] Ziel des Vergleiches ist, die Sammlungen zu ermitteln, die in der untersuchten Handschrift kombiniert wurden. "*Gelingt es uns nicht, diese Sammlungen vollständig zu erkennen, so werden wir anzunehmen haben, daß ein oder mehrere Stücke fehlen, weil sie schon weiter oben abgeschrieben waren, oder wenn das nicht der Fall ist, weil es vermutlich in einer der Vorlagen der Hs. so geschehen...*"[174]

Einige Beispiele sollen das eben Gesagte illustrieren. Vier umfangreiche Handschriften bieten am Anfang folgende Briefe (Tr. = Traktate):

(Tabelle Cyprian.1)

HS	Reihenfolge													
45	Tr.+58	63	6	55		10	28	37	11	38	39		60	76
80	Tr.	63	6	55		10	28	37	11	38	39	58		
504	Tr.	63	55	6	dlm	10	28	37	11	38	39	58		76
55	Tr.+37+38+10	63	6	55			28		11		39	58	60	76

Es fällt auf, daß die ersten drei Handschriften die Sequenz 10 28 37 11 38 39 gemeinsam haben. Bereits im ältesten Zeugnis über die Cyprianbriefe, dem Cheltenhamer Verzeichnis[175], werden diese Briefe in dieser Reihenfolge aufgeführt. Sie enthalten Briefe

Kardinal Marco Barbo in Auftrag gegeben worden. Er befahl seinem Schreiber, sich möglichst viele HSS zu beschaffen und sie nacheinander unter Ausscheidung der Dubletten solange abzuschreiben, bis keiner der bekannten Briefe mehr fehlte. V.Soden, aaO., S.151.

[172] V.Soden, *Cyprian. Briefsammlung*, S.66-68.

[173] Ebd., S.66.

[174] Ebd., S.67.

[175] Das Cheltenhamer Verzeichnis ist in zwei voneinander unabhängigen Handschriften (Cheltenhamer Hs 12266, 10.Jhdt; Kodex St.Gallen 133, 9.Jhdt) überliefert. Es handelt sich dabei um ein buchhändlerisches Verzeichnis der Schriften des Alten und Neuen Testamentes (*Kanon Mommsen*) und der Werke Cyprians mit Stichenzahl für alle Titel.

Cyprians, die Konfessorenangelegenheiten betreffen.[176] Aber auch die an vierter Stelle genannte Handschrift 55 gibt zu erkennen, daß ihre Vorlage die Konfessorenbriefsammlung enthielt.[177] Die Briefe 28, 11 und 39 bilden einen sogenannten Rest. Sie stehen in der üblichen Reihenfolge, die fehlenden Briefe 10, 37 und 38 hat der Schreiber bereits vorher als Bestandteil der cyprianischen Traktatesammlung kopiert und nicht noch einmal abgeschrieben. Und in der Tat weichen die Handschriften 55 und 45 im weiteren Verlauf nur unwesentlich voneinander ab, wodurch deutlich wird, daß beide ab Brief 63 von einer gemeinsamen Vorlage abhängig sind. Lediglich was die zuerst kopierte Traktatesammlung betrifft, hatte jede Handschrift ihre eigene Vorlage. Bestätigt wird diese Annahme durch eine weitere Handschrift (82), die mit einer von 55 und 45 unabhängigen Traktatesammlung beginnt, dann aber wie die beiden anderen Handschriften fortfährt. Die gemeinsame Vorlage hat also die Briefe ... 63 6 55 10 28 37 11 38 39 58 60 76 ... enthalten, eine Sequenz, die so von keiner der erhaltenen Handschriften geboten wird.

Ein weiteres anschauliches Beispiel für einen Rest findet sich in der Handschrift 80, die an einer Stelle die Sequenz 27 23 24 21 22 bietet. Nach ep.27,2 gehen mit ep.27 noch 23, 26, 24, 25, 21 und 22 nach Rom.[178] In dieser Reihenfolge zählt Cyprian die Briefe auf. Außerdem wurde ep.28 gleichzeitig mit 27 nach Rom gesandt. Die in Handschrift 80 fehlenden Briefe 28, 26 und 25 sind dort bereits vorher abgeschrieben worden.

Quelle	Reihenfolge der Briefe								*(Tabelle Cyprian.2)*
ep.27,2		27	23	26	24	25	21	22	[28]
HS 80	(28 26 25)	27	23		24		21	22	

In dem in *Tabelle Cyprian.1* aufgeführten Beispiel fällt auf, daß einer oder mehrere der Briefe 58, 60 und 76 auf die Konfessorenbriefsammlung folgen. Wie kommt das?

Um einen Rest kann es sich nicht handeln, da Handschrift 80 die Briefe 60 und 76, und Handschrift 504 den Brief 60 vorher noch nicht bot.

Es stammt aus dem afrikanischen Raum und wird in das Jahr 359 datiert (Von Soden, *Cyprian.Briefsammlung*, S.42; Th.Zahn, *Kanon*, II, S.143-156).

[176] Als *confessores* werden in den Briefen Christen bezeichnet, die sich während der Verfolgungen unter Todesgefahr zu ihrem Glauben bekannten. Sie übten großen Einfluß auf innerkirchliche Auseinandersetzungen aus und konnten durchaus die Autorität des Bischofs untergraben. Vgl. dazu H.Gülzow, *Cyprian und Novatian: Der Briefwechsel zwischen den Gemeinden in Rom und Karthago zur Zeit der Verfolgung des Kaisers Decius*, BhTh, 48 (Tübingen: Mohr, 1975).

[177] Das heißt nicht, daß es die unmittelbare Vorlage dieser Handschrift gewesen sein muß. Dort kann diese Reihenfolge bereits bestanden haben.

[178] Die Identifikation der zitierten Briefe ist bei v.Soden, *Cyprian. Briefsammlung*, S.36 durchgeführt.

Betrachtet man den Inhalt dieser Briefe so wird deutlich, daß sie ausgezeichnet in die Konfessorenbriefsammlung gepaßt hätten.[179] Sie wurden aber nicht in diese eingeordnet, sondern am Ende angefügt. Es legt sich daher nahe, von einem *Anhang* zu sprechen.

Ebenso verhält es sich mit den Briefen 63 6 55, die in den oben angeführten Handschriften auf die Traktatesammlung folgen. Sie sind von Länge und Inhalt her den Traktaten ähnlich.[180]

In der Handschrift 504 wurde an die Traktate und traktatähnlichen Briefe noch der pseudocyprianische Traktat *De laude martyrii (dlm)* angefügt. Fälschungen geraten besonders leicht über Anhänge in die Sammlungen.[181]

Diese *späten Anhänge* können unabhängig voneinander an verschiedenen Orten und zu verschiedenen Zeiten entstehen. Sie sind durch ein gemeinsames Sammlerinteresse mit der vorausgehenden Sammlung verbunden und lassen sich wegen wechselnden Umfangs und Reihenfolge meist leicht bestimmen. Aber selbst dann, wenn eine Sammlung in allen handschriftlichen Belegen bereits um denselben Anhang erweitert vorliegt, - ich spreche dann von einem *frühen Anhang* - kann die Betrachtung des *Ordnungsprinzips* Aufschluß über den Beginn eines Anhanges geben. Denn der Beginn eines Anhanges gibt sich in der Regel durch Neueinsatz des Ordnungsprinzips zu erkennen.

Dazu wieder einige Beispiele: *Briefe Cyprians zum Ketzertaufstreit.* Zur Amtszeit Cyprians herrschte Uneinigkeit in der Frage, ob diejenigen, die anderen Glaubensgemeinschaften angehört hatten und dort getauft worden waren, noch einmal getauft werden sollten, wenn sie zur katholischen Kirche übertraten.[182] Unter der Federführung Cyprians entstand ein Synodalschreiben (ep.70), das sich energisch für eine nochmalige Taufe einsetzte und von zahlreichen Bischöfen und Ältesten unterzeichnet worden war. Als sich der mauretanische Bischof Quintus wenig später in der gleichen Angelegenheit an Cyprian wendet, antwortet ihm dieser (ep.71,1): "*Damit du weißt, was die meisten Bischofs- und anwesenden Presbyterkollegen vor kurzem auf einer Versammlung in dieser*

---

[179] In *Brief 60* beglückwünscht Cyprian seinen römischen Amtskollegen Cornelius, der sich während der Christenverfolgungen des Sommers 252 mutig zum Glauben bekannt hatte und dadurch zum "Konfessor" geworden war. *Brief 58* ist an die Gemeinde in Thibaris gerichtet. In ihm ermahnt der Bischof zur Standhaftigkeit und verherrlicht das Martyrium mit Worten, die an Formulierungen in den Briefen 10, 28 und 37 anklingen. *Brief 76* schließlich ist an Glaubensbrüder gerichtet, darunter auch Bischöfe, Presbyter und Diakone, die während der valerianischen Verfolgung im Sommer 257 verhaftet und zu schwerer Bergwerksarbeit verurteilt worden waren.

[180] So auch v.Soden, *Cyprian. Briefsammlung*, S.43 und 76.

[181] Vgl. ebd. S.204-233: "Exkurs II. Zur Überlieferung der Opera spuria".

[182] Ep.70,1: "*...de his qui apud haereticos et schismaticos baptizati videntur, an ad ecclesiam catholicam quae una est venientes baptizari debeant.*"

Sache beschlossen haben, lege ich dir eine Kopie dieses Schreibens bei."[183] Und auch als ihn ein weiterer Amtskollege aus Mauretanien, Bischof Jubaianus, um Rat bittet, legt Cyprian seinem Antwortschreiben (ep.73) eine Abschrift der erwähnten Briefe 70 und 71 bei.[184] Dieselbe Anlage erhält Stephanus in Rom zu ep.72.[185] Pompeius schließlich, an den ep.74 gerichtet ist, erhält 70.71.73 und 72.[186] In die handschriftliche Überlieferung eingegangen ist zunächst aber nicht die ausführlichere Sammlung an Pompeius, sondern die Sammlung 73 71 70.[187] Es liegt also das an Bischof Jubaianus übersandte Kompendium zugrunde, auf das die *sententiae LXXXVII episcoporum* folgen. Es handelt sich bei dieser Schrift um das Protokoll eines Konzils vom 1.September 256, in dessen Verlauf mehrmals aus Brief 73 an Jubaianus zitiert wurde und sich Cyprian mit seiner Meinung im Ketzertaufstreit durchsetzen konnte. Erhebt sich schon bei den *sententiae* die Frage, ob hier nicht von einem Anhang geredet werden sollte,[188] so liegt mit dem folgenden Brief (ep.72) deutlich ein Anhang vor.[189] Denn hätte Brief 72 von Anfang an

---

183 Ep.71,1: "*De qua re quid nuper in concilio plurimi coepiscopi cum conpresbyteris qui aderant censuerimus ut scires, eiusdem epistulae exemplum tibi misi.*"

184 Ep.73,1,1

185 Ep.72,1,3

186 Ep.74,1,1

187 Ein Vergleich führender Handschriften ergibt folgendes Bild (die Briefe in Klammern werden von der HS bereits vorher geboten):

(Tabelle Cyprian.3)

```
 45 (76)         73 71 70 snt       74 69a 69b     67 64 2
120              73 71 70 snt 63 76 74 69       40 67 64 2
505 (76)         73 71 70 snt       74          40
100 (76 40 67)   73 71 70 snt 72    74 69a 69b        64 2
511 (snt)        73 71 70     72    74 69a 69b
 CH              73 71 70 snt 74 72 64 69a 67 2 76 40
```

Analyse:
I = 73 71 70 snt
II = 74 69a 69b
III = 67 64 2

45 = I + II + III
120 = I 76 + II 40 + III
505 = I 74 40
100 = I 72 + II 40 + III
570 = I 72 + II
511 = I 72 + II
CH = I 74 72 64 69a 67 2 76 40

188 Vgl. etwa HS 570 mit den in Tabelle Cyprian.3 verzeichneten: *570* (76) 73 71 70 72 74 69a 69b, in der *snt* fehlt.

189 HS 45 leitet die Sammlung ein mit "*incipit ad Jubajanum epistolas numero tres*". Bei v.Soden, *Cyprian. Briefsammlung*, S.77. *Sent* und ep.74 als Anhang ebd., S.46.

zur Sammlung gehört, so müßte er dem Ordnungsprinzip von 73 71 70 folgend, nämlich daß zuerst der Brief und dann die Anlage folgt, an erster Stelle stehen.[190]

Briefe an Cornelius. Die Sammlung besteht aus acht Briefen in der Reihenfolge: 60 57 59 52 47 45 44 51. Brief 60 ist oft in späten Anhängen zu den Konfessorenbriefen überliefert.[191] V.Soden erklärt die Reihenfolge der ersten sieben Briefe so:[192] Der bekannte Brief 60, den Cyprian dem Cornelius in die Verbannung schickt und in dem er Cornelius verherrlicht, wird als Ausgangspunkt genommen. Da man diesen Brief seiner Wichtigkeit halber an der ersten Stelle der Sammlung belassen, den Leser durch chronologische Unordnung aber nicht verwirren wollte, kehrte man die chronologische Reihenfolge um und ließ jeweils den älteren Brief auf den jüngeren folgen. Dies Ordnungsprinzip wird mit Brief 51 durchbrochen, der eigentlich zwischen 52 und 47 gehört. Dieser Brief wurde wohl erst, nachdem sich die Ursammlung 60-44 gebildet hatte, der Vollständigkeit halber angefügt.

Konfessorenbriefsammlung. Die Sammlung besteht aus sechs Briefen (10 28 37 11 38 39) und zerfällt in zwei Teile. 10 28 37 sind an Konfessoren gerichtet, 11 38 39 sind an den Klerus von Karthago gerichtet, behandeln aber Angelegenheiten, die ebenfalls mit Konfessoren zu tun haben. Beide Teile sind in sich chronologisch geordnet.[193] Die Briefe wurden also in erster Linie nach Adressaten und in zweiter Linie chronologisch geordnet. Die beiden Teile der Sammlung lassen sich auch hier durch Neueinsatz des Ordnungsprinzips erkennen.

Brief 69. Einen Sonderfall stellt ep.69 dar. Dieser Brief wurde anfangs in zwei Teile geteilt und gelangte über unterschiedliche Teilsammlungen in die handschriftliche Überlieferung, so daß die beiden Teile in manchen Handschriften weit voneinander getrennt geboten werden.[194] Die spätere Überlieferung hat beide Teile wieder zusammengestellt. Offenbar ist die Tendenz, Briefe an den gleichen Adressaten zusammenzuordnen, so stark, daß sie mit der Regel, in bestehende Sammlungen nicht mehr einzugreifen, bricht.

---

190 Daß die auf *snt* folgenden Briefe späte Anhänge darstellen, zeigt der wechselnde Umfang: entweder nur 72 (HS 511) oder nur 76 (HS 120, vielleicht auch HS 45 und HS 505), beide Briefe bieten vielleicht die HSS 100 und 570. Außerdem ist in einer Handschriftenfamilie (bei v.Soden heißt sie η und umfaßt vier HSS aus England) die Sequenz 74 69a 69b 40 67 64 2 vor der Erwähnung von 73 71 70 snt bezeugt, was auf eine selbständige Teilsammlung schließen läßt, die wohl wegen des mit 73-70 verwandten Briefes 74 gerne angehängt wurde.

191 Siehe oben *Tabelle Cyprian.1.*

192 V.Soden, *Cyprian. Briefsammlung*, S.83-84.

193 Auch der oben betrachtete späte Anhang 58 60 76 gibt die zeitliche Reihenfolge der Briefe korrekt wieder.

194 69a und 69b voneinander durch andere Briefe getrennt bieten die HSS 641, 224, 225, 226, 534, Ryl. Nur 69b bieten 223, 565, 232. Nur 69a bieten 510, 325, 527, 7, 517 (für CH rekonstruiert). Zwei Mal 69b bietet 591.

2. Begriffsvereinbarungen

Zur besseren Verständigung sollen noch einige Begriffsvereinbarungen getroffen werden: Sammlungen, die umfangreichen Ausgaben als Vorlage dienten und mit anderen Sammlungen kombiniert wurden, werden als *Teilsammlungen* bezeichnet. Das Interesse, das die Auswahl, das heißt die Aufnahme bestimmter Briefe in eine Teilsammlung begründet, wird *Sammlerinteresse* genannt. Das Prinzip, nach dem die Briefe einer Teilsammlung angeordnet sind, wird als *Ordnungsprinzip* bezeichnet. Unter *Rest* soll eine Sequenz von Briefen verstanden werden, die dadurch entsteht, daß aus einer Vorlage nur noch die Briefe kopiert werden, die noch nicht abgeschrieben worden sind. Wenn eine Teilsammlung um neue Briefe erweitert wird und diese Briefe am Ende der Teilsammlung angefügt werden, wird von einem *Anhang* gesprochen. Als *früher Anhang* wird ein Anhang bezeichnet, wenn eine Sammlung ohne diesen Anhang nicht belegbar ist. Von einem *späten Anhang* wird gesprochen, wenn die Sammlung auch ohne diesen Anhang belegt ist. Stellen, an denen sich Teilsammlungen berühren, ein Anhang oder ein Rest beginnt und endet, werden als *Schnittstellen* bezeichnet. Die älteste in der handschriftlichen Überlieferung faßbare Einheit - beispielsweise eine von frühen Anhängen gesäuberte Teilsammlung - wird *Ursammlung* genannt.

3. Methodologische Schlußfolgerungen

Sind die Analysen korrekt, so könnten bei Sammlungen, die sich in Reihenfolge und Umfang voneinander unterscheiden, die sammlungsgeschichtlichen Vorlagen in folgenden Arbeitsschritten rekonstruiert und beschrieben werden:

1. Die gemeinsamen Brieffolgen (mindestens drei Briefe) festhalten. Diese bilden Blöcke.

2. Die Briefe und Brieffolgen, die außerhalb der festgestellten Blöcke stehen, interpretieren.

Sie stellen dar:

- einen *Rest*, wenn die in den kürzeren Brieffolgen enthaltenen Briefe in derselben Reihenfolge wie in den längeren Brieffolgen enthalten sind und die in den kürzeren Brieffolgen fehlenden Briefe bereits vorher in die Sammlung aufgenommen worden sind.

- einen *späten Anhang*, wenn die Reihenfolge (und meist auch die Zahl) dieser Briefe nicht übereinstimmt, sie aber durch ein gemeinsames Sammlerinteresse mit den unmittelbar vorhergehenden Briefen verbunden sind.

- einen *weiteren Block*, wenn nicht alle, aber doch mindestens zwei der verglichenen Sammlungen wiederkehrende Brieffolgen aufweisen, die dann nach Schritt 3 untersucht werden müssen.

3. Blöcke unterteilen. Brieffolgen mit gemeinsamen Sammlerinteresse werden zu Teilsammlungen (oder zu Resten von Teilsammlungen) zusammengefaßt.

4. Frühe Anhänge in den Teilsammlungen abgrenzen. Es ist zu fragen, ob die Teilsammlung sammlungsgeschichtliche Schnittstellen enthält (Neueinsatz des Ordnungsprinzips, Fälschungen, redaktionelle Unterschiede), so daß der letzte Brief oder eine Brieffolge am Ende der Teilsammlung als Anhang zu einer Ursammlung interpretiert werden sollte.

Die einzelnen Schritte seien nochmals anhand eines Beispieles aus den Cyprianbriefen dargestellt. In *Tabelle Cyprian.4* sind die vollständigen Reihenfolgen der Briefe in vier Handschriften aufgezählt. *Schritt 1:* Es ergeben sich zwei Blöcke (I-IV; 28-40). *Schritt 2: carmm*-55 stellen einen späteren Anhang dar, ebenso die Sequenz 4-*dlm*, da nicht alle betrachteten Handschriften diese Briefe in der gleichen Reihenfolge und Anzahl bieten. *Carmm*-55 sind Traktate oder traktatähnliche Briefe und dadurch mit dem Vorhergehenden verbunden. Für 4-*dlm* reicht es aus, als verbindendes Sammlerinteresse ein Interesse an Briefen Cyprians anzunehmen. *Schritt 3:* Exemplarisch wird nun der Anfang von Block 2 untersucht (28-2). Sammlerinteresse von 28-76: Briefe zu Konfessorenangelegenheiten, von 73-2: Briefe zum Ketzertaufstreit (Analyse der weiteren Briefe bei v.Soden, aaO, S.77-81). *Schritt 4:* Da aus anderen HSS die Sammlung der Konfessorenbriefe 10 28 37 11 38 39 bekannt ist (vgl. *Tabelle Cyprian.1*), gibt sich die Sequenz 28 11 39 als Rest dieser Sammlung zu erkennen. Die fehlenden Briefe 10, 37, 38 sind bereits vorher abgeschrieben worden. Die Briefe 58, 60, 76 stellen einen Anhang dar. Sie betreffen ebenfalls Konfessorenangelegenheiten und sind in sich wiederum chronologisch geordnet: gleiches Sammlerinteresse bei Neueinsatz des Ordnungsprinzips (vgl. v.Soden, aaO, S.76). Auch bei der Sammlung der Briefe zum Ketzertaufstreit gibt sich der Anfang des Anhanges durch Neueinsatz des Ordnungsprinzips zu erkennen. 73 71 70 sind so geordnet, daß auf das Schreiben die Anlage folgt. *Snt* zitiert mehrmals aus ep.73, geht der Sammlung aber nicht voran. Das Ergebnis der Analyse ist in *Tabelle Cyprian.5* festgehalten.

Tabelle Cyprian.4: Reihenfolge der Briefe in einigen CyprianHSS

55	*102*	*203*	*508*
I	I	I	I
X	X	X	X
IX	IX	IX	IX
37	37	37	37
38	38	38	38
10	10	10	10
V	V	V	V
VII	VII	VII	VII
VIII	VIII	VIII	VIII
XI	XI	XI	XI
XII	XII	XII	XII
XIII	XIII	XIII	XIII
IV	IV	IV	IV
carmm			
VI	VI	VI	VI
III			
63	63	63	63
6	6	6	6
55	55		
28	28	28	28
11	11	11	11
39	39	39	39
58	58	58	58
60	60	60	60
76	76	76	76
73	73	73	73
71	71	71	71
70	70	70	70
snt	snt	snt	snt
74	74	74	74
69a	69a	69a	69a
69b	69b	69b	69b
67	67	67	67
64	64	64	64
2	2	2	2
13	13	13	13
43	43	43	43
65	65	*)	*)
52	52		
1	1		
56	56		
3	3		
47	47		
45	45		
48	48		
44	44	44	44
61	61	61	61
46	46	46	46
57	57	57	57
59	59	59	59
66	66	66	66
id	id	id	id
40	40	40	40
	4	4	4
	72	72	72
	51	51	51
	54	54	54
	32	32	32
	30	30	30
dlm	dlm	dlm	dlm
		III	

**)In den HSS 203 und 508 ist der Text des Endes von ep.43 bis ep.44 durch Fehler ausgefallen (v.Soden, Cyprian. Briefsammlung, S.75)*

Tabelle Cyprian.5: Analyse der Briefsequenzen

55	*102*	*203*	*508*	
I	I	I	I	BLOCK 1
X	X	X	X	
IX	IX	IX	IX	
37	37	37	37	
38	38	38	38	
10	10	10	10	
V	V	V	V	
VII	VII	VII	VII	
VIII	VIII	VIII	VIII	
XI	XI	XI	XI	
XII	XII	XII	XII	
XIII	XIII	XIII	XIII	
IV	IV	IV	IV	
carmm				später Anhang
VI	VI	VI	VI	
III				
63	63	63	63	
6	6	6	6	
55	55			
28	28	28	28	BLOCK 2
11	11	11	11	Rest: Konfessorenbriefe
39	39	39	39	
58	58	58	58	früher Anhang
60	60	60	60	
76	76	76	76	
73	73	73	73	Teilsammlung: Ketzertaufstreit
71	71	71	71	
70	70	70	70	
snt	snt	snt	snt	früher Anhang
74	74	74	74	
69a	69a	69a	69a	
69b	69b	69b	69b	
67	67	67	67	
64	64	64	64	
2	2	2	2	
13	13	13	13	
43	43	43	43	
65	65			
52	52			
1	1			
56	56			
3	3			
47	47			
45	45			
48	48			
44	44	44	44	
61	61	61	61	
46	46	46	46	
57	57	57	57	
59	59	59	59	
66	66	66	66	
id	id	id	id	
40	40	40	40	
	4	4	4	später Anhang
	72	72	72	
	51	51	51	
	54	54	54	
	32	32	32	
	30	30	30	
	dlm	dlm	dlm	
dlm		III		Anhang

Die Auswertung unterschiedlicher Briefanordnungen zur Rekonstruktion älterer Teilsammlungen ist selbstverständlich nicht auf das Corpus Cyprianum beschränkt. Sie wurde schon oft bei der Analyse komplizierter Überlieferungsverhältnisse erfolgreich zur Ermittlung von Handschriftenfamilien angewandt. Besonders deutliche Beispiele sind die Bewertung der Handschriften der Briefe Alkiphrons,[195] Gregors von Nazianz[196] und Basilius des Großen[197].

4. Interpretation der Reihenfolgen und des Umfanges alter Paulusausgaben

Alte Paulusausgaben: der Befund		
Gruppe A		
1. Röm Kor Gal Eph Phil Kol Thess	Tim Tit Phm	*F 010, G 012*
2. Röm Kor Gal Eph Phil Kol Thess	Tim Tit Phm Hb	*viele HSS*
3. Röm Kor Gal Eph Phil Kol Thess Hb	Tim Tit Phm	*viele HSS*
4. Röm Kor Gal Eph Phil Kol Thess Hb	Tim Tit Phm Hb	*Minuskel 794*[198]
Gruppe B		
5. Röm Kor Gal Eph Kol Phil Thess	Tim Tit Phm	*Vorlage von D 06*
6. Röm Kor Gal Eph Kol Phil Thess Hb	Tim Tit Phm	*Minuskel 5*
7. Röm Kor Gal Eph Kol Phil Thess	Tim Tit Phm Hb	*D 06*
8. Röm Hb Kor Eph Gal Phil Kol 1Thess	(Ende fehlt)	p^{46}
9. Röm Kor Gal Hb Eph Phil Kol Thess	(Ende fehlt)	*Kapitulation B*

Betrachtet man nur die tatsächlich erhaltenen oder mit Sicherheit rekonstruierbaren Ausgaben der Paulusbriefsammlung, so lassen sich neun verschiedene Ausgaben beschreiben, die in Anzahl und Reihenfolge der Briefe voneinander abweichen. Nur drei davon sind in mehr als einer Handschrift erhalten. Sieben dieser neun Reihen lassen sich zu zwei Gruppen zusammenfassen, in denen lediglich die Stellung des Hb variiert.

---

[195] *Alciphronis rhetoris epistularum libri IV*, ed. M.A.Schepers (Leipzig: Teubner, 1905).

[196] *Saint Grégoire de Nazianze: Lettres*. Hg.P.Gallay (Paris: Les Belles Lettres, Bd.I 1964), S.XXIV-XXXVII.

[197] *Saint Basile: Lettres*. Hg.Y.Courtonne (Paris: Les Belles Lettres, Bd.I 1957), S.XIV.

[198] Ich kann für diese Reihe nur eine Minuskel nennen. Vermutlich aber wird diese Reihenfolge noch öfter vorhanden sein. In 794 scheint die Reihe sekundär zu sein: C.Tischendorf, *NT*, 582: "*post Phm repetit man ser Hebr!*"

a) Analyse der Reihen mit wechselnder Stellung des Hebräerbriefes

Gemeinsame Brieffolgen der vier Ausgaben sind Röm-Thess und Tim-Phm. Der Hb ist ein später Anhang. Das Sammlerinteresse der Blöcke ist evident: Briefe an Gemeinden und Briefe an Einzelne. Schnittstellen liegen daher hinter dem 2Thess und hinter Phm.

1.	2.	3.	4.	
				BLOCK 1
Röm	Röm	Röm	Röm	
Kor	Kor	Kor	Kor	*Teilsammlung*
Gal	Gal	Gal	Gal	*Briefe an Gemeinden*
Eph	Eph	Eph	Eph	*früher Anhang*
Phil	Phil	Phil	Phil	
Kol	Kol	Kol	Kol	
Thess	Thess	Thess	Thess	
		Hb	Hb	*später Anhang*
				BLOCK 2
Tim	Tim	Tim	Tim	
Tit	Tit	Tit	Tit	*Teilsammlung*
Phm	Phm	Phm	Phm	*Briefe an Einzelne*
	Hb		Hb	*später Anhang*

Die Briefe an Einzelne sind in erster Linie nach Adressaten (1.2Tim) und in zweiter Linie nach Länge geordnet.[199] Dasselbe gilt für die Briefe an Gemeinden. Dort setzt mit dem Eph das Ordnungsprinzip nach der Länge neu ein, da der Eph länger als der Gal ist.[200] Aus dem Neueinsatz des Ordnungsprinzips läßt sich ableiten, daß in Eph-Thess bereits ein früher Anhang vorliegt. Die Beobachtung, daß gefälschte Briefe fast immer in Anhängen auftreten und alle Gemeindebriefe, deren paulinische Urheberschaft umstritten ist, in Anhängen zu finden sind (Hb, Eph, Kol, 2Thess), bestätigt die Analyse.[201]

[199] Das Ordnungsprinzip nach der Länge wird weiter unten in dieser Untersuchung begründet. Siehe S.109.

[200] Siehe die Computerzählung im Anhang dieser Untersuchung, S.138.

[201] Interessant am Rande: Die mit Hilfe des Computers durchgeführte Untersuchung der Häufigkeit des Gebrauches von καὶ in den Paulusbriefen, hat zu einer ähnlichen Unterteilung der Sammlung geführt. A.Q.Morton, "The Authorship of the Pauline Corpus", *The New Testament in Historical and Contemporary Perspective: Essays in Memory of G.H.C.Macgregor*, Hg. H.Anderson und W.Barclay (Oxford: Blackwell, 1965), S.231:

Die Analyse der *Gruppe B* entspricht der Analyse der Gruppe A, lediglich das Ordnungsprinzip der Gemeindebriefe ist ein anderes.[202] Daher läßt sich auch keine Schnittstelle zwischen Gal und Eph bestimmen. Für die vorliegende Untersuchung ist die Frage zu stellen, ob sich in der Reihenfolge der Gemeindebriefe eine Vorform erhalten hat, oder ob es sich um einen Nebenstrang der Überlieferung des Corpus Paulinum handelt.

Am plausibelsten erscheint mir, die Reihe Eph Kol Phil als Bearbeitung der Reihe Eph Phil Kol zu deuten. Dem Ordnungsprinzip folgend, die Briefe an denselben Adressaten zusammenzustellen, ist der Kol dem Eph zugeordnet worden, weil Eph für den *Laod* gehalten wurde, der Kol 4,16 erwähnt ist. Die Deutung kann sich auf die Beobachtung stützen, daß das Ordnungsprinzip nach Adressat in der Regel stärker ist als die Tendenz, neue Briefe nur in Anhängen aufzunehmen.[203] Ferner geht die Gleichsetzung des Eph mit dem *Laod* auf Markion zurück.[204] Die Vetus Latina zeigt durch die markionitischen Prologe zu den Paulusbriefen eine Verbindung zu Markion.[205] Die Kronzeugen für die griechische Reihe, D (06) und seine Vorlage, sind Bilinguen mit altlateinischem Text.[206] Damit ist eine mögliche Traditionslinie zwischen der griechischen Reihe und der Laodicänertradition gegeben.[207]

"Romans, 1 and 2 Corinthians and Galatians are by one author, though Romans and 2 Corinthians are no longer in the form they had when he wrote them."

202 H.J.Frede, "Die Ordnung der Paulusbriefe und der Platz des Kol", S.300, meint, daß das Ordnungsprinzip nicht klar erkennbar sei.

203 Vgl. etwa den oben erwähnten Brief 69 des Corpus Cyprianum.

204 Vgl. P.Corssen, "Überlieferungsgeschichte", S.35-36. Die in VulgataHSS erhaltenen markionitischen Prologe zu den Paulusbriefen nennen in der Einleitung zum Kol unmotiviert die Laodicäner: *Colossenses et hi sicut Laodicenses sunt Asiani*. Die Annahme liegt nahe, daß ursprünglich Eph (aber als Laodicänerbrief bezeichnet) ohne Prolog unmittelbar voranging und der Verfasser beide Briefe in Beziehung setzt. Ähnliches hat er auch für 1Kor und Gal getan. Vgl. Corssen, aaO., S.42. Bei gefälschten Schriften kommt es öfter vor, daß sie die Namen echter aber verlorener Schriften erhalten: z.B. der lateinische Laodicänerbrief; Iustinus: *Cohortatio ad gentiles*, *Oratio ad Graecos*, *De monarchia* (vgl. B.Altaner; A.Stuiber, *Patrologie: Leben, Schriften und Lehre der Kirchenväter*, 9.Auflage (Freiburg, Basel, Wien: Herder, 1978), S.68).

205 Der markionitische Ursprung der Prologe ist allerdings umstritten, vgl. Frede, *Altlateinische PaulusHSS*, S.168-178.

206 Die Reihenfolge der Minuskel 5 ist damit noch nicht erklärt.

207 Es ist auch nicht ganz auszuschließen, daß in einigen Handschriften der Vetus Latina Kol gefehlt hat und ohne Kenntnis griechischer Vorlagen hinter Eph ergänzt wurde. Die wahrscheinlichere Stellung des Kol als spätere Ergänzung wäre in diesem Falle im Anhang zu den Gemeindebriefen hinter den Thess gewesen. Dies ist auch der am häufigsten belegte Platz des Kol in Vetus Latina- und Vulgata-Handschriften mit

Daß der Hb bei der Kombination der 13-Briefe-Sammlung mit einer Sammlung, die Hb enthielt, an das Ende der Sammlung wandert, läßt sich in den Handschriften manchmal noch anschaulich verfolgen. In F (010) und G (012) wird am Ende Platz gelassen, um bei Gelegenheit den aus der lateinischen Bibel bekannten Hb nachzutragen. In der griechischen Vorlage war er nicht erhalten.

Interessant ist in diesem Zusammenhang auch das *Kanonsverzeichnis des Amphilochius von Ikonium*. In einem Brief an einen gewissen Seleucus, der in 333 jambischen Senaren gehalten ist, ermahnt Amphilochius zu eifriger Bibellektüre und zählt die heiligen Schriften auf.[208] Vom Neuen Testament erwähnt er zunächst Mt, Mk, Lk, Joh, Apg und zählt dann die Paulusbriefe in der gewohnten Reihenfolge auf, wobei der Hb am Ende steht, den er wie folgt kommentiert (Zeilen 308-309):[209] *"Manche nennen den an die Hebräer unecht, doch nicht mit Recht; echt nämlich ist seine Begnadung."*[210] Da das Verzeichnis in Versmaß gehalten ist, ist gewährleistet, daß die Überlieferung die Reihenfolge der Schriften nicht umgestellt hat. Die Reihenfolge, in der Amphilochius die Evangelien erwähnt, entspricht der üblichen Reihenfolge der Handschriften, und die Verbindungen μεϑ᾽ἣν zwischen Eph und Phil und εἶτα zwischen Phil und Kol weisen auf eine bewußte Reihenfolge hin. Der Behandlung des Hb ist zu entnehmen, daß Amphilochius eine Sammlung kennt, in der der Hb fehlt. Ebenso kennt er zwei Ausgaben der katholischen Briefsammlung, eine mit drei und eine mit sieben Briefen. So wenig Zweifel gelassen wird, daß der Hb in seiner Bibel zur Paulusbriefsammlung gehört, so wenig kann auch übersehen werden, daß Amphilochius zunächst von einer kürzeren Sammlung ausgeht und den Leser zur längeren Sammlung hinführen will. Bei dieser Vorgangsweise wirkt die Stellung des Hb am Ende ganz harmonisch.

Aus den Reihen der Gruppe A und Gruppe B läßt sich eine verlorengegangene Sammlung mit nur 13 Briefen, also ohne den Hb, rekonstruieren.[211] Die

---

ungewöhnlichen Reihenfolgen, die H.J.Frede, "Die Ordnung der Paulusbriefe und der Platz des Kol", S.302 aufzählt. Auch im oben unter koptischen Versionen erwähnten Papyruskodex P.Mil.Cop.I folgt Kol auf Thess.

[208] Auf Betreiben Basilius' von Caesarea wurde Amphilochius 373/74-399 Bischof von Ikonium und damit erster Metropolit der neuen Provinz Lykaonien. Geboren zwischen 340 und 345 wirkte er 364 als Rechtsanwalt in Konstantinopel und zog sich 370 als Eremit zurück (H.Kraft, *Kirchenväter Lexikon* (München: Kösel, 1966), S.32-33; Altaner, *Patrologie*, S.308-309; J.Quasten, *Patrology*, Bd.3: The Golden Age of Greek Patristic Literature. From the Council of Nicaea to the Council of Chalcedon (Utrecht, Antwerpen: Spectrum, 1966), S.296). Die verschiedenen Tätigkeiten haben ihn vielleicht auch mit verschiedenen Bibelausgaben in Berührung gebracht. Der Brief an Seleucus ist zwar unter den Werken Gregors von Nazianz überliefert, wird aber aufgrund des Zeugnisses des Cosmas Indicopleustes (*TopChrist*,7,265) dem Amphilochius zugeschrieben.

[209] Die Übersetzung ist entnommen: E.Oberg, "Das Lehrgedicht des Amphilochius von Ikonion", *JAC*, 16 (1973), S.95.

[210] Τινὲς δέ φασι τὴν πρὸς Ἑβραίους νόθον· οὐκ εὖ λέγοντες· γνησία γὰρ ἡ χάρις.

[211] 13-Briefe-Sammlungen ohne Hb werden in den Quellen zahlreich erwähnt. In dieser Untersuchung wurde bereits hingewiesen auf *KanMur*, dem Kanon zweier Konzile von

Briefe wurden dort in der üblichen Reihenfolge Röm-Phm geboten. Daneben muß eine weitere Sammlung angenommen werden, die den Hb enthielt. Über Umfang und Reihe dieser zweiten Sammlung läßt sich anhand der Analyse nichts aussagen.

b) Analyse der Reihe des p^{46}

Durch die Sequenz Phil Kol Thess zeigt sich die Reihe mit den Reihen der Gruppe A verwandt und soll daher auch damit verglichen werden. Gemeinsame Brieffolgen sind Phil Kol 1Thess. Da die Briefe Gal-Thess in derselben Reihenfolge wie in Gruppe A geboten werden und der fehlende Eph bereits vorher aufgenommen wurde, handelt es sich bei der Folge Gal Phil Kol 1Thess um einen Rest. Die Briefe Röm Hb Kor Eph stellen eine Teilsammlung dar. Die Reihe läßt sich daher als Kombination folgender Sammlungen erklären:

	Röm	Hb	(1)Kor		Eph					
+	Röm		Kor	Gal	Eph		Phil	Kol	Thess	etc.
=>	Röm	Hb	Kor		Eph	Gal	Phil	Kol	1Thess	etc.

Das Sammlerinteresse der Reihe ist einheitlich: Briefe an Gemeinden. Die Teilsammlung Röm Hb Kor Eph ist nicht der Länge nach geordnet, 1Kor ist nämlich länger als Hb. 2Kor muß nicht zu dieser Sammlung gehört haben, da er auch als Rest der anderen Sammlung sicher an 1Kor und nicht an Eph angehängt worden wäre. Damit ist eine Urform Röm Hb 1Kor Eph ebenso wahrscheinlich wie Röm Hb Kor Eph.[212]

c) Analyse der Reihe der Kapitulation des Codex Vaticanus

Durch die Sequenz Röm-Gal und Eph-Thess zeigt sich die Reihe mit der Reihe der Gruppe A verwandt. Der Hb ist an der Schnittstelle zwischen Gal und Eph eingefügt und läßt sich dadurch als Anhang an die Ursammlung

---

Karthago in den Jahren 397 und 419, der gotischen Übersetzung, Euseb, *historia ecclesiae, 6,20,3* und das Cheltenhamer Verzeichnis. Zur Provenienz des Hb in der alten Kirche s. C.P.Anderson, "The Epistle to the Hebrews and the Pauline Letter Collection", *HThR*, 59 (1966), S.429-438.

[212] Vielleicht ist diese Sammlung die Ausgabe, die *Clemens Romanus* benutzt, denn *1Clem* benutzt Röm, Hb und 1Kor. Vgl. A.Lindemann, *Paulus*, S.191-194 und Ch.P.Anderson, "Epistle to the Hebrews", S.434-436.

Röm Kor Gal interpretieren.[213] Eph Phil Kol Thess lassen sich als Rest verstehen, der aus der 13-Briefe-Sammlung oder einer der 14-Briefe-Sammlungen nachgetragen wurde.

5. Rekonstruktion der ältesten Teilsammlungen

Vielleicht ist das Corpus Paulinum aus einer Vielzahl kleinerer Sammlungen entstanden. Vielleicht aber auch nur aus ganz wenigen. Es steht im Interesse einer überprüfbaren Theoriebildung, möglichst wenige selbständig überlieferte Teilsammlungen anzunehmen. In diesem Sinne sind die folgenden Überlegungen zu verstehen.

Geht man von der Annahme aus, daß die Reihe Eph Kol Phil durch Bearbeitung entstand, so brauchen nur zwei alte Sammlungen der Paulusbriefe angenommen zu werden, um die Entstehung der neun belegten Reihen zu erklären: Die Sammlung *Röm Kor Gal Eph Phil Kol Thess Tim Tit Phm* und die Sammlung *Röm Hb 1Kor Eph*. Die erstgenannte Sammlung besteht deutlich aus zwei Teilen, Röm-Thess sind an Gemeinden gerichtet, wobei zwischen Gal und Eph eine sammlungsgeschichtliche Schnittstelle angenommen wurde, und Tim-Phm an Einzelpersonen. Zwingende Belege für die gelegentlich vertretene Behauptung, die Gemeindebriefe und die Briefe an Einzelpersonen seien ursprünglich getrennt in Umlauf gewesen, konnte ich nicht finden.[214]

Die Entstehung der beobachteten Reihen wäre dann folgendermaßen zu rekonstruieren:

---

[213] Auch die sahidische Übersetzung des *39.Osterfestbriefes des Athanasius* setzt den Hb zwischen den Gal und den Eph (H.J.Frede, "Die Ordnung der Paulusbriefe und der Platz des Kol", S.293).

[214] So auch H.J.Frede, "Die Ordnung der Paulusbriefe und der Platz des Kol", S.291.

Gruppe A:

2. In zahlreichen Handschriften erhalten

```
   Röm Kor Gal Eph Phil Kol Thess Tim Tit Phm
 +                                            Röm Hb 1Kor Eph
=> Röm Kor Gal Eph Phil Kol Thess Tim Tit Phm     Hb
```

3. In zahlreichen Handschriften erhalten

```
   Röm Kor Gal Eph Phil Kol Thess                 Tim Tit Phm
+                                 Röm Hb 1Kor Eph
=> Röm Kor Gal Eph Phil Kol Thess     Hb          Tim Tit Phm
```

4. Minuskel 794

```
   Röm Kor Gal Eph Phil Kol Thess Hb Tim Tit Phm
 + Röm Kor Gal Eph Phil Kol Thess    Tim Tit Phm Hb
=> Röm Kor Gal Eph Phil Kol Thess Hb Tim Tit Phm Hb
```

Gruppe B: In der 13-Briefesammlung wurde Phil und Kol umgestellt.

6. Minuskel 5

```
   Röm Kor Gal Eph Kol Phil Thess                 Tim Tit Phm
 +                                Röm Hb 1Kor Eph
=> Röm Kor Gal Eph Kol Phil Thess     Hb          Tim Tit Phm
```

7. D (06) Codex Claromontanus

```
   Röm Kor Gal Eph Kol Phil Thess Tim Tit Phm
 +                                            Röm Hb 1Kor Eph
=> Röm Kor Gal Eph Kol Phil Thess Tim Tit Phm     Hb
```

8. p[46]

```
   Röm Hb 1Kor Eph
 +                 Röm Kor Gal Eph Phil Kol Thess Tim Tit Phm
=> Röm Hb  Kor Eph         Gal     Phil Kol 1Thess ....
```

9. Kapitulation des Codex Vaticanus

```
   Röm Kor Gal                 Eph Phil Kol Thess Tim Tit Phm
 +             Röm Hb 1Kor Eph
=> Röm Kor Gal     Hb      Eph     Phil Kol Thess ....
```

"The first great step in rising above the uncertainties of Internal Evidence of Readings was taken by ceasing to treat Readings independently of each other..."

B.F.Westcott, J.A.Hort[1]

III. UNTERSCHIEDLICHE AUSGABEN EINZELNER PAULUSBRIEFE

A. Römerbrief

"*Das schwierigste Problem, welches der neutestamentlichen Textkritik überhaupt gestellt ist, ist durch den Schluß des Römerbriefes gegeben.*" Mit diesen Worten leitet Kurt Aland seinen Aufsatz "Der Schluß und die ursprüngliche Gestalt des Römerbriefes" ein.[2] Es gilt vor allem drei textkritische Beobachtungen zu interpretieren:

1. Es steht fest, daß einmal eine Ausgabe des Röm im Umlauf war, in der die Schlußkapitel 15 und 16 fehlten.

2. Ferner ist eine Ausgabe des Röm belegt, die den Röm gar nicht nach Rom gerichtet sein läßt, sondern in der er eine allgemeine Adresse enthält.

3. Die Doxologie Röm 16,25-27 steht in den erhaltenen Handschriften an verschiedenen Stellen.

1. Die 14-Kapitel Ausgabe

Griechische Handschriften, die den Röm in einer Ausgabe mit 14 Kapiteln enthielten, sind durch eine Bemerkung Origenes' zur Doxologie Röm 16,25-27 in seinem Römerbriefkommentar bezeugt:[3]

---

[1] B.F.Westcott, F.J.A.Hort, *The New Testament in the Original Greek: Introduction, Appendix*, (Cambridge, London: Macmillan, 1882), S.39.

[2] *Neutestamentliche Entwürfe*, TB, 63 (München: Kaiser, 1979), S.284-301.

[3] Die Stelle des Röm-Kommentar ist nur in der Übersetzung Rufins überliefert, der den Text auch bearbeitet hat. Im Wesentlichen darf ihm Vertrauen geschenkt werden. Vgl.

"Diesen Abschnitt hat Markion, durch den die Evangelien und die apostolischen Schriften verfälscht worden sind, ganz gestrichen. Und nicht nur diesen Abschnitt hat er gestrichen, sondern den gesamten Text von der Stelle an, wo geschrieben steht: 'alles aber, das nicht aus Glauben kommt, ist Sünde' (= Röm 14,23; Verf.) bis zum Briefende. In den anderen Handschriften aber, also in denen, die von Markion nicht abhängig sind, finden wir diesen Abschnitt an verschiedenen Plätzen."[4]

Ein weiterer Beleg für einen 14 Kapitel umfassenden Röm sind die *capitulae* oder *breves*, die in zahlreichen Vulgatahandschriften eingetragen sind.[5] Es handelt sich dabei um eine Art Inhaltsverzeichnis, das den Text in Abschnitte unterteilt und die Abschnitte mit wenigen Worten charakterisiert.[6]

Der älteste Beleg der *capitulae* ist *Codex Amiatinus* (vg^A) aus dem achten Jahrhundert. Der Text des Röm wird in 51 Abschnitte gegliedert. Nachdem die Beschreibung Röm 1-14 abgedeckt hat, lautet die Zusammenfassung des 50. Abschnittes: "*50.Abschnitt: Über die Gefahr, einen Bruder durch sein Essen zu betrüben und daß das Reich Gottes nicht Essen und Trinken ist, sondern Gerechtigkeit und Frieden und Freude im Heiligen Geist.*" Damit wird ausdrücklich Röm 14,15 und 17 zitiert. Der nächste Abschnitt lautet: "*51.Abschnitt: Über das Geheimnis des Herrn, das vor dem Leiden geheim gehalten, nach seinem Leiden aber offenbart wurde.*" Damit wird auf 16,25-26 angespielt. Da der Text bis Kap.14 in 50 Abschnitte aufgeteilt ist, ist es äußerst unwahrscheinlich, daß die Kapitel 15 und 16 zu einem Block zusammengefaßt worden sind. Im *Codex Fuldensis* (vg^F) sind *capitulae* enthalten, die Röm 1-14 in 23 Abschnitte teilen und dann aus der oben beschriebenen Einteilung des *Codex Amiatinus* die Abschnitte 24-51 bieten, wodurch Röm 9-14 zweimal behandelt wird. Damit ist eine weitere Kapiteleinteilung erhalten, der auch nur der Text von 14 Kapiteln zugrundelag. Ein weiterer Beleg ist die *Concor-*

H.Chadwick, "Rufinus and the Tura Papyrus of Origen's Commentary on Romans". *JThS*, 10 (1959), S.10-42.

[4] Text (*CommAdRom.* 10,43; PG XIV, 1290AB): *Caput hoc Marcion a quo Scripturae evangelicae atque apostolicae interpolatae sunt de hac Epistola penitus abstulit; et non solum hoc, sed et ab eo loco ubi scriptum est, omne autem quod non est ex fide peccatum est, usque ad finem cuncta dissecuit. In aliis vero exemplaribus, id est in his quae non sunt a Marcione temerata, hoc ipsum caput diverse positum invenimus.* Daß es sich dabei um HSS handelt, wird man aus den Worten *in aliis exemplaribus* folgern dürfen, die implizieren, daß es sich auch bei der vorher erwähnten Ausgabe des Markion um *exemplarii* handelt. Zur Interpretation von *dissecuit*, die gelegentlich problematisiert wurde (z.B. Th.Zahn, *Kanon*, II, S.519-520) s. H.Gamble, *The Textual History of the Letter to the Romans: A Study in Textual and Literary Criticism*. StD 42 (Grand Rapids, Mich.: Eerdmans, 1977), S.23.

[5] HSS sind aufgezählt bei S.Berger, *Histoire de la Vulgate*, S.357. Gamble, *Textual History*, S.17 Anm.7 zählt 6 HSS auf.

[6] Text: H.Gamble, *Textual History*, S.16: *L. De periculo contristante fratrem esca sua et quod non sit regnum Dei esca et potus sed iustitia et pax et gaudium in spiritu sancto. LI. De mysterio domini ante passione in silentio habito post passione vero ipsius revelato.*

dia epistularum Pauli, eine Konkordanz, die von der im *Amiatinus* gebotenen Kapiteleinteilung abhängig ist.[7] Die markionitischen Prologe zu den Paulusbriefen setzen die Reihe Gal Kor Röm am Anfang der Sammlung voraus.[8] Es handelt sich dabei wahrscheinlich um den Versuch einer chronologischen Ordnung. Daraus könnte gefolgert werden, daß der kurze Röm verwendet war, da nach den Angaben aus Kap.15 und 16 Röm am Ende der Sammlung stehen müßte. Als weiteres Indiz werden häufig die Kirchenväter Irenäus, Cyprian und Tertullian aufgeführt, die in ihren umfangreich erhaltenen Schriften nie aus Röm 15 und 16 zitieren. Außer dem *argumentum e silentio*, gegen das sich Aland zu Recht wehrt,[9] läßt sich für Tertullian noch Folgendes aufführen: An einer Stelle (*AdvMarc* 5,14,14) bezicht er sich gegen Ende seiner Ausführungen zum Römerbrief, den er von vorne nach hinten durchgeht, auf Röm 14,10 und bemerkt dazu, daß der Text "*in clausula*" steht, was sich zwanglos als "gegen Ende des Briefes" deuten läßt.[10] Sicher belegt sind die Kapitel außer bei Origenes (vgl. die oben zitierte Stelle *CommAdRom.* 10,43) noch bei Clemens von Alexandrien.[11]

---

[7] In einigen Vulgata-HSS überliefert. Text bei Wordsworth/White, *Novum Testamentum Latine*, II, 12-16. Laut Gamble, aaO., S.18 existiert in einer HS eine längere Fassung, deren Text abgedruckt ist bei A.F.Vezzosi (Hg), *Josephi Mariae Tomasii, Opera Omnia* (Rom, 1747) I, S.489-495 (non vidi).

[8] Nachgewiesen durch P.Corssen, "Überlieferungsgeschichte ", S.1-45; 97-102 und unabhängig davon von Donatien de Bruyne, "Prologues bibliques d'origine Marcionite", *RBen*, 24 (1907), S.1-14. Vgl. Gamble, aaO., S.18-20. Auf Unsicherheiten verweist Frede, *Altlateinische PaulusHSS*, S.168-178. Vgl. dazu auch oben in dieser Arbeit S.39.

[9] "Schluß des Röm", S.299-300.

[10] "*Bene autem quod et in clausula tribunal Christi comminatur, utique iudicis et ultoris, utique creatoris...*". *Pudic* 14,13 zitiert Tertullian 1Kor 16,22 als *clausula*. *Pudic* 19,27 wird das Wort als Terminus für die Schlußformulierungen der Johannesbriefe verwendet und als Beispiel wird 1Joh 5,17-18 zitiert. In *AdvMarc* 5,11,12; 5,11,11 und 5,7,14 wird *clausula* dagegen im Sinne von "Schlußfolgerung" verwendet. Ausdrücklich zur Bezeichnung der Schlußformulierungen eines Briefes: Cicero, *AdFam* 2,4,2; *In M.Antonium oratio Philippica* 13,47; Seneca, *ep* 11,8; 26,8; Apulius, *apologia* 84. Da sich aus der Reihenfolge der behandelten Paulusbriefe erschließen läßt, daß Tertullian die Ausgabe Markions benutzt, bezieht sich seine Aussage über Kap 14 als Ende des Briefes vielleicht auch nur auf Markions Ausgabe. Damit stünde er im Einklang mit Origenes Sicht. Der Hinweis H.Gambles (aaO., S.20-21), daß Cyprian *AdQuirinum* 3, 68.78.95 zwar Schriftstellen für die Warnung vor Irrlehrern zusammenträgt, Röm 16,17-19 aber nicht erwähnt, ist wenig beweiskräftig. In den erwähnten drei Passagen werden insgesamt nur vier Stellen aus dem Corpus Paulinum zitiert.

[11] *Stromata* 4,19,4 wird ausdrücklich Röm 15,4 zitiert; 4,49,7 zitiert Röm 15,13.14 und 5,64,5 zitiert Röm 15,29. Der *KanMur* weiß von einer Spanienreise des Paulus und verwendet das im Lateinischen zu dieser Zeit unübliche Wort *Spania*, das dann eine zum ungepflegten Latein des Fragmentes passende, allzu wörtliche Übersetzung des griechischen Σπανία darstellt. Andererseits handelt es sich laut K.E.Georges, *Ausführliches lateinisch-deutsches Handwörterbuch: Aus den Quellen zusammengetragen und mit besonderer Bezugnahme auf Synonymik und Antiquitäten unter Berücksichtigung der besten*

2. Die fehlende Adresse des Röm

Im Codex Boernerianus (G 012) fehlt in Röm 1,7 und 1,15 die Nennung der römischen Gemeinde als Adressat. Diese Handschrift ist der einzige erhaltene griechische Zeuge, der diese Lesart im Text bietet.

Es erschien mir zunächst reizvoll, der Frage nachzugehen, ob die Streichung des Adressaten nicht auf Redaktionsarbeit der Herausgeber dieser einen Handschrift zurückzuführen sei. Hinweise zu dieser Annahme ließen sich finden: Codex G wurde im 9.Jahrhundert geschrieben. Da sich die Entstehung des lateinischen Textes, der dem griechischen zwischen den Zeilen beigegeben ist, mit dem Kloster von St.Gallen in Beziehung bringen läßt, wird auch der Entstehungsort des Boernerianus St.Gallen sein.[12] Das Kloster St.Gallen aber ist eine Gründung iroschottischer Mönche.[13] Daß es sich bei dem Schreiber der Handschrift ebenfalls um einen irischen Mönch handelt, wird aus der irischen Minuskel deutlich, in der die Interlinearversion geschrieben ist. Das Verhältnis zwischen iroschottischen Missionaren und Rom wird nicht immer spannungsfrei gewesen sein, schon gar nicht in einem Gebiet, in dem sich die Einflußbereiche so nahe kamen wie im Gebiet um St.Gallen.[14] Tatsächlich schlägt sich eine romkritische Tendenz in den Bemerkungen am Rande der Handschrift nieder. So steht am unteren Rand von Folio 23 recto ein irisches Gedicht, dessen erste Strophe lautet:[15]

Nach Rom zu kommen, nach Rom zu kommen,
[bringt] viel Mühe und wenig Gewinn.
Was du da suchst, bringst du es nicht selbst mit dir,
findest du's nicht.

Hilfsmittel, 10.Auflage = Nachdruck der 8. verbesserten und vermehrten Auflage von Heinrich Georges (Basel: Schwabe, 1959), Bd.2, Sp.2740, dabei um eine späte, vulgärlateinische Kurzform von *Hispania*, was wiederum für eine Spätdatierung des Fragmentes spricht (vgl. A.C.Sundberg, "Canon Muratori", S.1-41). Augustin spricht *ep* 35,2 von *Spaniensis ecclesia*.

12 Frede, *Altlateinische PaulusHSS*, S.55, 77.

13 Von Gallus gegründet, einem Schüler des Columbanus (gestorben 615).

14 Zu den Besonderheiten der altbritischen und iroschottischen Kirche gehörte neben dem eigenen Osterzyklus, der Form der Tonsur und dem fehlenden Metropolitanverband die Stellung zu Rom: die moralische Autorität des Papstes wurde zwar anerkannt, seine Jurisdiktionsgewalt wurde aber abgelehnt. Bei iroschottischen Klostergründungen mußte es daher unweigerlich zu Spannungen kommen (vgl. G.S.M.Walker, *Sancti Columbani Opera*, Scriptores Latini Hiberniae, 2 (Dublin, 1957), S.XXII-XXIV). Bereits zu Lebzeiten des heiligen Gallus residierte in Konstanz ein Bischof (E.Ewig, "Die lateinische Kirche im Übergang zum Frühmittelalter", *HKG(J)*, 2,2 (Freiburg, Basel, Wien: Herder, 1975), S.120).

15 Fotographische Wiedergabe, Transkription und englische Übersetzung bei B.M. Metzger, *Manuscripts of the Greek Bible: An Introduction to Greek Palaeography,* (New York, Oxford: Oxford University Press, 1981), S.104 (Bild 28). Deutscher Text nach Metzger, *Text des NT*, S.53

Außerdem taucht in sieben kritischen Randnotizen der Name Johannes auf, der sich vielleicht mit dem Gegenpapst Johannes vom Jahre 844 identifizieren läßt.[16] Die im Folgenden dargestellte weitere Bezeugung der allgemeinen Adresse des Röm ist unabhängig vom Codex G und erlaubt es daher nicht, die Entstehung der Lesart mit den Herausgebern dieser Handschrift in Verbindung zu bringen. Aber vielleicht ist es auf mittelalterliches Mönchsgezänk zurückzuführen, daß einer der wertvollsten Schlüssel zur Rekonstruktion der Entstehungsgeschichte des Corpus Paulinum in dieser Deutlichkeit erhalten geblieben ist. Denn eine romkritische Einstellung kann der Grund gewesen sein, ausgerechnet diese Handschrift zu erwerben, aufzubewahren und intensiv zu studieren. Die Lesart selbst ist freilich älter.

Der zweite Kronzeuge ist eine Notiz am Rande der Minuskel 1739. Die Handschrift, die heute auf dem Berg Athos aufbewahrt wird, wurde Mitte des 10.Jhdts geschrieben.[17] Sie enthielt zahlreiche Randnotizen, die aber zum Teil wieder abgeschabt wurden. Glücklicherweise haben die Einleitungsbemerkungen zur Paulusbriefsammlung überlebt.[18] Danach hat sich die Vorlage aus zwei Gründen zur Abschrift empfohlen: Einerseits war sie sehr alt[19] und andererseits bot sie einen sehr ungewöhnlichen Text. Dieser Text stimmte - im Gegensatz zu den zeitgenössischen Bibelausgaben - mit dem Wortlaut des von Origenes zitierten oder vorausgesetzten Textes überein. Die Randnotiz zu Röm 1,7 besagt, daß Origenes die Wörter ἐν Ῥώμῃ in seinen Zitaten nicht bot und auch nicht auslegte.[20] Auch wenn die Minuskel 1739 die Adresse in den Text aufnahm, so liegt der Schluß nahe, daß sie in der alten Vorlage fehlte oder wenigstens mit einer kritischen Notiz versehen war.

Ebenso setzen die lateinischen Pauluskommentare des Pseudo-Ambrosius und des Pelagius in ihren Auslegungen der Stelle die Adresse nicht voraus.[21]

Die Schwesterhandschrift von G, Codex Augiensis (F 010), ist an dieser Stelle

---

[16] Frede, *Altlateinische PaulusHSS*, S.67: Blatt 2r Röm 1,26; 8v Röm 6,13; 49r 2Kor 10,4; 65r Eph 4,14; 76r Kol 3,2; 84r 2Thess 2,4; 92v 2Tim 2,4.

[17] Beschreibung bei G.Zuntz, *Text of the Epistles*, S.69-78. Erstmals beschrieben von Ed.Freiherr von der Goltz, *Eine textkritische Arbeit des zehnten bezw. sechsten Jahrhunderts: herausgegeben nach einem Kodex des Athosklosters Lawra*, TU, 17,4 (Leipzig: Hinrichs, 1899).

[18] Text bei Ed.Goltz, *Eine textkritische Arbeit*, S.7-8. N.A.Dahl, "The Particularity of the Pauline Epistles as a Problem in the Ancient Church", *Neotestamentica et Patristica*, Freundesgabe O.Cullmann (Leiden: Brill, 1962), S.267 gibt an, daß Minuskel 1908 dieselbe Marginalnotiz wie 1739 bietet.

[19] ...γεγράφθαι ἀπὸ ἀντιγράφου παλαιοτάτου...

[20] Nach Ed.Goltz, *Eine textkritische Arbeit*, S.53: τοῦ ἐν ῥώμηι οὔτε ἐν τῇ ἐξηγήσει οὔτε ἐν τῶι ῥητῶι μνημονεύει.

[21] H.Gamble, *Textual History*, S.32

defekt. Da aber die Schreiber beider Handschriften dieselbe Vorlage kopierten ohne den Text mit einer zweiten griechischen Handschrift zu vergleichen, kann man mit an Sicherheit grenzender Wahrscheinlichkeit annehmen, daß auch im Codex Augiensis die römische Adresse des Briefes fehlte.[22]

Ebenso meine ich, den bilinguen Codex Claromontanus (D 06) als Zeugen für eine allgemeine Adresse des Röm aufführen zu dürfen. Der griechische Text von Röm 1,1-7 ist im Claromontanus nicht mehr lesbar. Als indirekter Zeuge für den griechischen Text der Stelle kommt zunächst die erhalten gebliebene lateinische Übersetzung in Betracht. Sie lautet: *OMNIBUS QUI SUNT ROMAE IN CARITATE DEI.* Die Formulierung *in caritate* verrät, daß die griechische Vorlage wohl nicht ἀγαπητοῖς θεοῦ, sondern ἐν ἀγάπῃ θεοῦ bot.[23] Im Codex Sangermanensis (D^{abs1}), einer getreuen Abschrift des Claromontanus, die zustandekam, als der Claromontanus noch unversehrt war, fehlt jede Entsprechung von ἀγαπητοῖς θεοῦ.[24] Er bietet im lateinischen Text lediglich *QUI SUNT ROMAE* und im Griechischen als singuläre Lesart: ΤΟΙΣ ΟΥΣΙΝ ΕΝ ΡΩΜΗ. Wie ist das zu erklären? Die Griechischkenntnisse des Schreibers des Sangermanensis dürften sehr begrenzt gewesen sein. Eine so weitreichende Änderung wie das Streichen der allgemeinen Adresse in 1,7 ist D^{abs1} nicht zuzutrauen. Manchmal gibt D^{abs1} nur den korrigierten Text, manchmal den unkorrigierten Text wieder, manchmal imitiert er seine Vorlage so weit, daß er Text und Korrektur einträgt.[25] Der Sangermanensis ist in

---

22 Zum Verhältnis der HSS F und G vgl. H.J.Frede, *Altlateinische PaulusHSS*, S.52, 81; G.Zuntz, *Text of the Epistles*, S.86.

23 Die Transkriptionen beruhen auf eigenen Beobachtungen am Mikrofilm im Institut für neutestamentliche Textforschung, Münster/Westfalen. Der Text der Vulgata lautet *omnibus qui sunt Romae dilectis Dei*. Die Lesart von D^{lat} wird geteilt von der ersten Hand des Codex Fuldensis. *In dilectione* statt *in caritate* bietet Codex Amiatinus. Die Interlinearversion des Codex Boernerianus (G 012) bietet *dilectione* und *caritate* zur Auswahl an.

24 D^{abs1} (früher als E bezeichnet) hat keine Nummer erhalten. Die Lesarten dieser HS waren bis zur 25.Auflage der Nestle-Ausgabe im Apparat verzeichnet, wurden aber im NTG^{26} nicht aufgenommen, wohl weil ihm als Abschrift von D kein eigener Textwert zugestanden wird. Dies kann aber nicht für Röm 1,1-7 gelten (so auch Frede, *Altlateinische PaulusHSS*, S.39). Wenn man bedenkt, für wieviel kürzere Passagen Papyrusfragmente als Zeugen aufgeführt werden, ist das Übergehen des Codex Sangermanensis völlig unverständlich.

25 H.J.Frede, aaO., S.49. Ebd.S.38 (D^{abs1} wird als E bezeichnet): "*Die Imperativendung ... lautet in D* häufig* -CΘAI *und wird von den Korrektoren gewöhnlich zu* -CΘE *verbessert. Das geschieht dadurch, daß man aus I ein E macht und das überflüssige A mit einem kleinen Schrägstrich im unteren Drittel des Buchstabens durchstreicht. In E lauten diese Endungen deshalb regelmäßig* -CΘAE, *wobei man ebenfalls photographisch genau den kleinen Tilgungsstrich im A anbringt. ... Und bietet E einmal statt dieser seltsamen Mi-*

seinem griechischen Text vollständig abhängig von D. Folgende Deutung bietet sich an: Irgendetwas in D, sei es der zunächst niedergeschriebene Text, sei es eine Korrektur gab dem Schreiber von D^{abs1} Anlaß, seine Lesart zu Röm 1,7 als "besten" Text zu übernehmen.[26] Auch die an dieser Stelle gestörte Kolometrie der lateinischen Übersetzung von D spricht eine deutliche Sprache. Der gemeinsame Archetyp von D, F und G bot den Text in Sinnzeilen, die die Breite der Spalte nicht überschritten. Daher geben sich Stellen, die eine Einfügung aus einer anderen Handschrift enthalten, dadurch zu erkennen, daß der Text gar nicht oder nur mit Mühe noch in der Zeile Platz findet.[27]

Die Variante des Sangermanensis zu Röm 1,7 läßt vermuten, daß die Lesart des Mehrheitstextes eine Konflation[28] zweier alter Ausgaben des Röm darstellt, deren eine nur die allgemeine, die andere nur die römische Adresse enthielt.[29]

Aber auch Röm 1,15 kannte meiner Ansicht nach der Codex Claromontanus die in G erhaltene Lesart, in der die römische Adresse fehlt. Denn im Claromontanus wurden zwischen καὶ und ὑμῖν zwei Buchstaben der ersten Hand wieder entfernt, ohne daß noch gesagt werden kann, um welche Buchstaben es sich handelt. Da einerseits feststeht, daß D neben einer mit G eng verwandten bilinguen Vorlage noch einen anderen griechischen Text benutzte, liegt es nahe anzunehmen, daß es sich bei den getilgten Buchstaben um das in G erhaltene επ handelte. Der Wortlaut von D wäre dann durch Konflation mit einer gängigen Textform entstanden, wodurch επ' unsinnig wurde und getilgt werden mußte.[30] Auch an dieser Stelle stellt der Codex

---

schungen aus ursprünglichem und korrigiertem Wortlaut der Vorlage eine eindeutige Lesart - das ist dann das eine Mal die ursprüngliche von D, ein anderes Mal die korrigierte -, dann handelt es sich um eine 'Ungenauigkeit' der Schreiber, ein unbeabsichtigtes 'Versehen'."

[26] H.Gamble, *Textual History*, S.30 meint, daß der Sangermanensis eine Korrektur in D interpretiert: "*Here at least the correction was understood to call for an omission.*"

[27] Die Kolometrie untersucht H.J.Vogels, "Der Codex Claromontanus der paulinischen Briefe", S.274-299.

[28] *Konflation* bezeichnet die Verschmelzung von Textvarianten, bei denen versucht wurde, zwischen den Lesarten zu vermitteln und nach Möglichkeit alle Varianten in den Text aufzunehmen. So wird z.B. 1Kor 15,47 aus ὁ δεύτερος ἄνθρωπος und ὁ δεύτερος ὁ κύριος durch Konflation ὁ δεύτερος ἄνθρωπος ὁ κύριος.

[29] So auch H.Gamble, aaO., S.30. Bestätigt wird das durch die lateinische Überlieferung: P.Corssen, "Überlieferungsgeschichte", S.19, in der ebenfalls "*... zwei Lesarten nebeneinander hergingen, die zu einer dritten Lesart zusammengeflossen...*" sind.

[30] Der Apparat des NTG^{26} und Gamble, aaO., S.30, Anm.70, schlägt vor, ein ursprüng-

Claromontanus einen indirekten Zeugen für einen allgemeinen Römerbrief dar.[31]

Röm 1,7:			
1.	τοῖς οὖσιν ἐν Ῥώμῃ		
2.	τοῖς οὖσιν ἐν	ἀγάπῃ	θεοῦ
1+2=3.	τοῖς οὖσιν ἐν Ῥώμῃ	ἀγαπητοῖς	θεοῦ
1=D^{abs1} 2=G 3=die übrigen Handschriften			

Röm 1,15:			
1.	καὶ ἐπ'	ὑμῖν	εὐαγγελίσασθαι
2.	καὶ	ὑμῖν τοῖς ἐν Ῥώμῃ	εὐαγγελίσασθαι
1+2=3.	καὶ ἐπ'	ὑμῖν τοῖς ἐν Ῥώμῃ	εὐαγγελίσασθαι
1+2=4.	καὶ ...	ὑμῖν τοῖς ἐν Ῥώμῃ	εὐαγγελίσασθαι
1=G 2=Mehrheitstext 3=D 4=D*			

3. Die wechselnde Stellung der Doxologie

Die Doxologie, die gewöhnlich am Ende des Röm als Röm 16,25-27 abgedruckt wird, ist in einigen Handschriften gar nicht enthalten, manchmal steht sie am Ende von Kap.14, manchmal am Ende von Kap.16, manchmal an beiden Stellen und zweimal am Ende von Kap.15.[32]

---

liches ἐν anzunehmen. Diese Lesart wäre griechisch sonst nicht bezeugt. Die lateinischen Zeugen, die im Apparat für ἐν aufgeführt werden, können genauso gut auf die griechische Lesart ἐπ zurückgehen.

[31] Auch hier ist die Kolometrie gestört: die Zeile ist die längste Zeile der Seite, was ebenfalls für die spätere Einfügung der konkreten Adresse spricht.

[32] Übersichtliche Darstellung des handschriftlichen Befundes bei Aland, "Schluß des Röm", S.287-290.
Neben der uneinheitlichen Überlieferung in den Handschriften haben auch stilistische und semantische Beobachtungen viele Exegeten dazu geführt, die Stelle als unpaulinisch zu betrachten. Eine ausführliche Untersuchung bei: J.K. Elliott, "The Language and Style of the Concluding Doxology to the Epistle to the Romans", *ZNW*, 72 (1981), S.124-130. Elliott schließt seine Untersuchung der circa 50 Wörter der Doxologie mit dem Ergebnis ab, daß der Prozentsatz an ungewöhnlichen und einzigartigen Ausdrücken zu hoch liegt, als daß der Text so auf Paulus zurückgehen kann. Der ursprüngliche Autor der Doxologie greift massiv auf Doxologien der deuteropaulinischen Schriften zurück. Vielleicht - so meint Elliott vorsichtig - ist die Anfügung der Doxologie auf den Herausgeber der Paulusbriefsammlung zurückzuführen, in denen die Pastoralbriefe zum ersten Mal enthalten waren (S.129-130). Dagegen hat W.Schmithals, *Der Römerbrief als historisches Problem*, StNT, 9 (Gütersloh: Mohn, 1975), S.119-122, eingewandt, daß Paulus hier liturgisch vorgeformtes Material übernimmt und daß der Text nichts

Die Doxologie am Ende von Kap.15 bietet der p^{46}. Die im Jahre 1320 geschriebene Minuskel 1506 (Athos Lavra B'26) hat die Doxologie doppelt, einmal nach Kap.14 und einmal nach 15,33, wo der Text abbricht und eine halbe Seite leer bleibt bevor auf dem folgenden Blatt die Doxologie eingetragen wird. Zu interpretieren ist hier wohl nicht die Stellung der Doxologie nach Kapitel 15 sondern der Ausfall des 16.Kapitels. Die Handschrift bietet den Theophylaktkommentar zu den Evangelien, Röm und 1Kor und verschiedene andere außerbiblische Schriften.[33]

B. Die Lösungsvorschläge von K.Aland und H.Gamble

Um den textkritischen Befund übersichtlicher darstellen zu können, teilt Kurt Aland den Röm in folgende Teile und weist Belege für 15 verschiedene Zusammensetzungen dieser Elemente nach:[34] A = 1-14; B = 15-16,23; B^1 = 15,1-33; B^2 = 16,1-23; C = 16,24; C^1 = Röm 16,24 in verkürzter Form: *gratia cum omnibus sanctis*; D = 16,25-27

Die vorgeschlagene Lösung sieht folgendermaßen aus:

Entstehung der verschiedenen Formen des Röm in den Handschriften nach K.Aland

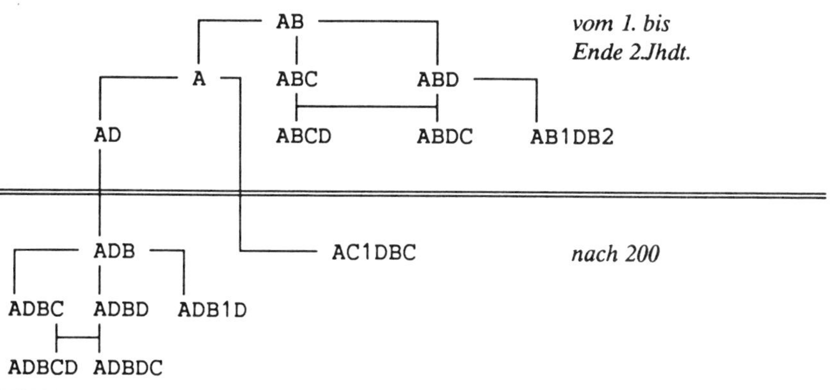

Alands Aufsatz soll programmatisch die Leistungsfähigkeit der lokal-genealogischen Methode bei der Interpretation komplizierter Sachverhalte vorführen. "*Nach dieser lokal-genealogischen Methode kann nur die Lösung richtig sein, welche die Entstehung der verschiedenen Variationen auseinander erklärt,*

enthält, was Paulus nicht auch sagen könnte.

33 Beobachtungen am Mikrofilm. Beschreibung bei K.Aland, "Schluß des Röm", S.297. Laut K.Aland, *Text des NT*, S.153 im Corpus Paulinum Kategorie II.

34 "Schluß des Röm", S.287-290.

und ursprünglich nur die Textform, aus der sich alle anderen zwanglos - und zwangsläufig - ableiten lassen."[35] Trotz des methodologischen Anspruches legt Aland nicht dar, wie er zu diesem Schema gekommen ist, sondern beschränkt sich auf eine Interpretation des Ergebnisses. Zwei Punkte sind meines Erachtens an Alands Entwurf zu kritisieren: Zum Einen ist fraglich, ob Teil C (Röm 16,24) in Analogie zu Teil D als eigenständiger Block zu fassen ist. Der Apparat des NTG[26] suggeriert, daß in der Vorlage von DFG 16,20b (ἡ χάρις τοῦ κυρίου ἡμῶν Ἰησοῦ μεθ' ὑμῶν) einfach gestrichen wurde, um eine Dublette mit V.24 (ἡ χάρις τοῦ κυρίου ἡμῶν μετὰ πάντων ὑμῶν. ἀμήν) zu vermeiden. Für viel wahrscheinlicher halte ich, daß aus redaktionellen Gründen V.20b nach V.23 gestellt wurde, um dem dort abbrechenden Text einen würdigen Briefschluß zu verleihen. Denn die Technik, einen leichter lesbaren Text durch Verschieben von Versteilen zu erzeugen, läßt sich in der gemeinsamen Vorlage von DFG im gleichen Kapitel noch zwei Mal beobachten: V.5a wird hinter V.3 gestellt und V.16b hinter V.21 geschoben, wodurch jedes Mal eine bedeutende stilistische Verbesserung erzielt wird. Teil C wäre dann in einem gemeinsamen Vorfahren von DFG durch redaktionelle Verschiebung entstanden und durch Konflation in die restlichen Zeugen eingegangen.[36] Die Charakterisierung von C^1 (*gratia cum omnibus sanctis*) als verkürzte Form von C ist ebenfalls aufzugeben. Sie kommt nur in wenigen Vulgatahandschriften vor und ist so allgemein gehalten, daß sie auch unabhängig von 16,24 entstanden sein kann.[37] Der zweite zu kritisierende Punkt ist die Anfügung von D. Im obigen Stemma wird Teil D zwei Mal unabhängig voneinander angefügt, einmal an AB und einmal an A. Bei dem textlichen Umfang von D ist es völlig ausgeschlossen, daß die Doxologie zwei Mal unabhängig voneinander formuliert wurde. Voraussetzung jeder Rekonstruktion sollte daher sein, daß alle Ausgaben, die D enthalten, voneinander abhängig sind. Diese Abhängigkeit kann Alands Entwurf aber nicht erklären.

Peter Lampe hat sich daran gestoßen, daß Aland als Urform des Röm eine handschriftlich nicht belegte Form AB annehmen muß, und aufgezeigt, daß es

---

[35] Ebd., S.291.

[36] Aber auch außerhalb der Handschriften-Familie DFG sind Spuren einer verwandten Textform erhalten: Offensichtlich ist das bei der lateinischen HS m (86) in Röm 16,3.16.21. Die bilingue Minuskel 629 hat V.20b und auch V.24, während die Doxologie im griechischen Text fehlt. Wo sowohl V.24 als auch die Doxologie geboten ist, ist die Konflation offensichtlich: an die zuerst kopierte Röm-Ausgabe wird der in einer anderen HS gebotene Überhang angehängt. Die restlichen bei Aland, "Schluß des Röm", S.287, aufgeführten Zeugen der Form ABC sind (es werden die dort verwendeten Siglen wiedergegeben): (g) [77], 629gr, 1941^{corr}, Γ^B Mailand E^{26} inf.

[37] Vetus Latina: m (86), Monza; Vulgata: München, Clm 17043 und Clm 17040. Zur Forschungsgeschichte vgl. H.Gamble, aaO., S.24.

logisch auch die Möglichkeit gibt, die Form ABC als Urform zu postulieren, deren Schluß BC abgetrennt und durch D zur Form AD ergänzt wurde.[38] Daraus ergibt sich ein neues Schema, in dem alle Belege von D als von der Form AD abstammend erklärt werden. Dies ist eine deutliche Verbesserung. Trotzdem muß auch gegen Lampe eingewandt werden, daß er Teil C als selbständigen Teil überbewertet. Begreift man ABC aber als Bearbeitung, so muß man als Vorform wieder AB annehmen.

Einen anderen Entwurf hat Harry Gamble 1977 mit seiner Monographie *The Textual History of the Letter to the Romans* vorgelegt.[39] Er setzt die wechselnde Stellung der Doxologie mit der fehlenden Adresse in 1,7.15 in Beziehung und versucht eine Lösung über die Rekonstruktion mehrerer unterschiedlicher Ausgaben des Röm zu erzielen. Gambles Rekonstruktion sieht folgendermaßen aus: Paulus selbst hat den Röm mit 16 Kapiteln nach Rom gesandt, was dadurch erwiesen ist, daß Kap 16 inhaltlich und formal mit dem vorhergehenden Text verbunden ist. In der Folgezeit wurde das Interesse an *allgemeinen* Briefen immer ausgeprägter - Belege dafür lassen sich zahlreich anführen -, was schließlich auch in Überarbeitungen des Röm zum Ausdruck kam. Zunächst wurde der konkrete Adressat weggelassen, aber auch die Anweisungen und Grüße in Kap.16 waren nicht von allgemeinem Interesse.[40] Eine Bearbeitung strich Kap.15 und 16, eine Bearbeitung nur Kap.16. Ob die 15 Kapitel-Form unabhängig von der 14 Kapitel-Form entstand oder eine Erweiterung derselben darstellt, wird offen gelassen.

Faszinierend und richtungsweisend an Gambles Entwurf ist der Versuch, mehrere textkritischen Varianten von einer einheitlichen Redaktion her zu deuten.

Was den allgemeinen Adressaten Röm 1,7.15 angeht, ist dem meines Erachtens auch nichts entgegenzuhalten. Die Unterschiede zwischen dem Text von Codex G und D^{abs1} lassen sich gut als Redaktion begreifen: aus ἐν Ῥώμῃ wird ἐν ἀγάπῃ θεοῦ, aus ὑμῖν τοῖς ἐν Ῥώμῃ εὐαγγελίσασθαι wird durch bescheidene Veränderungen ἐπ´ ὑμῖν εὐαγγελίσασθαι. Das Interesse an *katholischen* Briefen ist in der alten Kirche und im Neuen Testament selbst ausreichend dokumentiert.[41]

---

[38] "Zur Textgeschichte des Römerbriefes", *NT*, 27 (1985), S.273-277.

[39] *StD*, 42 (Eerdmans: Grand Rapids, Michigan, 1977).

[40] Ed.Goltz, *Eine textkritische Arbeit*, S.94.

[41] Neben den allgemeinen Adressen der katholischen Briefsammlung selbst, wird das kirchliche Interesse auch an den Überlegungen zur Anzahl der Paulusbriefe in der kirchlichen Sammlung deutlich. Vgl. dazu H.Gamble, *Textual History*, S.116-117,

Anders verhält es sich bei dem Versuch, die 14 Kapitel-Form auf gezielte Redaktionsarbeit zurückzuführen.[42] 15,1ff ist inhaltlich und argumentativ eng mit Kap.14 verbunden.[43] Daneben kann auch das Interesse an einem "allgemeinen" Brief für die Streichung von Kap.15 nicht geltend gemacht werden. In diesem Fall hätte man den Brief eher nach 15,21 beendet.

Außerdem geben die Quellen keinen eindeutigen Anhaltspunkt, die 14 Kapitel-Form mit dem allgemeinen Röm in Verbindung zu bringen: Der einzige Textzeuge (G und der Archetyp von DFG) bietet alle 16 Kapitel, die Bemerkung des Origenes macht keine Aussage über den Adressaten in den Handschriften mit dem kurzen Röm, die Randnotiz in 1739 keine Aussage über die Länge des Briefes.[44]

Ein umfangreicher Teil von Gambles Arbeit beschäftigt sich mit der Frage, ob in Kap.15 der ursprüngliche Brief endet und Kap.16 ein Anhang ist. Obwohl Gamble zu der sorgfältig begründeten Ansicht gelangt, daß formkritisch erst Röm 16 das Briefende darstellt, hält er an einer Ausgabe des Röm fest, die nur die Kapitel 1 bis 15 umfaßte. Einziger Zeuge dafür ist p^{46}, wo die Doxologie zwischen Kap.15 und 16 geboten ist. Auch in diesem Punkt sprechen Wahrscheinlichkeitsargumente gegen Gamble. Es hat sich an zahlreichen anderen Textstellen erwiesen, daß Varianten, die nur im p^{46}

H.J.Frede, *"Die Ordnung der Paulusbriefe und der Platz des Kol"*, S.291; N.A.Dahl, "Particularity", S.261-262.

42 Am beliebtesten ist der Versuch, unter Berufung auf Origenes die Streichung auf Markion zurückzuführen (so auch Aland, "Schluß des Röm", S.294). H.Gamble, aaO., S.100-114 hat die Frage ausführlich unter sorgfältiger Analyse der Quellen diskutiert und meint zusammenfassend (ebd. S.114): "*Origen's chief importance for this and for other text-critical problems remains that of being a witness, not a judge.*" Daß Markion die 14-Kapitel-Form geschaffen hätte, ist wohl schon bei Origenes eine Konstruktion.

43 Vgl. z.B. U.Wilckens, *Der Brief an die Römer*, EKK, 6, (Zürich, Einsiedeln, Köln: Benziger; Neukirchen-Vlujn: Benziger, Neukirchener, 1982), 3, S.100 zu 15,1: "*V1 führt einerseits noch die Schlußmahnungen von 14,19ff fort, faßt aber zugleich andererseits den ganzen Abschnitt zusammen.*"

44 P.Corssen, "Überlieferungsgeschichte", S.1-45; Nachtrag ebd. S.97-102, meinte nachweisen zu können, daß der gemeinsame Archetyp von DFG Kap.15-16 aus einer anderen Vorlage nahm. Denn die letzten beiden Kapitel weisen so viele singuläre Lesarten (ca. 10 Stück) auf wie Kap.1-14 zusammen (ebd. S.15-16). Eine Randnotiz zu 14,10 in der Minuskel 1739 gibt an, daß hier der fünfzehnte und letzte τόμος von Origenes Römerbriefkommentar begann (Ed.Goltz, *Eine textkritische Arbeit*, S.94). Da aber aus Marginalien derselben HS zu Phil 4,1 und Kol 4,12 klar ist, daß Origenes die Endabschnitte dieser Briefe nicht kommentierte, stellt die im Vergleich zum Rest des Briefes extrem kurze Kommentierung keinen Grund dar, eine 14 Kapitel-Form bei Origenes anzunehmen. Dies ist auch durch die oben zitierte Stelle *CommAdRom* 10,43 mit Sicherheit auszuschließen. Vgl. H.Gamble aaO., S.124-126.

erhalten sind, so gut wie immer bei der Anfertigung dieser Handschrift entstanden sind und nicht auf eine Vorlage zurückgeführt werden können.[45]

C. Versuch einer neuen Lösung

Sollen anhand von Varianten mehrere Entwicklungsstadien einer Schrift beschrieben und in einem Stemma dargestellt werden, muß zunächst zwischen Varianten unterschieden werden, die unabhängig voneinander an verschiedenen Orten und zu verschiedenen Zeiten entstanden sein können, und solchen, deren voneinander unabhängige Entstehung äußerst unwahrscheinlich ist. Letztere dienen als Leitvarianten. Die verschiedenen Entwicklungsstufen des Textes der Schrift werden mit Hilfe dieser Leitvarianten beschrieben.

Die Tendenz zur Konflation ist unabhängig von Zeit und Ort. Konflationen dürfen also nur mit erheblichen Einschränkungen als Leitvarianten dienen.

Mit *Konflation* ist die Entscheidung der Schreiber gemeint, die bei der Erstellung einer neuen Abschrift auf abweichende Lesarten einer Textstelle stießen und versuchten, zwischen den Lesarten zu vermitteln und nach Möglichkeit beide Varianten in den Text aufzunehmen. Der Text der Paulusbriefe wurde 150 bis 250 Jahre überliefert, ohne daß er sich von uns heute noch kontrollieren ließe. Für einen solchen Zeitraum ist eine Überlieferung ohne Kenntnisnahme anderer handschriftlicher Ausgaben der Ausnahmefall, Konflation aber das Normale.[46] Dadurch hat der Text die Tendenz, immer länger zu werden. Auf diese Beobachtung gründet sich auch die textkritische Faustregel *lectio brevior potior*.

Methodologisch ist daraus zu schließen, daß zunächst die Entstehung der einzelnen Elemente des Röm erklärt werden sollte, nicht ihre Kombination. Denn es ist sehr wahrscheinlich, daß die Archetypen, auf die die handschriftliche Überlieferung zurückgeht, nur eine Teilmenge dieser Elemente umfaßten. Die möglichst vollständige Kombination der Einzelteile kann überall und unabhängig voneinander geschehen sein.

1. Die 14-Kapitel Ausgabe und die Doxologie

Mein Vorschlag, Licht in die Textüberlieferung des Röm zu bringen, geht da-

[45] G.Zuntz, *Text of the Epistles*, S.18-23; Kenyon, *Chester Beatty Biblical Papyri*, III, S.XIX-XXI.

[46] Als Beispiel mag das Corpus Cyprianum dienen. Die vier rekonstruierten Archetypen sind 150 Jahre nach der Entstehung der Schriften zustandegekommen. Sie sind stark konflationiert. V.Soden, *Cyprian. Briefsammlung*, S.73-171.

von aus, daß die 14 Kapitel-Ausgabe des Röm auf einen defekten Archetyp zurückführt und die Doxologie als Ersatz für den verlorenen Schluß konzipiert wurde.

Dafür spricht, daß der Text nach Kapitel 14 mitten im Zusammenhang endet.[47] Ein Abbruch genau an dieser Stelle ist als gezielte Redaktionsarbeit nicht leicht zu motivieren.[48]

Handschriften sind am Anfang und Ende so häufig defekt, daß mechanischer Verlust eigentlich die nächstliegende Erklärung für den Ausfall der letzten beiden Kapitel sein sollte. Man denke an den p[46], Codex Vaticanus, Codex Claromontanus, die Anfänge von F 010 und G 012, die Minuskeln 1838, 1962 und 2127, um nur einige in dieser Arbeit betrachtete neutestamentliche Textzeugen zu nennen. Auch Gambles Einwand, daß eine defekte Handschrift unmöglich als Archetyp einer nennenswerten Handschriftenfamilie gedient haben könnte, läßt sich durch eine Fülle von Beispielen widerlegen:[49] Sämtli-

---

47 F.Renner, *An die Hebräer*, S.95. Frede, *Altlateinische Paulus-HSS*, S.156: "*Der unvermittelte Abbruch mitten in dem zusammenhängenden Abschnitt 14,1-15,13 kann demnach, soweit uns heute übersehbar, nicht Ergebnis irgendeiner Bearbeitung sein, die sich von welchen Motiven auch immer leiten ließ, sondern nur eine mechanisch-zufällige Ursache haben. Blatt- oder Lagenausfall in einem alten Exemplar dürfte die einzige vernünftige Erklärung sein.*" Selbst H.Gamble, *Textual History*, S.115 räumt ein: "*So obviously does this interrupt the argument that in order to assume an intentional deletion of chs. 15 and 16 a solid measure of carelessness, even obuteness, must be credited to the editor.*"

48 Auch N.A.Dahl, "Particularity", S.269 meint: "*The deletion of the concrete address, as well as of the last sections of the Epistle, will have to be explained as the result of editorial activity...*" E.J.Goodspeed meint, daß der kurze Röm aus der Absicht, den Text zu straffen, entstanden sein könnte. "*But Marcion was given to alterations, and some modern makers of Short Bibles leave off these chapters without notice, certainly witn (sic) no ancient authority for such a course in mind.*" ("Editio Princeps", S.203). K.Aland, "Schluß des Röm", S.294 führt als Gründe, die Markion zu einer Streichung bewogen haben, an: 15,8 wird Christus als Diener der Juden bezeichnet; 5-28: Heidenchristen stehen in der Schuld der judenchristlichen Gemeinde in Jerusalem und sammeln deshalb die Kollekte; die Warnung vor Irrlehrern 16,17-20 hätte Markion auf sich selbst bezogen. Neben einem möglichen redaktionellen Interesse müßte aber auch ein Grund plausibel gemacht werden, warum der Abbruch genau an dieser Stelle und nicht ein paar Verse früher oder später erfolgte.

49 H.Gamble, *Textual History*, S.115: "*It is unthinkable that all the numerous and varied traces of this form of the text are ultimately derivative from a single defective MS.*" Es kann nur abgeschrieben werden, was vorhanden ist. Ob der Text des einzigen erreichbaren Exemplares durch mechanischen Verlust oder durch eine stümperhafte Bearbeitung entstanden ist, ist dabei unerheblich. Gamble selbst impliziert bei seinem Vorschlag, Röm 1-14 als Ergebnis einer ungeschickten Überarbeitung zu deuten, daß alle Belege

che griechischen Zeugen des *Polykarpbriefes* führen auf einen Archetyp zurück, in dem der Text mitten im Satz von Kapitel 9 des Polykarpbriefes nach Kapitel 5 des Barnabasbriefes übergeht.[50] Der *Diognetbrief* ist nur in Abschriften eines defekten Archetyps überliefert.[51] Sieben der 20 Handschriften der *Briefe Alkiphrons* sind von einem defekten Archetyp abhängig.[52] Alle 55 Handschriften, in denen die pseudocyprianische Predigt *AdvIud* überliefert ist, gehen auf einen defekten Archetyp zurück.[53] Der masoretische Text des Buches *Hiob* führt auf ein fehlerhaftes Exemplar zurück.[54] Die Aufzählung ließe sich leicht fortsetzen.

Die Tendenz, das verstümmelte Ende einer Schrift zu glätten, wird im Neuen Testament selbst durch die verschiedenen Schlüsse des Mk-Evangeliums eindrücklich dokumentiert.[55]

Übernimmt man die dargelegten Voraussetzungen, so ergibt sich für die Entstehung der Einzelteile folgendes Bild: Teil A (1,1-14,23) ist durch mechani-

---

des kurzen Röm auf einen Archetyp zurückgehen.

[50] A.Harnack, *Geschichte der altchristlichen Literatur bis Eusebius*, 2.erweiterte Auflage mit einem Vorwort von Kurt Aland (Leipzig: Hinrichs, 1958), 1, S.69-70.

[51] A.Harnack, aaO., 1, S.758: "*Cap.10 ... bricht der Brief mitten im Satz ab ... Es folgen zwei Capitel, die gar nicht zum Brief gehören, sondern durch Zufall hierher verschlagen sind.*" Zur neueren Diskussion s. K.Wengst (Hg), *Schriften des Urchristentums, Zweiter Teil: Didache (Apostellehre), Barnabasbrief, Zweiter Klemensbrief, Schrift an Diognet*, eingeleitet, herausgegeben, übertragen und erläutert. (Darmstadt: wissenschaftliche Buchgesellschaft, 1984), S.287-290.

[52] Bei Schepers, *Alciphron*, S.XX-XXI als x^2 bezeichnet.

[53] "*Trotz einer ungewöhnlich grossen Anzahl von Handschriften stossen wir auf einen Text voller Fehler und Lücken. Dies zeigt, dass die Handschrift, durch die unsere Predigt in die Werke Cyprians geraten ist, selbst schon verstümmelt war.*" (D.Van Damme, *Pseudo-Cyprian: Adversus Iudaeos: Gegen die Judenchristen: Die älteste lateinische Predigt*, Paradosis, Beiträge zur altchristlichen Literatur und Theologie, 22 (Freiburg: Universitätsverlag, 1969), S.103). Es werden 55 HSS aufgezählt.

[54] G.Fohrer, *Das Buch Hiob*, KAT, 16 (Gütersloh: Mohn, 1963), S.55-56: In 183 Fällen ergibt sich die Notwendigkeit einer Konjektur wegen Verderbnis des Konsonantenbestandes oder falscher Vokalisierung. Unwiederherstellbar verderbt ist ein Teil von 36,16.20. In 10 Fällen scheint ein Halbvers ausgefallen zu sein. In sieben Fällen sind Umstellungen von Versen vorzunehmen, weil sie bei einer Abschrift des Textes an eine falsche Stelle geraten sind. Auch die gesamte Überlieferung der Septuaginta ist von diesem verderbten hebräischen Text abhängig.

[55] Cyprians *ep* 69 wurde in zwei Teile geteilt und unabhängig voneinander in die Ausgaben aufgenommen, sodaß manche HSS nur einen Teil, andere aber beide Teile durch mehrere Briefe getrennt bieten. Der fehlende Anfang bzw. das fehlende Ende werden redaktionell ergänzt.

schen Verlust des Schlusses entstanden. Teil B (15-16) war stets mit A verbunden und wurde nicht als selbständige Einheit überliefert. Er setzt AB voraus. Alands Teil C (16,24) ist nicht als selbständige Ergänzung zu fassen, sondern bei der Überarbeitung des Röm durch Verschieben von 16,20b entstanden.[56] Auch Teil C setzt AB voraus. Teil D (16,25-27) wurde als Schluß zu A konzipiert.

Für die Ausgaben, die unterschiedliche Kombinationen der Teile A, B und D umfassen, muß neben der Urform AB lediglich die Form AD angenommen werden. Alle Kombinationen lassen sich als Konflation dieser beiden Ausgaben begreifen: AB+AD=>ABD, AD+AB=>ADB, ADB+ABD=>ADBD. Parallel dazu und aus ähnlichen Erwägungen heraus wie bei der Form ABD, bei der angenommen wird, daß D wegen seines abschließenden Charakters an das Ende des Briefes gerückt wurde, wird auch die Form des p^{46} (AB1DB2) verständlich: Um die Gedankenführung des Röm nicht zu stören, wird D von seinem ursprünglichen Platz am Ende des Kapitels 14 weggerückt und an das Ende von Kapitel 15 gestellt.[57] Auch die Form des p^{46} läßt sich als Kombination von AD+AB verstehen.

Für die Handschriften, die aus den Teilen A, B, C und D zusammengesetzt sind, gilt Ähnliches. Sämtliche Kombinationen lassen sich als Konflation verstehen. Meiner Ansicht nach ist Alands Bestimmung des Teiles C etwas unglücklich, da hier einer ziemlich unbedeutenden Variante derselbe Wert für die Rekonstruktion eines Archetypen zugewiesen wird wie Teil A, Teil B oder der Doxologie. Man hätte auch andere Stellen, z.B. Röm 1,29; 6,12 oder 14,9, an denen Konflationen offensichtlich sind, nennen können.

Ferner ist noch darauf hinzuweisen, daß in dieser Untersuchung bisher nur zwei alte Bearbeitungen des Röm berücksichtigt wurden, die Bearbeitung der Handschriftengruppe D, F und G, die wohl für die Umstellung von 16,20b hinter 16,23 und damit für die Entstehung des Teiles C verantwortlich ist, und die Bearbeitung, die an Teil A die Doxologie anfügte. Eine weitere Ausgabe, die die allgemeine Adresse des Röm einfügt, wird im Folgenden behandelt. Daß es daneben noch weitere davon unabhängige Bearbeitungen gab, ist nach den dargelegten Ausführungen sehr wahrscheinlich. Solche Ausgaben werden im folgenden Schema mit X1, X2 und X3 bezeichnet.

---

[56] Siehe S.72 in dieser Untersuchung.

[57] So auch F.Kenyon, *Chester Beatty Biblical Papyri*, III, S.XVIII und E.Käsemann, *Römerbrief*, S.402. Kritisch dagegen K.Aland, "Schluß des Röm", S.297-298, Anmerkung 24.

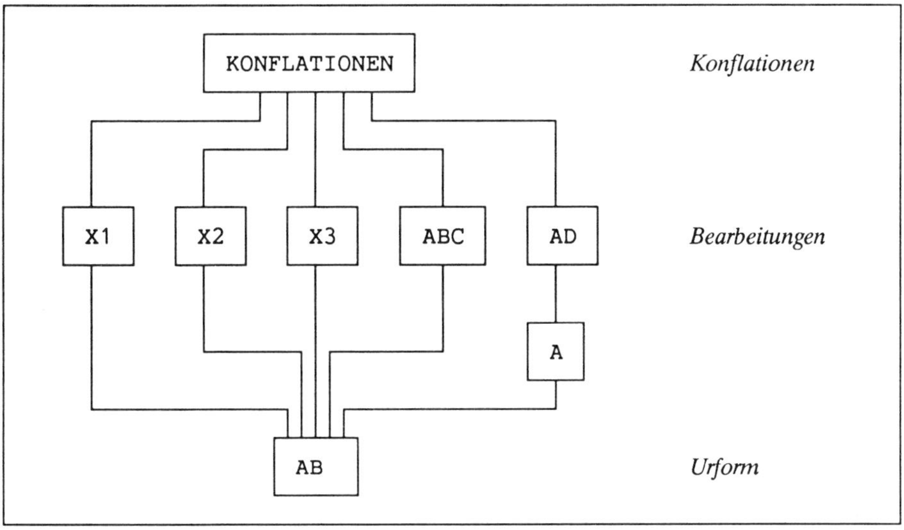

Damit ist die wechselnde Stellung der Doxologie und der kurze Röm berücksichtigt.

2. Die allgemeine Adresse des Röm

Im Gegensatz zu H.Gamble ist meines Erachtens die Doxologie nicht mit der Entstehung des katholischen Römerbriefes in Verbindung zu bringen. Der wichtigste Zeuge für die allgemeine Adresse, G (012), enthält keine Doxologie.[58] Die Entfernung der konkreten Adresse des Röm dagegen - und darauf hat H.Gamble mit Nachdruck hingewiesen - ist als Redaktion so klar zu motivieren, daß gefragt werden muß, ob die zugrundeliegende Tendenz nicht auch bei anderen Paulusbriefen ihre Spuren hinterlassen hat.[59]

[58] Die Doxologie fehlt außerdem in F (010) und 629.

[59] Daß die am Kapitelanfang zitierte grundlegende Einsicht von B.F.Westcott und J.A.Hort (*NT*, S.39), Varianten nicht nur lokal-genealogisch isoliert zu betrachten sondern Lesarten miteinander in Beziehung zu setzen, so wenig beherzigt wird, hängt damit zusammen, daß dem neutestamentlichen Wissenschaftler heute keine Textausgabe des gesamten Neuen Testamentes zur Verfügung steht, in der alle wichtigen Zeugen vollständig kollationiert sind. (Die Ausgabe von W.Grunewald (Hg), *Die katholischen Briefe. Das Neue Testament auf Papyrus*, 1; in Verbindung mit K.Junack bearbeitet von W.Grunewald mit einem Vorwort von K.Aland, ANTF, 6 (Berlin, New York: De Gruyter, 1986) gibt Anlaß zur Hoffnung, daß sich die Situation in den nächsten Jahrzehnten ändern wird.) Die großen Ausgaben von v.Soden, Tischendorf, Westcott/Hort

3. Epheserbrief, Hebräerbrief, 1.Korintherbrief

Einen auf den ersten Blick ähnlich gelagerten Fall mag man in Eph 1,1 vermuten. Obwohl die Stelle viel diskutiert und oft problematisiert wurde, ist es meines Erachtens relativ einfach, eine textkritische Entscheidung zu treffen.[60] Es existieren drei Varianten:

1. τοῖς ἁγίοις		οὖσιν	καὶ πιστοῖς
2. τοῖς ἁγίοις	τοῖς	οὖσιν	καὶ πιστοῖς
3. τοις ἁγίοις (πᾶσιν)	τοῖς	οὖσιν ἐν Ἐφέσῳ	καὶ πιστοῖς
1. p^{46} *2. ℵ* B* 424c 6 1739*	*3. die übrigen Handschriften*		

Die erste Variante ist nur Sonderform von Variante 2 und könnte aus dem Versuch erwachsen sein, den bestehenden Text zu glätten. Sie wird lediglich vom p^{46} geboten. Sonderlesarten des p^{46} führen sich meist nicht auf eine Vorlage zurück.[61]

Die zweite Variante bietet im Text zwar keinen Adressaten, der Brief selbst aber trägt in den Handschriften die Überschrift *An die Epheser*. Aus diesem Textbefund hat sich sehr wahrscheinlich Variante 3 entwickelt: Die Angabe aus der Überschrift wird an der für die Paulusbriefe typischen Stelle eingesetzt. Die Einfügung einiger Zeugen von πᾶσιν, die stets mit Variante 3 verbunden ist, macht die Tendenz zur Glättung ebenfalls deutlich. Variante 3

und anderen verzeichnen den gegenwärtigen Bestand der wichtigen Zeugen nicht. Es fehlen die großen Papyrusfunde unseres Jahrhunderts und die durch das Minuskelprojekt des Institutes für neutestamentliche Textforschung in Münster/Westfalen "neuentdeckten" Minuskeln. Außerdem sind den Herausgebern trotz aller angewandter Sorgfalt Fehler unterlaufen oder waren sie von fehlerhaften Ausgaben abhängig (vgl. die Anmerkung weiter unten zur Lesart des *Claromontanus* in Eph 1,1).

[60] Eine sorgfältige Analyse der Diskussion, bibliographische Hinweise und eine Zusammenstellung der unterschiedlichen Lösungsvorschläge und Konjekturen bietet E.Best, "Ephesians i,1", *Text and Interpretation: Studies in the New Testament Presented to Matthew Black*, (Cambridge, London, New York, Melbourne: Cambridge University Press, 1979), S.29-41.

[61] G.Zuntz, *Text of the Epistles*, S.18-23. Es ist nicht notwendig, für die Vorlage des p^{46} eine andere Textform als Variante 2 anzunehmen. C.Tischendorf hat in seiner Ausgabe des Codex Claromontanus fälschlicherweise die Lesart τοῖς ἁγίοις οὖσιν ἐν Ἐφέσῳ angegeben, was eine Verwandtschaft mit der Lesart des p^{46} nahelegen würde. Von daher kam die Lesart in alle gängigen Textausgaben. H.J.Frede, *Altlateinische PaulusHSS*, S.33 hat bereits 1964 darauf aufmerksam gemacht. Trotz des Anspruches des NTG^{26}, alle verzeichneten Varianten an den HSS geprüft zu haben, bot die Ausgabe ursprünglich die falsche Angabe im Apparat. Im Zuge eines der Nachdrucke wurde der Apparat an dieser Stelle stillschweigend korrigiert.

kann unabhängig voneinander an verschiedenen Orten entstanden sein. Mit ziemlicher Sicherheit liegt also in der *lectio difficilior* der Variante 2 die älteste der erhaltenen Lesarten zu dieser Stelle vor.[62]

Während bei Röm 1,7 und 1,15 in der Handschrift G neben der Streichung auch eine glättende Tendenz zu beobachten ist,[63] fehlt Ähnliches im Eph. Das Fehlen des Adressaten in Eph 1,1 ist als Bearbeitung nur schlecht zu motivieren und geht daher wohl auf die Textform des Archetyps der handschriftlichen Überlieferung zurück.

Die Zeugen der Variante 2 geben also folgendes Entwicklungsstadium der Textform wieder: Der ohne konkrete Adresse überlieferte Brief erhielt als redaktionellen Zusatz die Überschrift *An die Epheser.*[64]

Obgleich anders zustandegekommen, präsentiert sich der Röm in der Handschrift G in ähnlicher Gestalt: Der Text selbst enthält keinen konkreten Adressat, ihm ist in der Überschrift aber eine redaktionelle Angabe darüber beigefügt. Und Gleiches gilt schließlich noch für den *Hebräerbrief*: auch dort ist die Angabe *An die Hebräer* aus dem Text nicht zu erheben.

Die Textformen der erhaltenen Handschriften in 1Kor 1,2 lassen sich als Konflation einer Ausgabe mit konkretem Adressat und einer Ausgabe mit allgemeinem Adressaten deuten.[65] Es ist also auch eine *allgemeine* Ausgabe des 1Kor zu rekonstruieren.

Eine Analyse der Adressatenangabe in 1Kor 1,2 ergibt folgendes Bild:

---

62 Warum GNT und NTG[26] die Adresse in eckige Klammern stellen, bleibt angesichts des handschriftlichen Befundes unklar. B.Metzger, *A Textual Commentary on the Greek New Testament: A Companion Volume to the United Bible Societies' Greek New Testament (third edition)*, On behalf of and in cooperation with the Editorial Committee of the United Bible Societies' Greek New Testament Kurt Aland, Matthew Black, Carlo M.Martini, Bruce M.Metzger, and Allen Wikgren (London, New York: United Bible Societies, 1971), S.601: "*Since the letter has been traditionally known as 'To the Ephesians,' and since all witnesses except those mentioned above include the words* ἐν Ἐφέσῳ, *the Committee decided to retain them, but enclosed within square brackets.*"

63 Es wird nicht nur gestrichen. V.7 wird ἀγάπῃ eingefügt, V.15 wird επ´ eingefügt.

64 Vergleichbares geschah bei den Evangelienüberschriften, der Apostelgeschichte, der Offenbarung und den Johannesbriefen. Die Angaben der Überschriften finden sich nicht explizit in den Schriften, sondern sind von späterer Hand dazugefügt.

65 So auch G.Zuntz, *Text of the Epistles*, S.91-92. Schmithals, "Abfassung", S.189 hält die allgemeine Adresse für einen Zusatz der Herausgeber der ältesten Sammlung, der der ganzen Briefsammlung gilt. 1Kor leitete die Sammlung ein. Vgl. A.Harnack, *Briefsammlung*, S.9-10.

1Kor 1,2:	
1. τῇ ἐκκλησίᾳ τοῦ ϑεοῦ τῇ οὔσῃ ἐν Κορίνϑῳ	
2. τῇ ἐκκλησίᾳ τοῦ ϑεοῦ	ἡγιασμένοις ἐν Χ.Ι.
1+2=3	
3. τῇ ἐκκλησίᾳ τοῦ ϑεοῦ τῇ οὔσῃ ἐν Κορίνϑῳ	ἡγιασμένοις ἐν Χ.Ι.
2. τῇ ἐκκλησίᾳ τοῦ ϑεοῦ ἡγιασμένοις ἐν Χ.Ι.	
1. τῇ ἐκκλησίᾳ τοῦ ϑεοῦ	τῇ οὔσῃ ἐν Κορίνϑῳ
2+1=4	
4. τῇ ἐκκλησίᾳ τοῦ ϑεοῦ ἡγιασμένοις ἐν Χ.Ι.	τη οὔσῃ ἐν Κορίνϑῳ
(1. 2. = konstruiert) 3 = p^{61} *ℵ A* D^{1} *Ψ Mehrheitstext*	*4=*p^{46} *B D* F G*

4. Schlußfolgerungen

Zwei redaktionelle Ebenen lassen sich beschreiben. Eine Bearbeitung, die alle erhaltenen Paulusbriefe umfaßte, hat den Briefen Überschriften mit Adressatangaben beigefügt, auch wenn diese wie beim Hb und Eph im Text gar nicht genannt werden. Der Funktion von Überschriften entsprechend dienten die Adressatangaben in dieser Bearbeitung als Gliederungsmerkmale.[66] Und es ist ein naheliegender Schluß, daß diese Redaktion auch für die beobachtete Ordnung nach gleichem Adressat verantwortlich zeichnet.

Daneben weisen aber Röm, 1Kor, Eph und Hb noch Spuren einer Ausgabe auf, die statt an einen konkreten Adressat an einen allgemeinen Adressat gerichtet war.[67] Eine Gliederung der Sammlung nach Adressat ist dieser Bearbeitung nicht zuzutrauen. Vielleicht sollten die Briefe mit allgemeiner Adresse als Einzelbriefe zirkulieren.[68] Vielleicht waren diese Briefe aber auch ohne definierte Reihenfolge lose miteinander verbunden. Vielleicht wa-

[66] Markion stand bei der Erstellung seiner Paulusausgabe vor dem gleichen Problem. Er wollte sie nach Adressaten gliedern. Da die Adresse des Eph aus dem Text nicht zu erheben ist, er dem Brief aber einen Titel geben mußte, nannte er ihn Laodicänerbrief.

[67] Auch H.Lietzmann, "Einführung in die Textgeschichte", S.27 plädiert für einen Zusammenhang zwischen Röm 1,7.15 und Eph 1,1: "*Diese gleichartigen Erscheinungen fordern eine gleichartige Erklärung: aller Wahrscheinlichkeit nach haben wir hier Spuren alter Textkorrektoren vor uns...*" H.Gamble selbst hat diesen Zusammenhang nicht gesehen: H.Gamble, "The Redaction of the Pauline Letters and the Formation of the Pauline Corpus", *JBL*, 94 (1975), S.418.

[68] So auch N.A.Dahl, "Particularity", S.271 für 1Kor, Röm, Eph: "*It is reasonable to assume that these epistles circulated among the churches before the publication of a Corpus Paulinum.*"

ren sie aber auch - ähnlich den drei Johannesbriefen - zu einer festen Sammlung verbunden und wurden als die *vier Paulusbriefe* durchnumeriert. Für jede der drei Möglichkeiten lassen sich antike Entsprechungen finden.[69]

Unabhängig davon war oben bei der Interpretation der unterschiedlichen Reihenfolgen alter Paulusausgaben eine Sammlung Röm Hb 1Kor Eph rekonstruiert worden.

Diese Indizien scheinen mir ausreichend genug, eine *Zweiquellentheorie des Corpus Paulinum* aufzustellen: Unsere Textform ist eine Vermengung zweier Ausgaben. Die eine war nach Adressat gegliedert und umfaßte Röm Kor Gal Eph Phil Kol Thess Tim Tit Phm, die andere bestand aus Briefen mit allgemeiner Adresse und umfaßte Röm Hb 1Kor und Eph.

[69] Beispiele für Einzelbriefe: *1Clem*, *Barn*, *Diognet*, die dogmatisch-polemischen Briefe des Athanasius von Alexandrien, die nicht zu einer Sammlung zusammengefaßt wurden (Altaner, *Patrologie*, S.274-275). Lose verbundene Corpora: Polykarpbrief und Ignatiusbriefe, Cypriantraktate; für Corpora nach Autor geordnet und durchnumeriert: Dionysius von Alexandrien, die kurze syrische Rezension der Ignatiusbriefe (*SyrIgn*).

"Wer will bei einigem Nachdenken noch die These verfechten, diese geistesgewaltigen, gedrungenen Briefe, die nun schon fast zwei Jahrtausende hindurch ihre Wirkung getan haben, seien aus dem Ärmel geschüttelte Improvisationen eines ungebildeten Handwerkers? Wer so urteilt, der - das behaupte ich kühnlich - der hat von dem Geiste dieser Briefe kaum einen Hauch verspürt."[1] *"Vor dem Schriftsteller Paulus bekommt man einen ganz anderen Respekt, wenn man einmal die Disposition des Römerbriefes wirklich nachgedacht hat..."*[2]

Johannes Weiß

IV. BRIEFSAMMLUNG ALS LITERARISCHE GATTUNG

Bei einer formkritischen Betrachtung der Paulusbriefe stellt sich zunächst die Frage, welches Material zum Vergleich herangezogen werden soll. In der neueren Literatur wurden die Paulusbriefe formkritisch in der Regel entweder nur mit den auf Papyri erhaltenen Privatbriefen verglichen oder nur mit literarischen Briefsammlungen.[3]

K.Berger hat mit Recht darauf hingewiesen, daß "*die vorliterarischen Briefe*" nicht "*das primär geeignete Vergleichsmaterial für die paulinischen und anderen neutestamentlichen Briefe sind.*"[4] Seiner Untersuchung liegen als Material die bei R.Hercher edierten griechischen Briefsammlungen zugrunde, also gerade nicht Privatbriefe.[5] So weit ich sehen

---

[1] Johannes Weiß, *Die Aufgaben der Neutestamentlichen Wissenschaft in der Gegenwart* (Göttingen: Vandenhoeck, 1908), S.19.

[2] S.20.

[3] Liste der edierten griechischen Briefe auf Papyrus bei: Chan-Hie Kim, "Index of Greek Papyrus Letters", *Studies in Ancient Letter Writing, Semeia*, 22 (1982), S.102-112. Überblick über neuere Forschungsergebnisse und kritische Diskussion bei K.Berger, "Hellenistische Gattungen im Neuen Testament", Aufstieg und Niedergang der römischen Welt, 25.Bd. 2.Teilband (Berlin, New York: De Gruyter, 1984), S.1326-1340. Ebd. auch eine umfassende Bibliographie. Standardwerk für die literarischen lateinischen Briefe bleibt nach wie vor: H.Peter, *Der Brief in der römischen Litteratur*, Literaturgeschichtliche Untersuchungen und Zusammenfassungen (Leipzig: Teubner, 1901).

[4] K.Berger, "Hellenistische Gattungen im NT", S.1327.

[5] R.Hercher, *Epistolographi Graeci*, (Paris: 1873)

kann, ist die Auswertung dieser Sammlungen für das Neue Testament bisher einzigartig.[6] Die Apostelbriefe sind nach K.Berger "*in erster Linie wirklich a p o s t o l i s c h e Rede*".[7] "*Die Affinität zum Privatbrief ist daher aufs Ganze gesehen die Ausnahme und eine gewissermaßen situationsbedingte redaktionelle Zutat des Paulus zu einem allgemeineren Typus schriftlicher christlicher Rede.*"[8] Wichtig an K.Bergers Sicht ist, daß darauf hingewiesen wird, daß die überlieferte Form der Paulusbriefe eine umfassende Redaktion erfahren hat, für die der Privatbrief als Deutungsmuster nicht ausreicht. Daß die offensichtlichen Elemente des Privatbriefes aber redaktionelle Zutat des Paulus seien, ist wohl nicht korrekt. Bei den gefälschten Paulusbriefen sind typische Elemente des Privatbriefes redaktionelle Beigaben, die mit Täuschungsabsicht ergänzt wurden, bei den auf Paulus zurückgehenden Briefen aber nicht.

Wie so oft, wird die Wahrheit wohl in der Mitte liegen. Was die *Tradition* angeht, sollte man meiner Ansicht nach davon ausgehen, daß als literarische Vorlagen der auf Paulus selbst zurückgehenden Briefe tatsächlich geführte Korrespondenzen gedient haben. Um die traditionellen Stücke besser zu verstehen und einordnen zu können - zum Beispiel um im Rahmen von Briefteilungshypothesen mehrere Briefe zu unterscheiden - werden Privatbriefe das geeignete Vergleichsmaterial bieten. Was die Ebene der *Redaktion* angeht, verspricht der Vergleich mit literarischen Briefsammlungen aufschlußreich zu sein. Und die *engsten Parallelen* wird man wohl dort suchen dürfen, wo tatsächlich geführte Korrespondenzen zu Briefsammlungen umgearbeitet und überliefert wurden. Eine Synthese der an den Privatbriefen auf Papyrus gewonnenen Beobachtungen mit der Beschreibung der redaktionellen Interessen und Techniken literarischer Briefsammlungen sollte künftig die formkritische Betrachtung der Paulusbriefe stärker bestimmen. Die vorliegende Untersuchung stellt einen vorsichtigen Schritt in diese Richtung dar.

A. Privatbrief und Briefsammlung

Als *Privatbrief* wird im Folgenden ein Schreiben bezeichnet, das an einen abwesenden Adressaten gerichtet ist. Es ist Ersatz für ein Gespräch, weil das gesuchte Gespräch nicht direkt möglich oder erwünscht ist. Wenn der Adres-

---

[6] Nicht so umfassend, aber unter Berücksichtigung ausgewählter lateinischer Sammlungen: K.Thraede, *Grundzüge griechisch-römischer Brieftopik*, Zet.48 (München: Beck, 1970).

[7] AaO., S.1334. Ausführliche Begründung: Klaus Berger, "Apostelbrief und apostolische Rede: Zum Formular frühchristlicher Briefe", *ZNW*, 65 (1974), S.190-231. Apostelbriefe sind "*schriftlich fixierte, adressierte apostolische Rede*" (ebd. S.231). Der Hb weist die Form am reinsten auf.

[8] "Hellenistische Gattungen im NT", S.1335.

sat das Schreiben gelesen hat, ist die Funktion des Privatbriefes zunächst erfüllt.[9] Im Gegensatz dazu ist der *offene Brief* von Anfang an so konzipiert, daß ihn neben dem Adressaten auch andere lesen können und sollen. Es ist auch für den offenen Brief wesentlich, daß er beim Adressat ankommt und von ihm gelesen wird. Anders verhält es sich beim *Kunstbrief*. Der Adressat ist nicht der Leser, für den der Text formuliert wurde. Oft sind Briefschreiber und Adressat fiktiv.[10]

---

[9] Quellen zur Unterscheidung von Privatbrief und öffentlichem Brief bei G.A.Deissmann, "Prolegomena zu den biblischen Briefen und Episteln", *Bibelstudien: Beiträge, zumeist aus den Papyri und Inschriften, zur Geschichte der Sprache, des Schrifttums und Religion des hellenistischen Judentums und des Urchristentums* (Marburg: Elwert, 1895), S.190-193. O.Roller, *Das Formular der paulinischen Briefe: Ein Beitrag zur Lehre vom antiken Brief*, (Stuttgart: Kohlhammer, 1933), S.23-33.

[10] A.Deissmann, *Licht vom Osten: Das Neue Testament und die neuentdeckten Texte der hellenistisch-römischen Welt*, 4.Auflage (Tübingen: Mohr, 1923), S.194: "*Was ist ein Brief? Der Brief ist etwas Unliterarisches: er dient dem Verkehr der Getrennten. Seinem innersten Wesen nach intim und persönlich, ist er nur für den Adressaten oder die Adressaten, nicht aber für die Öffentlichkeit oder eine Öffentlichkeit bestimmt. Der Brief ist unliterarisch so gut wie ein Mietsvertrag oder ein Testament.*" G.A.Deissmann, "Prolegomena", S.192 über denjenigen, der "Litteratur macht": "*Er wendet sich nicht an den Freund, er schreibt nicht an seine Mutter: er vertraut seine Blätter den Winden an und weiss nicht, wohin sie getragen werden; er weiss nur, dass sie von dem und jenem Unbekannten und Unverschämten aufgefangen und besehen werden.*" Schon Deissmann hat auf die Bedeutung des Adressaten zur Unterscheidung verschiedener Gattungen hingewiesen. Sein Literaturbegriff ist aber nicht präzise genug. Die Definition "*für die Öffentlichkeit bestimmt*" trägt nicht, da er dann "*Mietsvertrag*" und "*Testament*" als Beispiele für "*unliterarische*" Schriftstücke aufführt, beide aber einer Gattung angehören, die im Interesse der Öffentlichkeit einem juristisch genau definierten Formzwang unterstellt sind, also weitgehend für die Öffentlichkeit formuliert werden. Noch störender ist, daß seinem Literaturbegriff auf das urchristliche Schrifttum bezogen eine negative Wertung anhaftet. "Prolegomena", S. 251: "*...das Christentum hat wirklich erst beten und dann schreiben gelernt, wie die Kinder. Die Anfänge der christlichen Litteratur sind die Anfänge der Verweltlichung des Christentums, das Evangelium wird Buchreligion.*" Da Paulus und seine Briefe positiv besetzt sind, führt das fast zwangsläufig zu dem Urteil - oder war vielleicht von Anfang an unausgesprochene Voraussetzung -, daß die Paulusbriefe unliterarisch sind: A.Deissmann, *Licht vom Osten*, S.198 "*Die Paulusbriefe sind nicht literarisch; sie sind wirkliche Briefe, keine Episteln; sie sind von Paulus nicht für die Öffentlichkeit und die Nachwelt geschrieben, sondern für die Adressaten. Fast alle Mißgriffe der Paulusforschung überhaupt erklären sich aus der Nichtbeachtung des unliterarisch-brieflichen Charakters der von Paulus stammenden Texte.*" Richtig daran ist, daß einige der erhaltenen Paulusbriefe mit an Sicherheit grenzender Wahrscheinlichkeit auf tatsächliche Korrespondenzen zurückgehen, die nach Deissmann also als *unliterarisch* zu bezeichnen wären. Diese Korrespondenzen sind allerdings verloren. Was Deissmann nicht gesehen hat, ist, daß die erhaltene Endgestalt der Paulusbriefe, nämlich die Paulusbriefsamm-

Natürlich gibt es sehr viel mehr Möglichkeiten, Briefformen auf verschiedene Gattungen aufzuteilen.[11] Weniger Kategorien haben den Vorteil, daß eine Einigung leichter zu erzielen ist. Insbesondere sollte versucht werden, die Bezeichnung *Brief* als Oberbegriff zu erhalten und nicht - wie es häufig geschieht - mit dem Privatbrief zu identifizieren, da sonst eine terminologische Scheidung erheblich erschwert ist. Für die Fragestellung dieser Untersuchung halte ich eine weitere Unterteilung nicht für nötig.

Zur Unterscheidung dieser drei Gattungen reichen formale Kriterien des Briefrahmens, wie etwa das Präskript oder Segenswünsche am Ende, nicht aus. Denn viele literarische und unliterarische Schriften bedienen sich dieser Rahmung.[12] Es ist vielmehr die Funktion innerhalb des Kommunikationsgeschehens, die die Gattungen unterscheidet. *Informationen, die nur kurze Zeit gültig sind*, wie Reisepläne, Nachrichten von gemeinsamen Freunden, Ankündigung eines Besuches, Bitten, Empfehlungen, konkrete Anweisungen, Befehle oder Informationsfragen, stellen Merkmale des Privatbriefes dar.[13] Einen Prüfstein bildet ferner die Frage, *ob das Schreiben wesensmäßig verschickt werden mußte* (Privatbrief), oder ob es der Schreiber dem Adressaten auch persönlich überreichen konnte, ohne daß die Intention des Schreibens dadurch gestört war (offener Brief), oder ob die Übergabe unwichtig, wenn nicht sogar unmöglich ist (Kunstbrief).

Jede Briefsammlung, die nicht lediglich Autographa archiviert, sondern aus

---

lung, Ergebnis einer Redaktion ist, die versucht hat, aus der *unliterarischen* Vorlage eine für die Öffentlichkeit geeignete Ausgabe zu schaffen, nach Deissmann also *Literatur zu machen*. Und in Anklang an obiges Zitat könnte man formulieren: Einige Mißgriffe der Paulusexegese erklären sich aus der Nichtbeachtung des *literarisch-unbrieflichen Charakters der von Paulus stammenden Texte.*

[11] Ciceros eigene Bemerkungen zu Briefgattungen sind zusammengestellt bei M.Schanz, *Geschichte der römischen Literatur bis zum Gesetzgebungswerk des Kaisers Justinian: Erster Teil: Die römische Literatur in der Zeit der Republik*, vierte neubearbeitete Auflage von Carl Hosius (München: Beck, 1959), S.473. Vgl. H.Koskenniemi, "Cicero über die Briefform", *Arktos*, NF1 (1954), S.97-102. Kurze Darstellung antiker Brieftheoretiker bei W.G.Doty, *Letters in Primitive Christianity* (Philadelphia: Fortress Press, 1973), S.8-11.

[12] K.Berger, "Hellenistische Gattungen im NT", S.1334: "*Denn es gilt ja, daß in der Antike wirklich jegliche Mitteilung als Brief formulierbar war.*" Die bei antiken Büchern übliche *dedicatio* ähnelt formal dem Briefrahmen, vgl. Th.Birt, *Kritik und Hermeneutik nebst Abriss des antiken Buchwesens* HKAW I,3 (München: Beck, 1913), S.312-315, aber auch nichtliterarische Formen wie etwa Quittungen (Deissmann, *Licht vom Osten*, S.132). Siehe auch G.J.B.Bahr, "The Subscriptions in the Pauline Letters", *JBL*, 87 (1968), S.32.

[13] Textbeispiele und eingehende Analyse typischer Funktionen des Privatbriefes bei: J.L.White, K.A.Kensinger, "Categories of Greek Papyrus Letters", *Society of Biblical Literature 1976 Seminar Papers*, 10, ed. George Mac Rae (Missoula: Scholar Press, 1976), S.79-91.

Abschriften besteht, möchte die Texte einer weiteren Öffentlichkeit als nur dem *Adressaten* zugänglich machen. Diese Intention paßt zum Charakter des offenen Briefes und des Kunstbriefes, widerspricht aber dem Wesen des Privatbriefes. Anders ausgedrückt: Sobald ein Privatbrief in eine Briefsammlung aufgenommen wird, hört er auf, Privatbrief zu sein. Er ist einer Redaktion ausgesetzt, die ihm die Funktion eines offenen Briefes oder eines Kunstbriefes verleiht. Und für den Ausleger heißt das schlicht: diese Briefe dürfen auch nicht mehr als Privatbriefe ausgelegt werden.[14]

Jeder in eine Sammlung aufgenommene Brief hat eine *Bearbeitung* erfahren. Zumindest die Gliederungsmerkmale, an denen sich eine Sammlung erst als Sammlung zu erkennen gibt, sind ergänzt worden. Auch moderne Herausgeber von Korrespondenzen sehen sich zunächst der Aufgabe gegenüber, aus den Schriften des Briefautors für eine Veröffentlichung geeignete Briefe auszuwählen und sie in eine bestimmte Ordnung zu bringen. Ergänzungen wie Vorwort, Numerierung oder Datierung undatierter Briefe sind zu erwarten. Ebenso Streichungen von Floskeln am Briefrahmen. Unwillkürlich gehen dadurch wesentliche Formmerkmale der zugrundegelegten Briefe, wie etwa die eigenhändige Unterschrift, verloren.[15] Analoge redaktionelle Eingriffe lassen sich auch bei antiken Herausgebern von Briefsammlungen beobachten.

Im Folgenden wird versucht, typische redaktionelle Eingriffe in tatsächlich geführte Korrespondenzen zu beschreiben, wenn diese zu einer Briefsammlung umgearbeitet werden. Unberücksichtigt bleiben Sammlungen von Kunstbriefen und vollständig gefälschte Corpora.

---

[14] Dies hat für die Einschätzung des Quellenwertes der Texte erhebliche Auswirkungen. Siehe weiter unten in dieser Untersuchung, S.98.

[15] Eine der berühmtesten modernen Briefsammlungen ist: Dietrich Bonhoeffer, *Widerstand und Ergebung: Briefe und Aufzeichnungen aus der Haft* (München: Kaiser, 1951; Neuausgabe: 1970), Hg. Eberhard Bethge. In der Originalausgabe fehlen Anreden und Schlußgrüße, lediglich das Datum steht am Anfang, fast wie eine Überschrift. Die Neuausgabe macht deutlich, wie stark die Brieftexte überarbeitet worden waren (Beweggründe und Vorgangsweise der Herausgeber siehe Vorwort S.5-10). Damals leitete die Herausgeber "*die Absicht, einem Kreis von Interessierten Bonhoeffers kurze, speziell theologische Meditationen aus Tegel zugänglich zu machen...*" (S.5). Die Briefe stellten nur eine knappe Auswahl dar, im Text selbst war viel gestrichen worden: Formalien, Privates, die Korrespondenz mit der Verlobten fand auch keinen Eingang in die Neuausgabe. In der wesentlich umfangreicheren Neuausgabe ist der Zug zur Vervollständigung und Kommentierung deutlich: Abfassungsort, Adressat, Absender, Grüße und fehlendes Datum (Bsp: S.211) werden von Herausgeber oder aus den Originalen ergänzt.

B. Redaktion von Briefsammlungen

1. Auswahl der Briefe

Von den Techniken, deren sich Herausgeber von Briefsammlungen bedienen, ist die Auswahl zunächst die wirkungsvollste. Dies beginnt schon bei der *Wahl des Briefautors*. Nicht von jeder bedeutenden Persönlichkeit sind Briefsammlungen erstellt und verbreitet worden. Und von denen, deren Briefe gesammelt wurden, wurden nie alle Briefe in Sammlungen aufgenommen. Die Briefauswahl wird vom *Sammlerinteresse* bestimmt. Verschiedene Sammlerinteressen führen zu unterschiedlicher Auswahl, es bilden sich *Teilsammlungen*.

Es existierte eine große Anzahl Briefe des Origenes. Hieronymus überliefert lateinisch einen Katalog von fünf Kompendien, die insgesamt 16 Bände umfaßten.[16] Auch Euseb behauptet *historia ecclesiae*, 6, 36,3-4, er habe selbst Briefe vorgefunden und zusammengestellt. Briefsammlungen mit Briefen des Origenes haben sich aber nicht erhalten.[17]

Die handschriftliche Überlieferung der Briefe Ciceros besteht aus zwei Strängen:[18] *ad Brutum*, *ad Quintum fratrem*, der Brief *an Octavian* und die Briefe *an Atticus* sind gemeinsam überliefert und stammen alle vom selben Archetyp ab. Wesentliche Unterschiede in der Reihenfolge der Briefe gibt es nicht. Der zweite Strang enthält die 16 Einzelsammlungen Briefe, die gewöhnlich als *ad familiares* bezeichnet werden. Auch hier geht alles auf einen umfassenden Archetyp zurück. Es gibt nur eine Handschrift, die alle 16 Bücher enthält. Die anderen umfassen mit kleinen Ausnahmen entweder Buch 1-8 oder Buch 9-16. Die großen Sammlungen sind aus zunächst selbständig herausgegebenen Teilsammlungen gewachsen. "*...es herrscht nämlich der Grundsatz, daß die Aufnahme in die Spezialsammlungen die Aufnahme in die Briefe ad familiares ausschließt.*" Die Sammlung *AdFam* enthält so gut wie keine Briefe an Quintus, Brutus (außer *AdFam* 13,10-14: Empfehlungsbriefe), Octavian, den Sohn, an Calvus, Nepos, Hirtius, Pansa, Caerillia, Tintinius, Hostilius und keine griechischen Briefe. Solche Sammlungen sind erhalten oder bezeugt. Sie waren also bereits in Umlauf, als die Sammlung *AdFam* zusammengestellt wurde.[19] Darauf, daß die Briefe an Atticus unabhängig von den in *AdFam* zusammengefaßten Sammlungen herausgegeben wurden,

---

[16] *Ep* 33,4.

[17] Vgl. A.Harnack, *Briefsammlung*, S.43.

[18] Näheres bei D.R.Shackleton Bailey, *Cicero's Letters to Atticus*, 1 (Cambridge: University Press, 1965), S.77-101. Vgl. K.Büchner, "M.Tullius Cicero: Briefe", *PRE*, 2.Reihe, 13.Halbband (1939), S.1228-1230.

[19] Die Annahme K.Büchners, "Cicero", S.1222, daß deshalb der Herausgeber der Atticus-Briefe identisch mit dem Herausgeber der *AdFam* ist, ist allerdings nicht notwendig. Es reicht schon aus, daß die Herausgeber späterer Sammlungen ihre Vorgänger - und Vorbilder - kannten und Dubletten vermieden.

weisen Dubletten: *AdFam* 8,16 = *AdAtt* 10,9A; *AdFam* 9,14 = *AdAtt* 14,17A.[20]

Aus dem Sammlerinteresse ergibt sich oft eine *Auswahl nach Briefautor*. Es werden meist nur die Briefe eines Korrespondenzpartners gesammelt, nicht die Antwortschreiben. Gelegentlich läßt sich auch eine *Auswahl nach Adressat* beobachten. Oft bestimmt die *Auswahl nach Thema* den Umfang der Sammlung.[21] Eine *Auswahl nach Tendenz* liegt fast allen Sammlungen zugrunde, die vom *Briefautor* selbst in Umlauf gebracht wurden. Für den Briefautor *unvorteilhafte Briefe* werden dort selbstverständlich nicht aufgenommen. Aber auch die *Nachwelt* hat einen Hang zur tendenziösen Auswahl.

Die Sammlung von Corneliusbriefen, die v.Soden auf eine römische Bearbeitung zurückführt, unterdrückt einen Brief, in dem der römische Bischof Cornelius in schlechtem Licht erscheint.[22] Ein Schreiben der römischen Gemeinde an Cyprian, in dem vom Tode des Bischofs Fabian berichtet wurde, ist verloren. Gülzow, *Cyprian und Novatian*, S.23-24 hat nachgewiesen, daß es wahrscheinlich von Novatian stammte. Und dies wird auch der Grund sein, warum das Schreiben, "*wie viele andere Schriftstücke Novatians, aus der Überlieferung getilgt*" wurde (ebd.S.23).

Gelegentlich ist auch eine *Auswahl nach Briefgattung* zu beobachten. So stellt das 13.Buch von Ciceros *AdFam*, das Cicero wahrscheinlich selbst herausgegeben hat, nur Empfehlungsbriefe zusammen. Briefsammlungen können mehr als ein Auswahlkriterium miteinander verbinden. So ist die oben erwähnte römische Corneliusbriefsammlung Ergebnis einer Auswahl nach Briefautor (Cyprian), Adressat (Cornelius) und Tendenz (Verherrlichung einer Persönlichkeit).

2. Ordnung der Briefe

Die beiden häufigsten Ordnungsprinzipien von Briefsammlungen sind Ordnung nach gleichem Adressaten und chronologische Ordnung.

a) Ordnung nach Adressat

Besonders anschaulich stellt sich das Ordnungsprinzip dar, wenn zwei unterschiedliche Sammlungen auf den gleichen Bestand zugreifen. So sind in den cyprianischen Handschriften zwei voneinander unabhängig entstandene Sammlungen von Briefen Cyprians an seinen römischen Amtskollegen Cor-

---

[20] K.Büchner, "Cicero", S.1222.

[21] So etwa bei den Briefen zum Ketzertaufstreit oder den Konfessorenbriefen Cyprians.

[22] *Ep.48*, s. v.Soden, *Cyprian. Briefsammlung*, S.83-84.

nelius erhalten.[23] Brief 69 des gleichen Corpus gelangte zunächst in zwei Teilen in die Sammlung. Mit der fortschreitenden handschriftliche Überlieferung ist aber immer häufiger zu beobachten, daß Brief 69a und 69b wegen des gleichen Adressaten einander zugeordnet werden.[24]

Das Ordnungsprinzip wird gelegentlich auch durch kuriose Fehler deutlich: Der Herausgeber von Ciceros Briefen *AdFam* reiht einen Brief an M.Marcellus (*AdFam* 15,9), dessen restliche Briefe in *AdFam* 4,7-10 zusammengestellt sind, in die Sammlung der Briefe an einen anderen Marcellus ein.

Es gibt abgesehen von Buch 13 in dieser Sammlung nur zwei Fälle, in denen Briefe an gleichen Adressaten auseinandergerissen wurden: Cassiusbriefe *AdFam* 12,1-13; 15,14-19 und Treboniusbriefe *AdFam* 10,28; 12,16; 15,20-21.[25]

b) Chronologische Ordnung

Wie selbstverständlich eine chronologisch korrekte Reihenfolge als wünschenswert empfunden wird, machen moderne Ausgaben deutlich. Fast alle gedruckten Editionen lösen die in den Handschriften gewachsenen sammlungsgeschichtlichen Einheiten auf und numerieren die Briefe nach dem rekonstruierten Zeitpunkt der Abfassung durch. Das Sammlerinteresse hat sich verschoben: statt an thematisch verwandten Briefen interessiert zu sein, möchte man eine Gesamtausgabe erstellen, die die historisch-kritische Auswertung erleichtert.

Aber auch in der Antike durfte der Leser Ähnliches erwarten. So muß sich Plinius der Jüngere dafür rechtfertigen, daß die Briefe der Sammlung nicht chronologisch geordnet sind: "*Ich habe die Sammlung zusammengestellt ohne die zeitliche Reihenfolge zu bewahren - schließlich wollte ich ja kein Geschichtswerk erstellen - sondern wie mir das einzelne Stück gerade in die Hände fiel*" (*Ep* 1,1).[26]

Bei Sammlungen, die aus Archiven des Adressaten erstellt wurden, ist nicht der Zeitpunkt der Abfassung, sondern der Zeitpunkt des Eintreffens für die Ordnung relevant. So sind die Cicerobriefe an Atticus in der Reihenfolge

---

[23] V.Soden, *Cyprian. Briefsammlung*, S.49-50; 83-84.

[24] Siehe oben in dieser Untersuchung, S.51.

[25] K.Büchner, "Cicero", S.1219-1220.

[26] "*Collegi non servato temporis ordine (neque enim historiam componebam), sed ut quaeque in manus venerat*" (*Gaius Plinius Caecilius Secundus: Briefe*, Lateinisch - deutsch, Hg. Helmut Kasten (München: Heimeran, 1968).

überliefert, in der die Briefe im Archiv des Empfängers abgelegt wurden.[27]

Die chronologische Reihenfolge, die bei den Atticusbriefen mit großer Strenge durchgehalten wird - die Briefe sind auch dann chronologisch geordnet, wenn sie Cicero nicht datiert hat -, ist an zwei Stellen durchbrochen: die am Anfang gebotenen 11 Briefe, die vor die Zeit von Ciceros Konsulat zurückreichen, und die Briefe des 12. und 13.Buches, die meist kurze Mitteilungen aus einer Zeit enthalten, in der Atticus und Cicero häufig persönlich zusammen waren, und Belange von geringem Gewicht behandeln. Da Nepos vor der Veröffentlichung der Korrespondenz berichtet, daß er im Archiv des Atticus elf *volumina* gesehen hat,[28] liegt der Schluß nahe, daß "*die gute Ordnung der übrigen auf Atticus zurückgeht, die Unordnung der anderen darauf, daß sie sich erst später vorfanden...*"[29] Aber selbst die Erweiterung zeigt durch die Voranstellung der elf ältesten Briefe, daß eine chronologische Ordnung beabsichtigt war.

Interessant ist in diesem Zusammenhang eine Briefsammlung des *Dionysius von Alexandrien*, in der die beiden Ordnungsprinzipien miteinander in Konflikt geraten. Dionysius war in den Jahren 248-265 Bischof von Alexandrien. Seine Briefe waren auf griechisch verfaßt und wurden in mehreren Teilsammlungen in Umlauf gebracht. Zu einer umfassenden Ausgabe ist es anscheinend nicht gekommen.[30] Euseb von Cäsarea stellt die Geschichte dieses Zeitabschnittes im siebten Buch seiner Kirchengeschichte anhand der Briefe des Dionysius dar (*historia ecclesiae*, 7,4-9). Euseb zitiert fünf durchnumerierte Briefe des Dionysius über die Taufe. Die Numerierung zeigt, daß die Sammlung eine vorgegebene Ordnung und einen festen Umfang besaß. Die Adressaten der numerierten Briefe sind: 1. Stephanus, Bischof von Rom, 2. dessen Nachfolger Xystus, 3. der römische Presbyter Philemon, 4. der damalige Presbyter und spätere Bischof von Rom, Dionysius, 5. wiederum Xystus. Da Euseb in seiner Darstellung der Ereignisse die Briefe nacheinander verarbeitet, waren sie wohl chronologisch geordnet. Evident ist es für die ersten beiden Briefe. Da aber andererseits die beiden Briefe an Xystus nicht aufeinander folgen, ist hier ein Fall belegt, in dem das chronologische Ordnungsprinzip stärker ist als die Ordnung nach Adressat. Die spärlichen Nachrichten von dieser Sammlung passen ausgezeichnet in die in dieser Arbeit entwickelte Theorie: Da Dionysius im zweiten Brief (Euseb, *historia ecclesiae*,7,5,6) zwei Briefe erwähnt, die nicht in die Sammlung aufgenommen wurden, die aber von der Taufe handelten, gibt sich die Sammlung als eine Auswahl von Briefen, als *Teilsammlung* also, zu erkennen. Auch hatte die Sammlung wahrscheinlich schon einen *Anhang*. So jedenfalls läßt sich die Bemerkung interpretieren, die Euseb macht, nachdem er aus dem fünften Brief zitiert (*historia ecclesiae*, 7,9,5-6):[31] "*Außer den erwähnten ist noch ein anderer Brief des Dionysius*

---

[27] K.Büchner, "Cicero", S.1214-1215. Ciceros Korrespondenz mit Brutus ist nach der Reihenfolge, die in Ciceros Archiv entstand, überliefert (ebd. S.1198; 1215-1216).

[28] Nepos, *Atticus* 25,16. Zur Interpretation der Stelle vgl. Schanz/Hosius, *Geschichte der röm. Literatur*, S.480.

[29] K.Büchner, "Cicero", S.1214-1215. Ciceros Korrespondenz mit Brutus sind nach der Reihenfolge in Ciceros Archiv überliefert (ebd. 1215-1216; S.1198)

[30] So auch A.Harnack, *Briefsammlung*, S.66.

[31] Übersetzung aus: *Eusebius von Caesarea: Kirchengeschichte*, Hg. Heinrich Kraft,

über die Taufe erhalten. Derselbe ist in seinem und seiner Gemeinde Namen an Xystus und die römische Kirche geschrieben. In demselben stellt er eine weitläufige Untersuchung über die vorliegende Streitfrage an. Ferner wird noch ein Brief von ihm an Dionysius in Rom überliefert; derselbe handelt über Lukian." Da diese Briefe nicht mehr numeriert sind und es vom letzten nicht ausdrücklich heißt, daß er über die Taufe handelt, sondern über Lukian, läßt sich vermuten, daß es sich bei diesen Briefen schon um einen Anhang handelt. Der eine Brief wurde aus thematischen Gründen angefügt, der letzte vielleicht nur der Vollständigkeit halber aufgenommen oder weil er wie die sechs anderen Briefe nach Rom adressiert ist.[32]

c) Andere Ordnungsprinzipien

Ordnung nach gleichem Adressaten ist im Corpus Paulinum für die Korinther-, Thessalonicher- und Timotheusbriefe offensichtlich, eine chronologische Ordnung bereitet dagegen auch der modernen Exegese große Schwierigkeiten. Von besonderem Interesse für die Fragestellung sind daher diejenigen Sammlungen, bei denen die zeitliche Reihenfolge nicht als Ordnungsprinzip zum Tragen kam.

In einer der beiden cyprianischen Corneliusbriefsammlungen, die nach v.Soden in Rom entstand, wurde der Brief, in dem Cyprian Cornelius von Rom als Konfessor verherrlicht, an den Anfang gesetzt (ep 60).[33] Dies ist aber der jüngste Brief. Die anderen wurden in *umgekehrter chronologischer Reihenfolge* aneinandergereiht. Ep 48, aus der deutlich wird, daß Cyprian die rechtmäßige Wahl des Cornelius zum Bischof zunächst nicht anerkannte, wurde gar nicht in die Sammlung aufgenommen. Für das Ordnungsprinzip heißt das: der Brief, der dem *Sammlerinteresse* am meisten entsprach - nämlich der Nachwelt ein positives Bild von Cornelius zu überliefern -, wurde an den Anfang gesetzt.

Manchmal hängt die Ordnung auch mit *äußeren Bedingungen des Entstehungsortes* der Sammlung zusammen. Bei Briefen mit Anlagen wird in der Regel *zuerst der Brief und dann die Anlage* geboten. Die Anlage kann aber selbst schon ein Brief sein, dem wiederum bereits ein Brief beigelegt war.[34]

2.Auflage (München: Kösel, 1981).

32 Allerdings ist aus einer solchen Sammlung schlecht zu zitieren. Timotheus von Alexandrien zitiert aus dem "*ersten Brief an Xystus, Bischof von Rom*" und aus dem "*dritten Brief desselben an denselben*" (F.C.Conybeare, "Newly discovered Letters of Dionysius of Alexandria to the Popes Stephen and Xystus", *EHR*, 25(1910), S.113-114).

33 V.Soden, *Cyprian. Briefsammlung*, S.83-84.

34 Siehe die oben erwähnte cyprianische Sammlung zum Ketzertaufstreit: dem Ep 74 liegt Ep 73 und Ep 72 bei, diesen beiden hat schon Ep 71 beigelegen, der wiederum

Wie bei den Atticusbriefen ergibt sich dann die Ordnung aus der Reihenfolge, wie sie im *Archiv* des Absenders oder im Archiv des Adressaten zufällig zustandekam.

Die 23 Briefe Ciceros *ad Brutum*, die Briefe beider Korrespondenzpartner enthält, stammen mit hoher Wahrscheinlichkeit aus dem Archiv Ciceros. Die Briefe sind chronologisch nach dem Eingang bei Cicero geordnet: obwohl Brief 4a von Brutus eher geschrieben und abgesandt wurde als Brief 5 von Cicero an ihn, folgt in der Sammlung 4a doch auf 5, weil er nach der Absendung von 5 eingetroffen ist. Dasselbe tritt noch zwei Mal auf, nämlich bei den Briefen 10 und 11 und den Briefen 12 und 13.[35]

Bei der Erweiterung von Teilsammlungen werden die neu hinzugekommenen Briefe in der Regel als *Anhang* beigegeben. Innerhalb dieses Anhanges sind die Briefe *nach dem Prinzip der Ursammlung geordnet*. Dadurch kann durch Neueinsatz des Ordnungsprinzips manchmal auch dann der Einsatz eines Anhanges festgestellt werden, wenn die Teilsammlung ohne die Erweiterung handschriftlich nicht mehr belegt ist.

Ausführlich habe ich diese Beobachtung an den Cyprianbriefen oben in dieser Untersuchung vorgestellt.[36] Das Phänomen ist aber keineswegs auf die Cyprianbriefe beschränkt. Im Altertum war eine Ausgabe des Briefwechsels zwischen Seneca und Paulus bekannt, die 12 Briefe umfaßte. Die in den Handschriften erhaltene Sammlung hat 14 Briefe. Brief 13 und 14 sind am Ende beigegeben, obwohl sie von der erhaltenen Datierung her nach Brief 10 chronologisch einzuordnen wären.[37]

3. Ergänzungen

Die ursprünglichen Teilsammlungen werden in der weiteren Überlieferung häufig durch zusätzliche Briefe erweitert. Die Briefe werden nicht in die Ursammlungen eingeordnet, sondern in *Anhänge* zusammengefaßt.[38] Nicht immer handelt es sich bei den angefügten Briefen um echte Briefe. Dies ist der übliche Weg, auf dem *gefälschte Schriften* in die Briefcorpora eindringen.

Die mittlere Rezension der Ignatiusbriefe, die die echten uninterpolierten Briefe mit den gefälschten Briefen enthält, ist in zwei Formen erhalten, die eine ist in griechischen und lateinischen Handschriften, die andere in der armenischen Übersetzung überliefert. "*The differences of order seem to show that the two collections were made independently; and, if so, it is the more remarkable that they agree in the one essential point of keeping the*

Ep 70 als Anlage hatte.

35 K.Büchner, "Cicero", S.1198, 1215-1216.

36 Siehe S.48-51.

37 E.Hennecke/W.Schneemelcher, *Neutestamentl.Apokryphen*, 2,S.85-86.

38 Beispiele aus dem *Corpus Cyprianum* siehe oben in dieser Untersuchung, S.48ff.

Additional Epistles distinct from the others and appending them as a sort of supplement to the rest." (J.B.Lightfoot, *The Apostolic Fathers: A Revised Text with Introductions, Notes, Dissertations, and Translations*, Nachdruck der 2.Auflage (London, 1889.1890) (Hildesheim, New York: Olms, 1973),2,1, S.252; Tabelle der Briefanordnungen ebd., S.234). Der 13.Platonbrief ist Anhang zu dem Corpus der 12 Platonbriefe. *"Damit ist aber über Echtheit und Unechtheit des dreizehnten Briefes an und für sich noch nichts ausgesagt ..."* (*Die echten Briefe Platons: Griechisch und deutsch*, übertragen und eingeleitet von Ernst Howald, Die Bibliothek der Alten Welt, Hg. Karl Hoenn (Zürich: Artemis, 1951), S.7). Den vier Abhandlungen und 10 Briefen, die das Corpus des Areopagita ausmachen, - wahrscheinlich der erfolgreichsten antiken Fälschung einer Briefsammlung -, wird ein elfter Brief angefügt.[39]

Hand in Hand mit der Ordnung der Briefe gehen redaktionelle *Ergänzungen am Briefrahmen*. Überschriften und Unterschriften zeigen das Gliederungsprinzip der Sammlung an oder grenzen Teilsammlungen ab. Mindestens muß ja Anfang und Ende der Einzelteile gekennzeichnet sein, damit eine Sammlung als Sammlung erkennbar ist. Gelegentlich werden aber auch Überschriften ergänzt, die das Thema des Briefes angeben. Kleine einführende Abschnitte für den gebildeten Leser finden sich manchmal am Anfang der Briefe oder am Anfang der Ausgabe. Erweiterungen brauchen sich nicht auf den Rahmen zu beschränken, sondern können auch in den Text eingreifen. Was für sorgfältige Schreiber gilt, nämlich vor der Erstellung einer wertvollen Abschrift mehrere Vorlagen zu kollationieren, gilt erst recht für die Herausgeber von Sammelwerken. Man wird für spätere Bearbeiter mit Sicherheit einen Hang zur *Konflation* annehmen dürfen. Statt sich zwischen Lesarten zu entscheiden, wird versucht, konkurrierende Varianten lose miteinander zu verbinden und in den Text aufzunehmen. Überhänge einer der verglichenen Vorlagen werden in die Abschrift aufgenommen. Dadurch werden die Texte immer länger. Daneben sind aber auch Texterweiterungen zu beobachten, die nicht wie Konflationen unabhängig von einander entstehen, sondern auf eine bestimmte Hand zurückzuführen sind. So sind in der Ausgabe der Ignatiusbriefe, die auf Julian von Antiochien zurückgeht, nicht nur gefälschte Briefe ergänzt, sondern auch neue Textabschnitte eingefügt worden.[40] Das Phänomen von *Interpolationen* in den Text beschränkt sich selbstverständlich nicht auf Briefsammlungen, sondern betrifft auch andere literarische Texte.

Dem 12.Platonbrief ist in den Handschriften ein Schlußsatz beigegeben, der diesen Brief als Fälschung bezeichnet.[41]

---

[39] *PG* 3, S.1119-1122.

[40] Zur Verfasserfrage: D.Hagedorn (Hg.), *Der Hiobkommentar des Arianers Julian*, Patristische Texte und Studien, 14 (Berlin, New York: De Gruyter, 1973), S.XXXIV-LVII.

[41] *Platon: Die Briefe*, übersetzt und eingeleitet von Heinrich Weinstock, Kröners Ta-

Aus den Beschreibungen Eusebs, *historia ecclesiae*,4,23, der Briefsammlung des Dionysius von Korinth wird deutlich, daß sich der Bischof schon zu Lebzeiten mit Verfälschungen der wahrscheinlich von ihm selbst herausgegebenen Briefe auseinandersetzen mußte.[42] Beispiele für Interpolationen durch Fälscher sind zusammengetragen bei W.Speyer, *Die literarische Fälschung im heidnischen und christlichen Altertum, Ein Versuch ihrer Deutung, HAW 1.2* (München: Beck, 1971), S.83-84.

4. Streichungen

Das Sammlerinteresse, das für die Auswahl der in die Sammlung aufzunehmenden Briefe verantwortlich ist, kann auch dazu führen, daß nur ein *Teil eines Briefes* aufgenommen wird.

So wurde in eine Teilsammlung von Briefen Cyprians zur Taufe nur der erste Teil von Brief 69, der dies Thema behandelt, aufgenommen. In Brief 8 des Corpus Cyprianum ist nur das Begleitschreiben, eine *covering note*, zu dem übersandten Bericht des Todes Bischofs Fabian in die Sammlung aufgenommen. Der Bericht selbst wurde gestrichen, weil er wohl von dem später in Verruf geratenen Novatian geschrieben war.[43] In einem anderen Falle ist umgekehrt nur das Schreiben ohne die Schlußgrüße und *subscriptio* erhalten.[44]

Wieder ist der Briefrahmen für Streichungen besonders anfällig: Das *Datum* fehlt oft. *Ausführliche Adressatangaben*, zum Beispiel bei Rundschreiben, werden kurz zusammengefaßt, und Ähnliches ist wohl auch für *lange Grußlisten* am Ende zu erschließen. *Beilagen*, die im Brieftext beschrieben werden, fehlen. *Personalien* und *Namen* werden vor allem bei Autorenrezensionen großzügig weggelassen.

Cyprian: Brief 64 ist jetzt überschrieben: "*Cyprianus et ceteri collegae, qui in concilio adfuerunt, numero LXVI, Fido fratri salutem.*" Brief 61: "*Cyprianus cum collegis suis Lucio fratri salutem.*" Brief 72: "*Cypriani et ceteri Stephano salutem.*" Die Adressen von Brief 4, 57, 67 und 70 (hier sind die 31 absendenden und die 18 adressierten Bischöfe namentlich aufgeführt) zeigen, wie die Briefe adressiert werden sollten. Vgl. v.Soden, *Cyprian.Briefsammlung*, S.14.

Als eine häufige Autorenveränderung bei der Überarbeitung eigener Werke hat H.Emonds, *Zweite Auflage im Altertum: Kulturgeschichtliche Studien zur Überlieferung der antiken Literatur*, (Leipzig: Harrasowitz, 1941) (darauf beziehen sich die im Folgenden angegebenen Seitenangaben), die *damnatio memoriae* beschrieben. Zunächst posi-

---

schenbuchausgabe, Bd.203 (Stuttgart: Kröner, 1954), S.108. E.Howald (Hg), *Die echten Briefe Platons: Griechisch und deutsch*, S.7.

[42] A.Harnack, *Briefsammlung*, S.37.

[43] H.Gülzow, *Cyprian und Novatian*, S.40-49; 23.

[44] H.Gülzow, aaO., S.96-99.

tiv gewertete Personen werden bei der Überarbeitung aus den Texten entfernt. So hat Euseb von Cäsarea in seiner *Kirchengeschichte* Licinius zunächst als Mitregent Konstantins bezeichnet und geehrt. Nach den politischen Veränderungen - Licinius wurde zu Konstantins Rivalen, im Jahre 323 militärisch vernichtend geschlagen und ein Jahr später ermordet - mußte der Name des Staatsfeindes überall entfernt werden. Die erhaltenen Handschriften fallen in zwei Gruppen: Handschriften mit dem Text der Originalausgabe und solche mit dem Text der Neuausgabe (S.28). Hieronymus hatte bei der Übersetzung und Weiterführung der *Chronik* des Euseb seinem Jugendfreund Rufin und dessen Freundin Melania ein eigenes Kolon gewidmet. "*Nach Ausbruch der Feindschaft mit Rufinus und Melania versäumte er es jedoch nicht, das Denkmal, das einstens die Freundeshand den beiden errichtet hatte, wieder aus dem Texte zu beseitigen. Rufinus selber erwähnt die Tilgung...*"(S.48). Auch hier lassen sich ursprünglicher Text und Bearbeitung in den Lesarten der Handschriften nachvollziehen. Konstantin schätzte und förderte Laktanz sehr, der ihm sein Hauptwerk, die *Divinae institutiones*, gewidmet hatte. Er vertraute ihm seinen Sohn Crispus zur Ausbildung an. Als sich später Konstantin mit Crispus wegen Konstantins Gattin Fausta zerwarf, ließ Konstantin im Jahre 326 seinen Sohn kurzerhand vergiften. Diese ruchlose Tat führte bei Laktanz zu einem unversöhnlichen Haß gegenüber dem ehemaligen Wohltäter, und er ließ die an Konstantin gerichteten Widmungen aus seinem Werk entfernen (S.69). Der Name Novatians wurde von der Überlieferung des Corpus Cyprianum so weit es ging getilgt.[45]

Allgemein wäre zu sagen, daß Streichungen vor allem während der ersten Anfänge der Überlieferung zu suchen sind, die späteren Bearbeiter beschränken sich meist auch bei umfangreicher Überarbeitung auf Ergänzungen.[46] Kaum beobachten läßt sich auch, daß ganze Briefe gestrichen werden, wenn sie einmal Eingang in eine Sammlung gefunden haben.

C. *Formmerkmale des Privatbriefes gehen verloren*

Es sind vor allem die oben beschriebenen Streichungen von *Datum*, *Adressatangaben*, *Grußlisten*, *Beilagen*, *Personalien* und *Namen* etc., die viele für den Privatbrief wichtige Formmerkmale verschwinden lassen.

Wenn ein Brief von einem Schreiber geschrieben wurde, stellte der *autogra-*

---

[45] H.Gülzow, aaO., S.3; 23; 99.

[46] Auch beim Bibeltext stehen die Ausgaben Markions und Tatians, die vor allem gestrichen haben, ganz am Anfang der Überlieferung. Auch ist die mehrmals belegte Sammlung der katholischen Briefe (wie etwa in der oben in dieser Untersuchung beschriebenen Aufzählung bei *Amphilochius von Ikonium*, siehe S.59), die nur aus Jak 1Petr und 1Joh besteht, vielleicht eher als Auswahl aus der *katholischen Briefsammlung* zu verstehen als als Ursammlung, die später erweitert wurde.

phische Briefschluß ein wichtiges Element des Briefformulares dar.[47] Er bildete für den Adressaten die Gewähr, daß das Schreiben echt war.[48] Der Einsatz des Teiles, den der Briefautor mit eigener Hand schrieb, war für die Leser durch die veränderte Schrift evident. Dieses formale Element geht bei der Aufnahme in eine Briefsammlung durch die Abschrift und das dadurch bedingte einheitliche Schriftbild verloren.

Häufig ergab sich die Notwendigkeit, dem Adressaten Abschriften bestimmter schriftlicher Unterlagen zukommen zu lassen. Nicht immer sandte der Absender einen ganzen Brief mit, in dem er die Zusendung erklärte, sondern ergänzte die Sendung durch eine kurze persönliche Notiz, eine sogenannte *covering note*. Die formalen Merkmale wie neuer Absatz, andere Hand oder neues Blatt, die im ursprünglichen Schreiben leicht zu erkennen sind, gehen bei einer Abschrift verloren.[49]

Ein ganz anderes Bild zeigt sich bei einem Blick auf gefälschte Briefe. Für Fälschungen sind Formmerkmale des Privatbriefes wesentlich.[50] Paradoxerweise geben sich daher gefälschte Briefe gerade dadurch zu erkennen, daß sie wie Privatbriefe aussehen, während echte Privatbriefe im Rahmen einer Sammlung viel von ihrer Brieflichkeit verlieren.

D. Der historische Quellenwert

Betrachtet man Briefe, die nur als Teil von Briefsammlungen überliefert sind, als hätte man in ihnen Autographa des Autors erhalten, so ist dies mit Wahrscheinlichkeitsargumenten kaum zu stützen.[51] Erst nach der Analyse der Re-

---

[47] Dem autographischen Briefschluß entspricht im heutigen Briefformular die eigenhändige Unterschrift. Sie ist ein unverzichtbarer Bestandteil des Privatbriefes und des offenen Briefes. Vgl. Bahr, "Subscriptions", S.31.

[48] In drei Briefen der Korrespondenz zwischen Augustin und Hieronymus (ep.68; 72; 73) führt der Wegfall der Subscriptio bei der Abschrift zu Zweifeln an der Echtheit. Vgl. dazu Hans Lietzmann, "Zur Entstehungsgeschichte der Briefsammlung Augustins", *Kleine Schriften I: Studien zur spätantiken Religionsgeschichte*, K.Aland (Hg) TU, 67(1958), S.287-288.

[49] Beispiele bei Bahr, "Subscriptions" und Eschlimann, "La rédaction des épîtres pauliniennes", *RB*, 53(1946), S.185-196.

[50] So haben beispielsweise die erst spät gefälschten und ergänzten Briefe 13 und 14 der Korrespondenz zwischen Paulus und Seneca eine genaue Datierung, obwohl nicht alle der Briefe des ursprünglichen Corpus datiert sind.

[51] Diese weitverbreitete Ansicht liegt auch G.A.Deissmann, "Prolegomena", S.250 zugrunde: *"Der Quellenwert der neutestamentlichen 'Briefe' für die Erforschung des Apo-*

daktion, die vor allem von dem gattungsgeschichtlichen Stadium der Sammlung abhängt, können Aussagen über den Quellenwert der verarbeiteten Tradition gemacht werden. Gerade die Passagen, die zur Bestimmung des Hintergrundes des Briefes dienen und die den hohen Quellenwert des Privatbriefes ausmachen, etwa Aussagen über Anlaß des Schreibens, Namensnennungen, Personalien, Beschreibung von Erlebnissen und Geschehnissen, kamen leicht in Konflikt mit den Interessen der unterschiedlichen Redaktionen. Der historische Quellenwert dieser Textteile sollte erst nach sorgfältiger tendenzkritischer Analyse bestimmt werden.

E. Gattungsgeschichtliche Stadien

1. Entwicklungsstufen

Bei der Entstehung antiker Briefsammlungen ist mit folgenden gattungsgeschichtlichen Stufen zu rechnen: 1. Einzelbriefe oder Teilsammlungen, die auf *Autorenrezension* zurückgehen, 2. *ohne Mitwirkung des Autors herausgegebene* Einzelbriefe oder Teilsammlungen, 3. *erweiterte Teilsammlungen*, 4. *Gesamtausgaben*.

Diese Stadien werden musterhaft von P.Gallay für die Briefe des Gregor von Nazianz beschrieben.[52] In Brief 52 begründet Gregor Aufbau und Auswahl der von ihm selbst veranlaßten Ausgabe. Briefe, die Gregor nicht aufnehmen wollte, und Briefe die erst nach der Veröffentlichung der Erstausgabe verfaßt wurden, wurden postum zu Teilsammlungen zusammengetragen, die wiederum Erweiterungen erfuhren. Und von den Herausgebern der Gesamtausgaben hat es keiner geschafft, alle Briefe zu vereinen. Die unterschiedlichen Reihen der Handschriften entstehen durch die Kombination der Teilsammlungen und ermöglichen die Bestimmung von Handschriften-Familien.

---

stolischen Zeitalters ist je nach ihrem Wesen ein verschiedener. Der klassische Wert der Paulusbriefe beruht in ihrer Brieflichkeit das heisst Unbefangenheit und Absichtslosigkeit ... Der Quellenwert der Episteln ist nicht so hoch anzuschlagen..."

[52] *Saint Grégoire de Nazianze: Lettres*, hg. P.Gallay (Paris: Les Belles Lettres, Bd.1 1964), S.XXI-XXXVII.

2. Typische Bearbeitungen und Entstehungsbedingungen

a) Autorenrezension

Fast alle Briefsammlungen, die auf echte Korrespondenzen zurückgehen, führen sich auf Ursammlungen zurück, die zu Lebzeiten des Briefverfassers entweder von ihm selbst oder auf seinen ausdrücklichen Wunsch hin veröffentlicht wurden. Die Brieftexte werden aus den Abschriften, die *der Autor aufbewahrt* hat, genommen oder *vom Adressat zurückgefordert.*

Cicero möchte Atticus (*AdAtt*, 4,6,4) einen Brief an Lucceius übersenden, hat aber keine Kopie davon. Eben dieser Brief ist aber *AdFam* 5,12 erhalten und wird daher wohl vom Adressaten angefordert worden sein. Die Ordnung der Cicerobriefsammlungen *AdAtt* und *AdBrutum* machen deutlich, daß die Briefe aus dem Archiv des Adressaten herausgegeben wurden. In der erstgenannten Sammlung sind auch undatierte Briefe am chronologisch korrekten Ort aufgenommen, in der anderen sind die Briefe von Brutus an Cicero nicht nach Abfassungszeitpunkt, sondern nach Eingang bei Cicero angeordnet.[53] Auch die Briefe Ciceros an Tiro werden aus dem Archiv Tiros herausgegeben worden sein, da sich Cicero wohl kaum Abschriften seiner inhaltlich meist trivialen Briefe an seinen Sklaven machen ließ. Ferner enthält die Tirobriefsammlung Briefe, die von anderen an Tiro gerichtet sind. Ein anderes hübsches Beispiel dafür, daß Briefsammlungen aus dem Archiv der Adressaten herausgegeben wurden, ist *AdFam* 8, wo die Briefe von Caelius an Cicero gesammelt vorliegen, Ciceros Antworten dagegen sind getrennt in *AdFam* 2 erhalten.

Die vorherrschende redaktionelle Technik ist die *Auswahl* und *Streichung.*[54]

Cicero schreibt am 9.Juli 44 über die Vorarbeiten an einer Ausgabe eigener Briefe an seinen Freund und Verleger Atticus, *AdAtt*, 16,5,5:[55] *Mearum epistularum nulla est συναγωγή; sed habet Tiro instar septuaginta; et quidem sunt a te quaedam sumendae. eas ego oportet perspiciam, corrigam; tum denique edidentur. (Bisher gibt es noch keine Sammlung meiner Briefe, aber Tiro hat ungefähr siebzig beisammen. Allerdings sollen auch noch einige von dir angefordert werden. Ich muß diese aber erst noch durchsehen und korrigieren. Erst dann sollen sie herausgegeben werden.)* Das Zitat zeigt, wie sorgfältig Briefe ausgewählt werden. Nur etwa 70 Briefe sollen aufgenommen werden. Heute sind immerhin noch 774 Cicerobriefe erhalten und eine große Anzahl ist im Zuge der Überlieferung verlorengegangen.[56]

---

[53] Bereits oben in dieser Untersuchung ausgeführt, S.94.

[54] Über typische Autorenveränderungen in der Antike allgemein s. Emonds, *2.Auflage.*

[55] Lateinischer Text zitiert nach: Marcus Tullius Cicero, *Atticus-Briefe*,. Hg. Helmut Kasten, 3. unveränderte Auflage (München: Heimeran, 1980) S.1052.

[56] K.Büchner, "Cicero", S.1199-1206 trägt Belege für mindestens 17 verlorene Sammlungen zusammen.

Die *inhaltlichen Eingriffe* sind *tendenziös* und durch das Interesse des Autors bestimmt. Insbesondere ist davon auszugehen, daß sich der Autor selbst nicht in ungünstiges Licht stellen möchte.

Wie eingreifend die Autorenrezension ist, zeigen Sammlungen, die unter Mitwirkung des Autors entstanden, im Vergleich mit postumen Ausgaben desselben Briefautors. Bei Cicero wäre das das 13.Buch *AdFam*, auf das wahrscheinlich im obigen Zitat *AdAtt*,16,5,5 Bezug genommen wurde, im Vergleich mit den übrigen Büchern der Sammlung *AdFam*, die wahrscheinlich von Tiro aus den Archiven *(volumina)* herausgegeben wurden, und der Atticuskorrespondenz, deren Briefe nach Ciceros Absicht wohl niemals veröffentlicht werden sollten.[57] Ein weiteres Beispiel ist der Briefwechsel des Plinius mit dem Kaiser Trajan. "*Im Gegensatz zu den übrigen neun Büchern ist er nicht von Plinius selbst veröffentlicht, sondern erst nach seinem Tode - wir wissen nicht, wann und von wem - aus seinem Nachlaß herausgegeben worden. Der Zweck der Publikation ist nicht recht einzusehen. Daß sie im Sinne des Plinius geschehen sei, ist kaum anzunehmen, denn durchweg erscheint er, wenn es eine Entscheidung zu treffen gilt, als ein recht zaghafter, unselbständiger, seiner Aufgabe als Statthalter kaum gewachsener Mann, der sich manche Zurechtweisung von seinem Herrn gefallen lassen muß.*" (H.Kasten (Hg), *Plinius*, S.665). In Cyprians Traktat *De ecclesiae catholicae unitate*, 4 ist eine Bearbeitung belegt, die zu großer Berühmtheit gelangte, weil der kurze Text den Primat des römischen Stuhles zu behaupten scheint, der erweiterte Text eine solche Interpetation aber nicht zuläßt. Die Bearbeitung stammt scheinbar von Cyprian selbst, als er sich der verfänglichen Deutungsmöglichkeit bewußt wurde. Gleichzeitig erfolgen Änderungen am 19.Kapitel. Beide Versionen sind handschriftlich belegt.

Es ist ferner mit intensiver *stilistischer Überarbeitung* zu rechnen, da auch vom Briefautor die ursprünglichen Briefe als 'vorliterarisch' empfunden werden.

Cicero schreibt in einem Brief an seinen Sklaven Tiro, *AdFam* 16,17,1: *Video, quid agas; tuas quoque epistulas vis referri in volumina. (Ich sehe schon, was du vorhast: Du möchtest, daß auch deine Briefe ins Archiv aufgenommen werden.)* Auch wenn die bezeichneteten *volumina* noch nicht einer Veröffentlichung gleichkommen, so ist sich Cicero doch bewußt, daß sie vielleicht einmal von anderen eingesehen werden. Er macht sich dann über stilistische Schwächen seines Sklaven lustig und impliziert damit, daß schon für die ins Archiv aufgenommenen Briefe ein ausgefeilter Stil angestrebt wurde. Was für das vorliterarische Stadium der Brieftexte wünschenswert ist, gilt erst recht für die Veröffentlichung. Stilistische Kriterien dienten auch Plinius für die Auswahl der Briefe, die er veröffentlichte: *Ep*,1,1,1: "*Frequenter hortatus es, ut epistulas, si quas paulo curatius scripsissem, colligerem publicaremque.*" *(Du hast mich schon oft aufgefordert, einige Briefe, wenn sie sorgfältig formuliert sind, zu sammeln und zu veröffentlichen.)* Plinius fährt dann fort, daß er gedenkt auch künftig Briefe, die er noch schreiben wird, eventuell zu veröffentlichen ("*si quas addidero, non supprimam*"). D.h. daß wenigstens die künftigen Briefe schon im Blick auf eine breitere Öffentlichkeit formuliert werden. Vgl.

[57] Schanz/Hosius, *Geschichte der röm. Literatur*, S.484. Über die Menschlichkeit seines Idols völlig enttäuscht ist der Wiederentdecker der Cicerokorrespondenz Petrarca (Büchner, aaO., S.1224-1225).

auch *ep*,9,36,2: das Schreiben ist wesentlicher Teil von Plinius gewohntem Tagesablaufs.

Oft sind diese Sammlungen speziell für bestimmte Personen zusammengestellt.[58] Eine Breitenwirkung ist den rekonstruierbaren Autorenrezensionen nicht immer beschieden und war oft auch nicht beabsichtigt. Nur selten bilden sie die Archetypen der erhaltenen handschriftlichen Überlieferung.

Auffallend ist, daß viele Sammlungen gegen Lebensende des Autors initiiert werden. Sie erhalten dadurch oft einen *testamentarischen Charakter*.[59]

b) Ausgaben ohne Mitwirkung des Autors

Mit den Autorenrezensionen verwandt sind Ausgaben, die *kurz nach dem Tod des Briefautors* besorgt wurden. Eine *Auswahl der Briefe*, die herausgegeben werden sollen, ist meist unumgänglich und für die weitere Überlieferung prägend. Dies ist der wichtigste redaktionelle Eingriff. Briefe, die für den Autor unvorteilhaft sind, werden nicht aufgenommen. *Herausgeberkreis* sind Familienangehörige, Freunde, Gesinnungsgenossen oder Adressaten der Briefe. Die *Eingriffe in den Text* sind meist minimal. Das ist der wesentliche Unterschied zur Autorenrezension. Die Veränderungen beschränken sich gewöhnlich auf die üblichen Kürzungen am Briefrahmen. Postume Sammlungen entstehen gerne, wenn der Autor schon zu Lebzeiten erfolgreich Briefe veröffentlicht hatte. Sie verstehen sich als Fortführung.

Beispiele: Briefe Novatians werden nicht in das Corpus Cyprianum aufgenommen.[60] Der für Cornelius von Rom unvorteilhafte Brief 48 wird nicht in die Corneliusbriefsammlung aufgenommen.[61]

Die Nachwelt ist aber nicht so empfindlich wie der Autor selbst. Vgl. die oben in dieser Untersuchung erwähnten Unterschiede zwischen den von Plinius und Cicero selbst bearbeiteten Briefen und den Briefen, die postum veröffentlicht wurden.[62]

c) Erweiterte Teilsammlungen

In einem weiteren Stadium werden bestehende Ursammlungen um zusätzli-

---

[58] Vgl. etwa die oben beschriebene Entstehungsgeschichte der Sammlung cyprinaischer Briefe zum Ketzertaufstreit.

[59] Besonders deutlich bei Ignatius und Cicero.

[60] H.Gülzow, *Cyprian und Novatian*, S.3, 23, 99.

[61] V.Soden, *Cyprian.Briefsammlung*, S.83-84.

[62] Siehe S.101.

che Briefe ergänzt. Vorherrschende Eingriffe sind *Erweiterungen* und *Einfügungen*. *Konflationen* bei der Textgestaltung, *Interpolationen* und *Aufnahme gefälschter Schriften* sind typisch.[63] In der Regel entstammen die ältesten beschreibbaren Archetypen der erhaltenen handschriftlichen Überlieferung diesem Stadium.[64]

Voraussetzung für erweiterte Teilsammlungen ist ein funktionierendes Vertriebssystem. Sie verstehen sich meist als Neuausgaben, die ihre Vorgänger überflüssig machen. Wichtig ist eine gewisse Unzufriedenheit mit den bereits in Umlauf befindlichen Ausgaben, z.B. wegen Unvollständigkeit. Unter günstigen Marktbedingungen sind zeitliche oder geographische Nähe zum Briefautor unerheblich. Wichtig sind *effiziente Vertriebskanäle* und die *Lesernachfrage*. Für die allgemeine Literatur übernehmen die Redaktion und den Vertrieb die großen *Bibliotheken*, für den christlichen Bereich sind es die *Bischofssitze* und *Ausbildungsstätten*.[65]

Das *verarbeitete Briefmaterial* beschränkt sich nicht auf bereits veröffentlichte Briefausgaben, es kann auch noch direkt auf Archive des Autors, der Adressaten, oder auf Kopien einzelner in Umlauf befindlicher Briefe zugegriffen werden.

Zur Illustration wieder ein Beispiel: H.Lietzmann "Zur Entstehungsgeschichte der Briefsammlung Augustins" schreibt S.304: "*In seiner Frühzeit hat Augustin augenscheinlich mit Literateneifer betreut und ediert, was ihm von seiner Korrespondenz besonders wertvoll war...*" S.305: "*Eine Auswahl anderer Jugendbriefe ist ... vermutlich von Augustins Schülern zusammengestellt als Dokumente der Periode, der auch die frühesten Schriften entstammen. Und dann hat Augustin ein Jahrzehnt später den Briefwechsel mit Hieronymus ediert, weil er ihn mit Recht für ein Dokument ersten Ranges erachtete (ep.28-82 gegen 405). Einen Nachtrag gab er davon gesondert nach des Hieronymus Tode (420) heraus (ep.165-172).*" Ebd.: "*Größere Korpora, die auf Augustins Veranlassung herausgegeben waren, sind unsern Sammlungen* (d.h.: in den erhaltenen Handschriften, der Verfasser) *ebenso fremd wie dem Index des Possidius.*"

d) Gesamtausgaben

In der späteren Überlieferung sind die Herausgeber neuer Sammlungen von

---

[63] Bsp: Die Ausgabe der interpolierten und um Fälschungen erweiterten Ignatiusbriefe des Julian von Alexandrien.

[64] Vgl. die Analyse v.Sodens des Corpus Cyprianum, *Cypr.Briefsammlung*, Anhang, Tabelle IV.

[65] Euseb, *historia ecclesiae*,6,20,1, berichtet, daß einige gelehrte Briefwechsel, die er als historische Quellen benutzte, in der von Alexander von Jerusalem gegründeten Bibliothek aufbewahrt und leicht zugänglich seien.

dem Interesse an Gesamtausgaben geleitet. Alle erreichbaren Sammlungen werden zusammengefaßt, wobei *Dubletten* vermieden werden. Redaktionelle Eingriffe finden nur an der *äußeren Rahmung*, durch Beigabe von Überschriften etwa,[66] statt und sind als solche auch evident. Der Text wird nicht mehr verändert als es bei der handschriftlichen Überlieferung unvermeidbar ist. Auch die plumpesten *Fälschungen* werden der Vollständigkeit halber gerne aufgenommen. Die meisten in Handschriften vorliegenden Briefsammlungen sind Gesamtausgaben.

[66] Zu den Überschriften im Corpus Cyprianum: V.Soden, *Cyprianische Briefsammlung* S.171: "*Der Titel, die die Überlieferung den Briefen gibt, sind zwei Arten. Die einen sind möglichst knapp gefaßt und haben nur den Zweck, die Briefe zu unterscheiden; die anderen sind ausgeführt und sollen den Inhalt des Briefes in einem Schlagwort oder einem kurzen Satz angeben. Bemerkenswert ist, daß bei allen Titeln die Fassung fast niemals von historischen Beobachtungen, sondern immer von den Interessen der Leser bestimmt ist; auch daß Cyprian meist als der Verfasser der in Wahrheit nicht von ihm herrührenden Briefe bezeichnet ist, hängt damit zusammen.*"

V. REKONSTRUKTION DER ENTSTEHUNGSGESCHICHTE DER PAULUSBRIEFSAMMLUNG

Im ersten Teil dieser Untersuchung wurden die Belege für alte Paulusbriefsammlungen kritisch gesichtet. In einem zweiten Schritt wurde anhand redaktionskritischer Beobachtungen am überlieferten Paulustext eine weitere alte Ausgabe von 'katholischen Paulusbriefen' rekonstruiert. Dann wurde durch den Vergleich anderer Sammlungen versucht, Regelmäßigkeiten bei der Entstehung und Überlieferung antiker Briefsammlungen zu beschreiben.

Im folgenden Teil werden die rekonstruierten Paulusausgaben mit den beschriebenen Regelmäßigkeiten in Beziehung gesetzt. Es soll versucht werden, die typische Entstehungs- und Überlieferungsgeschichte einer antiken Briefsammlung als Deutungsmuster für die Entwicklung des Corpus Paulinum von seinen Anfängen bis zur heutigen Form zu benutzen. Der Aufbau folgt den analysierten typischen Entwicklungsstufen einer Sammlung, wobei der Anlage dieser Untersuchung entsprechend wieder vom Jüngeren zum Älteren fortgeschritten wird: *1.Gesamtausgaben*, *2.erweiterte Teilsammlungen*, *3.Teilsammlungen und Einzelbriefe, die nicht vom Briefautor herausgegeben wurden*, *4.Autorenrezensionen*.

Je weiter auf den historischen Paulus zugegangen wird, desto hypothetischer muß notwendigerweise die Rekonstruktion werden. Wenn trotzdem streckenweise - vor allem in der Zusammenfassung am Ende - ungeschützt formuliert wird, so nur um die Tragweite und Richtung des erarbeiteten Deutungsmusters verständlich zu machen. Keineswegs soll damit suggeriert werden, daß es nicht auch andere Interpretationsmöglichkeiten vor allem der ältesten Quellen gibt. Auch müssen zahlreiche Detailfragen offen gelassen werden.

A. Gesamtausgaben

Die meisten überlieferten Paulusbriefsammlungen sind Gesamtausgaben. Aber nicht nur die jüngsten Editionen des Corpus Paulinum, auch die älteste umfangreich erhaltene Ausgabe der Paulusbriefe, der p^{46}, hat wahrscheinlich versucht, möglichst alle bekannten Paulusbriefe in einer Handschrift zu vereinen.

1. Die 14-Briefe-Sammlungen

Als Gesamtausgaben sind zunächst diejenigen zu nennen, die erfolgreich alle vierzehn überlieferten griechischen Paulusbriefe umfassen. In diesem Überlieferungsstadium werden keine Briefe aus den Sammlungen entfernt.

Auch den Streit um die Zugehörigkeit des Hb oder Phm zum Kanon darf man nicht als Aufforderung zur Streichung dieser Briefe mißverstehen. Die streitenden Parteien begründen den Umfang der Bibel, wie sie sie vorgefunden und benutzt haben. Diejenigen, die den Hb in ihrer Paulusbriefsammlung haben, aber die paulinische Verfasserschaft für unwahrscheinlich halten, plädieren nicht für einen Ausschluß des Briefes aus dem Kanon.[1]

Subscriptiones und *inscriptiones* werden ergänzt, die den Adressat, Entstehungsort, Schreiber und gegebenenfalls Überbringer des Schreibens nennen. Auch *einführende Abschnitte* in das Briefcorpus und zu den einzelnen Briefen werden angefügt. *Kapiteleinteilungen* sind zu beobachten. Am umfangreichsten sind die Zusätze natürlich in Lektionaren und Kommentarhandschriften. Allein anhand dieser Beigaben können konkurrierende Textausgaben bestimmt werden.[2]

Ein ausgeprägter Hang zu *Konflationen* ist in den Handschriften des Mehrheitstextes zu beobachten. Streichungen im Text der Vorlage sind untypisch. Eine ähnliche Tendenz wird auch in den modernen Ausgaben deutlich, die möglichst alle überlieferten Lesarten erhalten wollen und daher kritische Apparate anfügen.

Die 14-Briefe-Sammlungen lassen sich - wie oben in dieser Untersuchung gezeigt wurde - als Kombination der 13-Briefe-Sammlung mit einer Sammlung von katholischen Paulusbriefen, die den Hb enthielt, verstehen.[3] Die Reihenfolge der 13-Briefe-Sammlung wird übernommen. Der neu hinzugekommene Hb wird entweder als Anhang zur Teilsammlung der Gemeindebriefe, also nach dem 2Thess, beigegeben oder als Anhang zur gesamten Sammlung hinter dem Phm angefügt.[4]

---

[1] N.A.Dahl, "*Particularity*", S.265: "*Mostly, it was not opposition to the letters, but rather the factual use of them, which made it necessary to provide some reason, or rationalization, for their general use in churches to which they were not adressed.*" Vgl. auch Anderson, "The Epistle to the Hebrews" S.436.

[2] V.Soden hat Handschriften mit Koinetext vor allem anhand der äußeren redaktionellen Beigaben bestimmt und HSSFamilien zusammengefaßt. Auf Kollationen hat er weitgehend verzichtet (Aland, "Grundurkunde", S.34-35).

[3] Siehe S.61.

[4] Egal ob die 13-Briefe-Sammlung die Reihe Phil Kol oder Kol Phil enthielt, der neue

Gesamtausgaben können unabhängig voneinander überall dort entstehen, wo die 13-Briefe-Sammlung mit einer Sammlung kombiniert wurde, die den Hb enthielt. Dies kann schon im 2.Jahrhundert in Ägypten (Vorlagen des p^{46}, ℵ, B), aber auch erst im 9.Jahrhundert in Mitteleuropa (wie die Herausgeber von F und G erfolglos versuchten) geschehen.

2. P^{46}

Die merkwürdige Reihenfolge der Briefe im p^{46} läßt sich als Kombination der 13-Briefe-Sammlung mit einer Sammlung von Paulusbriefen mit allgemeinem Adressaten verstehen. Da die Handschrift im 1Thess abbricht, kann über die Teilsammlung der Briefe an Einzelne (Tim Tit Phm) nichts Sicheres gesagt werden.

Die *Briefanordnung* des p^{46} kam zustande, weil die allgemeine Sammlung zunächst abgeschrieben wurde, - nur der 2Kor wurde hinter dem 1Kor aufgenommen - und dann der Rest der 13-Briefe-Sammlung nachgetragen wurde.

Daß zunächst die Sammlung der katholischen Paulusbriefe abgeschrieben wurde, läßt sich noch an der Einfügung der Adresse τῇ οὔσῃ ἐν Κορίνθῳ 1Kor 1,2 nachvollziehen, die in der Ausgabe des 'katholischen' Korintherbriefes fehlte.[5] Sie wurde wahrscheinlich aus der 13-Briefe-Sammlung übernommen und ungeschickt nach dem Dativ Plural ἡγιασμένοις ἐν Χριστῷ Ἰησοῦ statt nach dem Dativ Singular τῇ ἐκκλησίᾳ τοῦ θεοῦ plaziert.[6] Dies ist den wenig sorgfältig arbeitenden Erstellern des p^{46} gut zuzutrauen. Die allgemeine Adresse blieb erhalten. Die entstandene Adressatangabe ist Ergebnis einer für Gesamtausgaben typischen Konflation.[7]

Hb ist beides Mal nur Anhang.

[5] Siehe oben in dieser Untersuchung, S.81f.

[6] Damit ist natürlich nicht ausgeschlossen, daß der Eingriff schon in einer der Vorlagen des p^{46} stattgefunden hat. Vergleiche auch unten die Streichung von τοῖς in Eph 1,1.

[7] Die Stelle ist geeignet, eine Schwäche der Nestle-Aland Ausgabe zu demonstrieren. Die Ausgabe geht davon aus, daß sich alle Texte auf ein Urexemplar zurückführen lassen und daß die ursprüngliche Textform in einer der überlieferten Varianten erhalten ist. (K.Aland, "Schluß des Röm", 290-291; K.Aland, "The Twentieth Century Interlude in New Testament Textual Criticism", *Text and Interpretation: Studies in the New Testament presented to Matthew Black*, Edited by Ernest Rest and R.McL.Wilson (Cambridge, London, New York, Melbourne: Cambridge University Press, 1979), S.9-11; K. und B.Aland, *Text des NT*, S.282). Dann brauchen die Varianten nur noch in ein *lokal-genealogisches* Stemma eingeordnet zu werden, um eine klare Entscheidung zu treffen, welche Variante in den Text und welche in den Apparat wandert. Nach meinem Verständnis sind beide Voraussetzungen mindestens für die Paulusbriefe nicht haltbar. Die Textgeschichte läßt sich nicht bis auf ein Urexemplar, sondern nur bis auf mehrere miteinander verschmelzende Ausgaben zurückverfolgen. Geht es darum, den ältesten er-

Die redaktionellen Ergänzungen am Rahmen sind evident: *Seitennumerierung*, am Ende der Briefe *Stichenzahlen*. Die *Bezeichnung der Briefe* nach Adressat wurde wahrscheinlich aus der 13-Briefe-Sammlung übernommen.

Entstehungsort ist der ägyptische Raum. Der genaue Fundort der Handschrift ist nicht sicher. Datiert wird sie aus paläographischen Gründen an den Anfang des dritten Jahrhunderts.[8]

B. Erweiterte Teilsammlungen

Die 13-Briefe-Sammlung

a) Redaktion

Die 13-Briefe-Sammlung Röm Kor Gal Eph Phil Kol Thess Tim Tit Phm kann als Erweiterung der Ursammlung Röm Kor Gal verstanden werden. Die Form der 13-Briefe-Sammlung läßt sich als Ergebnis einer Bearbeitung erklären, die an einer tendenziösen Auswahl von Paulusbriefen interessiert war. Es liegt eine *Auswahl nach Briefautor* vor, in der für den Briefautor *Ungünstiges nicht aufgenommen* wurde.

Insbesondere sollte man die Auswirkungen der theologischen Intention der Herausgeber auf die Redaktion der überlieferten Texte nicht überschätzen. Den Redaktoren sind die Hände gebunden. Eine erweiterte Ausgabe ist nur dann glaubwürdig, wenn sie das bereits bekannte Material so gut wie unverändert wiedergibt. Die theologische Intention muß anhand der Erweiterungen, also der neu aufgenommenen Briefe und redaktionellen Zusätze, ermittelt werden, nicht am Text der vorgefundenen Ursammlung.

Schmithals, "Abfassung", vermutet, daß für die Sammlung nur Paulusbriefe ausgewählt wurden "*mit antignostischer Tendenz*"(S.193). 16 zweifellos echte Paulusbriefe wurden zu sieben zusammengearbeitet, da die Sieben-Zahl eine "*die urchristlichen Briefsammlungen zentral beherrschende Konzeption*" darstellt (S.191). Kenneth L.Carroll, "The Expansion of the Pauline Corpus", *JBL*, 72 (1952), S.230-237, meint, daß die Her-

---

reichbaren Wortlaut in den Text aufzunehmen, so müßten sich die Herausgeber für eine der beiden Ausgaben entscheiden: entweder die allgemeine Adresse oder die spezielle Adresse. Geht es darum, die älteste belegte Textform wiederzugeben, so müßte die *lectio difficilior*, also die Wortstellung des p^{46} (ebenso: B D* F G b m; *Ambst*) geboten werden.

[8] Eine nähere Beschreibung der Handschrift siehe oben, S.26-28.

ausgeber des Corpus Paulinum von einer Zahlensymbolik geleitet waren und nur *sieben* Briefe veröffentlichen wollten (die Pastoralbriefe bilden eine spätere Erweiterung). Im Gefolge von Goodspeed wird auf die sieben Sendschreiben der Offb und auf die echten Ignatiusbriefe als Parallele hingewiesen. Man könnte auch die katholische Briefsammlung und die Sammlung des Dionysius von Alexandrien nennen. Dagegen bleibt zu bedenken, daß nur einer Sammlung, die bis dahin wenig bekanntes und unveröffentlichtes Material zusammenstellt, zuzutrauen ist, daß sie sich von einer Zahlensymbolik leiten läßt. Bei Sammlungen, die auf Schreiben bezogen sind, die schon in Umlauf sind, sind die Möglichkeiten der Herausgeber eingeschränkt. Auf dem Wege nach Rom zu seinem vermeintlich sicheren Tod schreibt Ignatius in Kleinasien sieben Briefe. Wären es nur sechs Briefe gewesen, hätten die Sammler dann noch einen ergänzt, um die Zahl sieben zu erhalten? Oder wäre noch ein achter in Umlauf gewesen, hätten ihn die Sammler gestrichen? Wohl kaum. Die Zahlensymbolik ist spätere Konstruktion. Mit der wechselnden Anzahl von Paulusbriefen wechseln auch die Erklärungen: die Sammlung der 10 Briefe entspricht den zehn Geboten, die Sammlung der 14 Briefe wird als zwei Mal sieben erklärt.[9]

Neben Briefen, deren paulinische Verfasserschaft kaum je bestritten wurde (Phil, 1Thess, Phm) geraten nun auch Schriften in die Sammlung, deren *Herkunft zweifelhaft* ist (Eph, Kol, 2Thess, Tim, Tit).

Die 13-Briefe-Sammlung hat als durchgehende *Gliederung* die Briefe nach den Adressaten benannt. Es ist daher davon auszugehen, daß sie an eventuell verarbeiteten Briefen ohne *Adressatangaben* diese ergänzt hat. Diese Bearbeitung ist wahrscheinlich für die überlieferte Namensgebung sämtlicher Paulusbriefe verantwortlich. Besonders wirkungsvoll war die Bezeichnung des Eph, der trotz Texttraditionen ohne Adressatangabe im Präskript einen festen Namen erhält, und die Numerierung der Korinther-, Thessalonicher- und Timotheusbriefe. Wie weit diese Redaktion dafür verantwortlich ist, daß die Adressatangaben im 1Kor und Eph von der Überschrift in den Text wandern, muß offen gelassen werden, da dies auch unabhängig voneinander später beim Abschreiben geschehen konnte.

b) Die Anordnung der Briefe

Die *Ordnung nach Adressat* ist evident. Sie hat sich in zweifacher Weise

---

9 Konstruierte Begründungen für die Siebenzahl der Paulusbriefe: *KanMur*; Cyprian, *AdFortunatum* 11 (ed.R.Weber, CCL, 3, S.205, Z.101-102); Cyprian, *AdQuirinum* 20 (ed.Weber, CCL, 3, S.20, Zeile 25); Victorin von Pettau, *DeFabricaMundi* 8 (ed.Haussleitner, CSEL, 49, S.7, Z.20-21). Wenn der Hb mitgezählt wird, ergeben sich 10 Gemeindebriefe, die dann wiederum gerne mit den 10 Geboten in Verbindung gebracht werden, etwa im Paulusprolog der Vulgata "*Primum quaeritur quare*" (Wordsworth/White, 2, 1-2.6).

durchgesetzt: die Briefe an Gemeinden (Röm-Thess) und die Briefe an Einzelne (Tim Tit Phm) werden zu Einheiten zusammengefaßt. Innerhalb dieser Einheiten sind die Briefe an den gleichen Adressaten wiederum zusammengestellt (Kor, Thess, Tim).

Fast einhellig begegnet man in der Literatur der Ansicht, daß außerdem eine *Ordnung nach der Länge der Briefe* vorliegt.[10]

H.J.Frede führt die bei ihm zusammengestellten Reihenfolgen - von denen allerdings die meisten oben von mir nicht als gesichert anerkannt werden konnten - auf zwei Ausgaben zurück, die die Briefe jeweils nach der Länge ordneten:[11]

```
A (allgemeine Ordnung):
  Röm Kor (Hb) Eph Gal    Phil Kol  Thess Tim Tit Phm
W (westliche Ordnung):
  Kor Röm  --  Eph Thess Gal  Phil Kol   Tim Tit Phm
```

Die Abweichungen ergeben sich daraus, daß in der westlichen Ordnung die beiden Kor und Thess jeweils als Einheit gefaßt wurden, in der allgemeinen Ordnung aber nur die Länge von 1Kor und 1Thess berücksichtigt wurde.

Um die Deutung der Brieffolgen in den ältesten Ausgaben der Paulusbriefsammlung hat sich auch Jack Finegan, "The Original Form of the Pauline Collection" *HThR*, 49 (1956), S.85-103 bemüht. Er lehnt die Reihen des *KanMur* und bei Tertullian *AdvMarc* 4,5 als Beleg für eine Ausgabe ab und stellt die Reihenfolgen bei Markion, p^{46}, *Kapitulation des Vaticanus* und die Reihe des Codex Sinaiticus nebeneinander (S.90). Markion hat Gal bewußt an den Anfang der Sammlung gestellt: "*This is readily explicable in view of Marcion's theological position.*" (S.94) Ist das richtig, so lassen sich alle Reihen als nach der Länge der Briefe geordnet deuten, wobei Markion die beiden Korinther- und Thessalonicherbriefe jeweils als eine Einheit rechnete und dadurch zu einem anderen Ergebnis kam. Hb wurde von Anfang an in Ägypten als echt angesehen und wurde dort in Paulusausgaben aufgenommen. "*Already in these manuscripts, however, Hebrews can be seen dropping toward a place at the end of the Pauline collection, and finally it fell quite out of it altogether.*" (S.94) Und auf die Frage, warum die Plätze von Gal, Eph, Phil und Kol wechseln, meint er: "*The answer here proposed is that the recko-*

[10] K.Aland, "Entstehung des C.P.", S.348. Anderson, "The Epistle to the Hebrews", S.432 zu p^{46}. Ebenso Lietzmann, "Einführung in die Textgeschichte", S.2: "*Es ist auch längst erkannt, daß dieser Anordnung folgendes Prinzip zugrunde lag: zuerst kommen die Gemeindebriefe, dann die an Einzelpersonen gerichteten Schreiben; Briefe derselben Adresse bleiben beisammen, im übrigen wird nach der Länge geordnet: der große Römerbrief macht den Beginn, die kleinen Thessalonicherbriefe schließen die Reihe der Gemeindeschreiben.*" Als Beispiel für konsequent nach Stichenzahl geordnete Ausgaben verweist Schmithals, "Abfassung", S.197 Anm.85 auf das *Dekret des Gelasius* und die Reihe bei Viktorin von Pettau: Röm Kor Eph Thess Gal Phil Kol Tim Tit Phm.

[11] "Die Ordnung der Paulusbriefe und der Platz des Kol", S.292.

ning of length also varied, and that the various orders followed the results of the various calculations." (S.102).

Die Deutung, daß die Stellung des Hb hinter dem 2Thess oder Phm auf dessen umstrittene Echtheit zurückzuführen ist, und der Hb schließlich ganz ausgeschieden wurde, ist sehr unwahrscheinlich. Die handschriftliche Überlieferung hat vielmehr die Tendenz zur Vervollständigung. Der natürlichste Ort für die Aufnahme des Hb in eine bestehende 13-Briefe Sammlung war als Anhang zu den Briefen an Gemeinden (nach 2Thess) oder als Anhang zur geschlossenen Sammlung (nach Phm). Auch kann eine Ordnung nach der Länge die wechselnden Plätze von Gal, Eph, Phil und Kol im Grunde nicht erklären. Unterschiedliche Berechnungsgrundlagen und Rechenfehler der Schreiber bleiben Mutmaßungen und schaden der Begründbarkeit der Deutung sehr. Ein weiterer Schönheitsfehler an Finegans Entwurf ist, daß die Reihe des Markion gar nicht streng nach der Brieflänge geordnet ist. Obwohl Codex Vaticanus zwar für 1Thess und 2Thess zwei Zeilen mehr braucht als für Eph (S.101), ist nach den bei Finegan selbst in einer Tabelle genannten Zahlen (S.96, Spalte 6) Eph um 453 Buchstaben länger als 1Thess und 2Thess zusammen.[12]

In den Augen von F.Renner ist die Ordnung nach der Länge erst in einem späteren Stadium der Sammlung durchgeführt worden, die ursprüngliche Sammlung der Paulusbriefe war alphabetisch geordnet.[13] Als Ausgangspunkt seiner Rekonstruktion dienen die Reihen des *KanMur*, die geographisch orientierten Aufzählungen bei Tertullian (*DePraescrHaer* 36; *AdvMarc* 4,5) und Zitatreihen bei Cyprian (*AdvIud*). Im Zusammenhang mit der Diskussion des *KanMur* wurde in dieser Arbeit bereits auf den sehr zweifelhaften Wert dieser Zeugen hingewiesen. Außerdem weist Renner keine antiken Analogien für eine alphabetische Ordnung von Sammlungen nach.

Antike Belege für die *Ordnung nach der Länge* nachzuweisen, fällt schwer. Trotzdem gibt es eine Reihe bestechender Argumente, mit denen man die Wahl dieses ungewöhnlichen Ordnungsprinzipes bei den Paulusbriefen motivieren kann.

Der wichtigste Grund ist wohl der, daß die Paulusbriefe alle undatiert sind und sich einer klaren chronologischen Ansetzung entziehen. Wenn nun das naheliegendste Ordnungsprinzip nicht anwendbar war, mußte man nach Alternativen suchen. Bediente man sich der gelegentlich beobachteten Technik, mit den wichtigen Briefen anzufangen, so hätte sich mit dem Röm und 1Kor fast von alleine eine Ordnung nach der Länge ergeben.

Ein weiterer Grund mag in technischen Schwierigkeiten des antiken Buchwesens liegen. Es ist ein unbestrittenes wenn auch rätselhaftes Phänomen, daß die Überlieferung christlicher Texte von Anfang an die bis dahin kaum belegbare Form des Kodex bevorzugte, während im Umfeld literarische Texte fast

[12] Für genaue Zahlen s. die Computerzählung im Anhang dieser Untersuchung, S.138.

[13] *An die Hebräer*, S.54-62.

ausschließlich auf Rollen geschrieben wurden.[14] Die ältesten christlichen Kodizes sind in einer Lage gebunden. Der p^{46} beispielsweise besteht aus 52 Blättern, die in einem Stapel aufeinandergelegt und in der Mitte geheftet wurden. Ein Problem bestand bei dieser Technik darin, daß der Textumfang spätestens, wenn die Hälfte abgeschrieben war, genau eingeschätzt werden mußte. Sehr leicht konnte es dabei zu Fehlern kommen.[15] Wenn man zunächst die längsten Schriften abschrieb, war die Wahrscheinlichkeit sehr viel höher, bei einer Fehleinschätzung den Kodex ohne viele Leerblätter mit einem Briefende abschließen zu können und die restlichen Briefe in einem weiteren Bändchen beizulegen, während ein Kodex, der mitten in einem langen Brief abbrach, äußerst unpraktisch handzuhaben und wohl auch schwer zu verkaufen war.[16]

Und schließlich kann man innerhalb des Neuen Testamentes selbst noch auf eine Analogie für die Ordnung nach der Länge hinweisen. Den Herausgebern der katholischen Briefsammlung stellte sich nämlich ein ähnliches Problem: die einzelnen Briefe entziehen sich einer klaren chronologischen Zuordnung. Die Reihe, die sich in den Handschriften durchgesetzt hat, läßt sich deuten als Ordnung nach der Länge der Hauptbriefe (Jak 1Petr 1Joh Jud), denen dann diejenigen an den gleichen Adressaten beigefügt wurden. Wieweit hier die Paulusbriefsammlung als Muster gewirkt hat, muß allerdings offen gelas-

---

[14] B.und K.Aland, *Text des NT*, S.111: "... *alle neutestamentlichen Papyri von den erstgefundenen an entstammen einem Kodex (nur 4 der insgesamt 88 gehören zu einer Rolle:* P^{12}, P^{13}, P^{18}, P^{22}, *aber sämtlich entweder als Opistograph bzw. Zweitschrift)*". P^{10} stammt ebenfalls nicht aus einem Kodex. C.H.Roberts, "The Codex", *Proceedings of the British Academy*, 40 (1954), S.183-184 gibt an, daß von den bis 1952 edierten, in Ägypten gefundenen, nichtchristlichen, auf Papyrus erhaltenen Werken 465 auf Rollen und nur 11 in Kodizes geschrieben sind. Vgl. auch T.C.Skeat, "Early Christian Bookproduction: Papyri and Manuscripts", *The Cambridge History of the Bible*, vol.2: The West From the Fathers to the Reformation, Hg.G.W.H.Lampe (Cambridge: University Press, 1969), S.72. Laut C.H.Roberts und T.C.Skeat, *The Birth of the Codex* (London: Oxford University Press, 1983), S.38 existieren 172 biblische Handschriften und Fragmente von Bibelhandschriften, die vor oder um das Jahr 400 geschrieben wurden. 98 bieten Text aus dem Alten Testament und 74 aus dem Neuen Testament. Von diesen stammen - so weit erkennbar - 158 Texte aus Codices und nur 14 aus Rollen. Von den 14 Rollenfragmenten stellen fünf Opistographen dar, d.h. der biblische Text wurde auf der Rückseite der wiederverwendeten Rolle geschrieben. Von den verbleibenden 9 sind 3 fast mit Sicherheit jüdischen Ursprungs und bei zwei weiteren ist es ziemlich wahrscheinlich. Die restlichen vier weisen alle kuriose Elemente auf und entsprechen nicht der typischen Rolle.

[15] Siehe etwa p^{46} und der Jesaja Codex Chester Beatty VII.

[16] Vielleicht ist p^{87} mit Text aus Phm ein Fragment eines solchen Nachtrags. Und vielleicht ist der dazugehörige Kodex sogar der p^{46}. Solche Überlegungen bleiben natürlich Spekulation.

sen werden.

Ist das Ordnungsprinzip nach der Länge grundsätzlich anerkannt, so bleibt noch eine Beobachtung zu erklären: Der Eph ist länger als der Gal. Die Betrachtung anderer Sammlungen legt nahe, diesen Sachverhalt nicht auf Zufälligkeit[17] oder Fehler der Herausgeber zurückzuführen. Meiner Ansicht nach verbirgt sich hier einer der wertvollsten Schlüssel für die Rekonstruktion der Frühgeschichte der Paulusbriefsammlung. Nach der Computerzählung ist der Eph um 921 Buchstaben länger als der Gal.[18] Dieser Unterschied ist nicht unbedeutend, wenn man berücksichtigt, daß der Phil vor den Kol gestellt wurde, obwohl er nur 112 Buchstaben länger ist. Es wurde in dieser Untersuchung bereits darauf hingewiesen, daß sich der Anfang eines Anhanges oft durch den Neueinsatz des Ordnungsprinzips zu erkennen gibt.[19] Für die Teilsammlung an Einzelne (Tim-Phm) und den Hb ist das auch im Corpus Paulinum evident. Analog dazu ist zwischen dem Gal und dem Eph eine sammlungsgeschichtliche Schnittstelle anzunehmen.

Es ist mir wichtig, noch auf eine weitere Überlegung hinzuweisen. Falls die Rekonstruktion einer Ursammlung Röm Kor Gal korrekt ist, bestand das konkrete Problem der Herausgeber der erweiterten Paulusbriefsammlung darin, die neu aufgenommenen Briefe in eine passende Ordnung bringen zu müssen. Da Anhänge mit Vorliebe das Ordnungsprinzip der Ursammlungen übernehmen, ist gut vorstellbar, daß für spätere Bearbeiter die Reihenfolge Röm Kor Gal so aussah, als sei sie durch Ordnung nach der Länge zustandegekommen. Das heißt aber noch nicht, daß Röm Kor Gal wirklich nach der Länge geordnet wurden. Viel wahrscheinlicher sind andere Prinzipien: umgekehrt chronologische Ordnung, Voranstellung des Röm als des wichtigsten Briefes, oder Bedingungen des Sammlungsortes.

c) Entstehungszeit und Entstehungsort

(1) Allgemeine Erwägungen

Für die Frage nach Entstehungszeit und -ort der 13-Briefe-Sammlung fällt den *unechten Gemeindebriefen* und den *Pastoralbriefen* eine Schlüsselrolle zu.

---

[17] So H.Lietzmann, "Einführung in die Textgeschichte", S.2:"*Zwar ist dies Prinzip nicht ganz genau befolgt, denn der Epheserbrief ist (um etwa 1 Nestle-Seite) länger als Gal, aber auch diese geringfügige Variante darf als bedeutungslose Zufälligkeit außer Rechnung gestellt werden, wenn man die Absicht des Ordners erfassen will.*"

[18] Siehe die Computerzählung im Anhang dieser Untersuchung, S.138.

[19] Siehe S.47-51.

Mit der Datierung der Entstehungszeit des letzten in die Sammlung aufgenommenen Briefes ist der *terminus a quo* für die Entstehung der Sammlung gegeben.

Für die Datierung und Lokalisierung von Fälschungen läßt die *Tendenzbestimmung* Rückschlüsse auf die geschichtliche Situation zu, da die behandelten Fragen nicht zu jeder Zeit und an jedem Ort gestellt wurden. Und da Fälschungen wirkungsgeschichtlich nur dort zum Tragen kommen, wo sie von einem Vertriebssystem unterstützt werden, ist noch ein weiterer Anhaltspunkt zur Ermittlung des Entstehungsortes gegeben.[20]

Die Adressatangaben der neu herausgegebenen Briefe Eph, Phil, Kol und Thess stammen alle aus *Kleinasien und Griechenland.* Als Entstehungsort kommt jeder Ort in Frage, der die *technischen Voraussetzungen* für die Produktion von Handschriften hat und über *geeignete Vertriebskanäle* verfügt. Unerläßlich wird dabei der gute *Ruf der Herausgeber* gewesen sein.

Christliche Zentren in Kleinasien erfüllen beispielsweise diese Voraussetzungen. So könnte Smyrna oder Ephesus Entstehungsort der 13-Briefe-Sammlung sein. Beide Möglichkeiten seien im Folgenden durchgespielt:

(2) Smyrna

Smyrna hat sich bereits Anfang des 2.Jahrhunderts unter Bischof *Polykarp* zum einflußreichen Bischofssitz entwickelt. Irenäus berichtet, daß der Bischof eigene Briefe in Umlauf brachte, und seine Charakterisierung dieser mit einer Ausnahme verloren gegangenen Briefe liest sich wie die Beschreibung der 13-Briefe-Sammlung:[21] "... *Briefe, welche Polykarp teils an benachbarte Gemeinden, die er zu befestigen suchte, teils an einzelne Brüder, die er mahnte und ermunterte, geschrieben hat.*" Der erhaltene Brief an die Gemeinde in Philippi ist vielleicht nur ein Begleitschreiben, das der Ausgabe von Ignatiusbriefen, die Polykarp veranlaßt hatte, beigelegt wurde. Der Polykarpbrief selbst zeigt eine Hochschätzung der Paulusbriefe und Paulustraditionen. Mit großer Selbstverständlichkeit geht die anfragende Gemeinde aus Philippi davon aus, daß Polykarp in der Lage ist, für den Vertrieb der Ignatiusbriefe zu

---

[20] W.Speyer, *Fälschung*, S.84-88 nennt folgende Voraussetzungen für die Verbreitung von Fälschungen: Fähigkeit des Fälschers, den Stil des Autors zu imitieren; geringe Bildungshöhe derer, bei denen die Fälschung verbreitet werden soll, denn nur für Belesene waren sie überprüfbar; Übereinstimmung der Leser mit Tendenz und Inhalt der Fälschung, dies führt zu literarischer Leichtgläubigkeit; es war technisch unmöglich identische Kopien zu erstellen, dies erleichterte Interpolationen. Produktion und Vertrieb wurde manchmal von Fälscherwerkstätten aus organisiert.

[21] *Historia ecclesiae*,5,20,8.

sorgen.[22] Dies ist deshalb wesentlich, weil die Ignatiusbriefsammlung vielleicht älter ist als die 13-Briefe-Sammlung und als Vorbild für diese Paulusausgabe gedient hat. Beispielsweise könnte sie zur Gliederung nach Adressat und zur Ergänzung fehlender Adressatangaben angeregt haben.

Weiters wurde von Campenhausen auf die sprachliche Verwandtschaft zwischen dem Polykarpbrief und den Pastoralbriefen hingewiesen.[23] Aber nicht nur die Sprache, auch die Tendenz der Pastoralbriefe, Organisations- und Autoritätsfragen der wachsenden Kirche zu klären, muß dem Bischof sehr willkommen gewesen sein. Sollte er selbst nicht für die Erstellung der Ausgabe verantwortlich sein, so war er mit Sicherheit an der Verbreitung der 13-Briefe-Sammlung interessiert.

(3) Ephesus

Immer wieder ist der Ort in den Briefen erwähnt. Die Apg macht ihn zum zentralen Platz der Lehrtätigkeit des Paulus. Ephesus verfügt über eine Buchproduktion, wie die Geschichte von der Buchverbrennung Apg 19,19 voraussetzt.[24] Die Namensgebung des namenlosen Epheserbriefes zeigt ein Interesse an Ephesus auf.

Es sei erlaubt, diesen Gedanken noch weiterzuspinnen. J.Knox hat in seiner Dissertation, *Philemon Among the Letters of Paul*,[25] vorgeschlagen, *Onesimus*, Bischof von Ephesus am Anfang des zweiten Jahrhunderts, mit dem Sklaven Onesimus aus dem Phm zu identifizieren und als Verantwortlichen für die Erstellung und Veröffentlichung der ersten, alle 13 Briefe umfassenden Paulusausgabe zu betrachten. Name und Person des Onesimus ist durch den Brief des Ignatius nach Ephesus bekannt, in dem er häufig und nur positiv erwähnt wird. Offensichtlich hatte er zusammen mit anderen Repräsentanten

---

[22] *PolPhil* 13 (= *1PolPhil* 1); vgl. auch *IgnPol* 8,1.

[23] Hans Freiherr von Campenhausen, "Polykarp von Smyrna und die Pastoralbriefe", *Aus der Frühzeit des Christentums: Studien zur Kirchengeschichte des ersten und zweiten Jahrhunderts*, (Tübingen: Mohr, 1963), S.197-252.

[24] Vgl. T.Kleberg, *Buchhandel und Verlagswesen in der Antike*, (Darmstadt: Wissenschaftliche Buchgesellschaft, 1967), S.59 über den Preis der verbrannten Bücher. *IgnPhilad*,11,2 erwähnt einen Schreiber Burrhus, der von den Ephesern und Smyrnäern dem Ignatius ehrenhalber ins Geleit mitgegeben wurde: ... καὶ γράφω ὑμῖν διὰ Βούρρου πεμφθέντος ἅμα ἐμοὶ ἀπὸ Ἐφεσίων καὶ Σμυρναίων εἰς λόγον τιμῆς. Vielleicht ist das Ausdruck eines literarischen Interesses der Gemeinde in Ephesus an den Briefen des Ignatius.

[25] Untertitel: *A New View of Its Place and Importance* (Chicago: University of Chicago Press, 1935), vor allem S.46-57.

aus Ephesus Ignatius in Smyrna besucht.

Neben den Hinweisen, die Ephesus als Entstehungsort nahelegen, können mit Hilfe dieser Hypothese folgende Beobachtungen erklärt werden:

Es wurde gelegentlich als Problem empfunden, daß der Phm in die Paulusbriefsammlung aufgenommen wurde. Sein Inhalt ist im Vergleich zu den anderen Gemeindebriefen fast trivial.[26] J.Knox hat darauf hingewiesen, "*that Philemon was certainly a very important document for at least one person*",[27] nämlich für den Sklaven Onesimus, für den sich Paulus einsetzt. Eine direkte Parallele läßt sich aufführen: Ciceros Sklave Tiro fungiert als Herausgeber der Briefe seines Herrn. Auch nach Ciceros Tod sind die meisten der erhaltenen Briefsammlungen Ciceros wahrscheinlich durch seine Hände gegangen.[28] In einem Buch, das in den Handschriften als letztes Buch der *AdFam* überliefert wird, hat Tiro Briefe herausgegeben, die Cicero an ihn gerichtet hatte.[29] Auch ihr Inhalt ist vergleichsweise trivial.[30]

Als Redaktionsarbeit der Herausgeber der 13-Briefe-Sammlung ist die Erweiterung der Sammlung von Paulusbriefen an Gemeinden um Briefe an Einzelne anzunehmen. Wenn dem Herausgeber bekannt war, daß Paulus auch an Einzelne geschrieben hat - so jedenfalls die redaktionelle Überschrift ΠΡΟΣ ΦΙΛΗΜΟΝΑ, die im Phm keinen Brief an eine Gemeinde sehen will -, war die Bereitschaft da, auch andere Briefe an Einzelne als echt anzuerkennen und in die Sammlung aufzunehmen. Der Phm gelangte wegen der Ordnung der Briefe nach der Länge an das Ende der Sammlung.

Wie Polykarp von Smyrna wird auch Onesimus in seiner Funktion als Bischof von Ephesus die Tendenz der Pastoralbriefe bejaht haben.

Doch so viel sei festgehalten: die Onesimus-Hypothese kann die gemachten Beobachtungen hervorragend interpretieren. Ein zwingendes Gegenargument habe ich nicht gefunden. Trotzdem bleibt der hypothetische Charakter bestehen.

Die Nachrichten über Bischof Polykarp und Bischof Onesimus sind sehr zufällig, Namen in einer Zeit und einem Gebiet, in dem wir nur noch wenige

---

[26] Ebd., S.46.

[27] Ebd., S.49.

[28] K.Büchner, "Cicero", S.1223.

[29] *AdFam* 16. Teils von Marcus, von Quintus und den beiden Söhnen. Brief 22 ist nicht einmal an Tiro gerichtet, sondern handelt nur von ihm: im April/Mai 53 schreibt Quintus aus Gallien an seinen Bruder Marcus über Tiro "*nobis amicum quam servum esse maluisti*" (*AdFam* 16,22,1).

[30] Etwa das Genesungsschreiben, Brief 26.

Namen kennen. Es ist auch nicht wichtig, wer von beiden oder ob nicht ein anderer für die Ausgabe der 13-Briefe-Sammlung verantwortlich zeichnet. In ihrer Funktion für die Erstellung und Verbreitung der Paulusbriefe sind sie austauschbar.

C. Ohne Mitwirkung des Autors herausgegebene Teilsammlungen

1. Katholische Paulusbriefsammlung

Als Beleg für eine *katholische Paulusbriefsammlung* dient die als Vorlage des p^{46} rekonstruierte Sammlung Röm Hb 1Kor Eph.[31] Ihre allgemeine Adresse ähnelt von der Intention her den Briefen der katholischen Briefsammlung, daher die Bezeichnung *katholisch*.

Dieser Sammlung ist es zu verdanken, daß der *Hebräerbrief* als Paulusbrief in die Überlieferung einging. Meiner Ansicht nach ist davon auszugehen, daß der Brief von Anfang an den Titel ΠΡΟΣ ΕΒΡΑΙΟΥΣ trug, da sonst die einheitliche Bezeichnung in den Handschriften, die sich aus dem Text nicht erheben läßt, schwer zu erklären ist. Da der Text kein Präskript enthält, weicht seine Form von der der übrigen Paulusbriefe erheblich ab. Die überlieferte Gestalt des Hb hat sich den Herausgebern der katholischen Paulusbriefsammlung vielleicht folgendermaßen dargestellt: es handelt sich um die Abschrift eines in Paulus Augen mitteilenswerten Traktates, den Paulus am Ende mit einer *covering note* versieht. Dafür sprechen neben den formalen Elementen eines Briefendes in Kapitel 13 vor allem die Bemerkung 13,22:[32] "*Ich bitte euch aber Brüder, nehmt das Wort der Ermahnung an, ich schreibe euch nämlich nur in aller Kürze.*" Als *Wort der Ermahnung* ist der vorausgehende Traktat bezeichnet, als *in aller Kürze* die autographische *subscriptio*, die hier vielleicht einsetzt. Oder ist dem Schreiber wirklich zuzutrauen, nachdem er die nach dem Röm und 1Kor längste Schrift des Corpus Paulinum erfolgreich abgeschlossen hat, daß er sich entschuldigt, weil er sich so kurz fassen

---

[31] Die Reihe der gotischen Version Röm Kor Eph Gal etc. ließe sich auch deuten als Kombination einer allgemeinen Sammlung Röm 1Kor Eph + 13-Briefe-Sammlung. Außerdem wird gerne die Ansicht vertreten, daß 1Clem neben dem 1Kor noch den Röm und den Hb kannte (ausführliche Diskussion bei A.Lindemann, *Paulus*, S.177-199).

[32]...καὶ γὰρ διὰ βραχέων ἐπέστειλα ὑμῖν.

mußte? Wohl kaum.[33]

Die Adresse des *1.Korintherbriefes* hat an die allgemeine Christenheit im Blick. Spuren einer allgemeinen Ausgabe lassen sich vielleicht auch noch 1Kor 16,19 nachweisen, wo der im p[46] erhaltene spezielle Gruß ἀσπάζεται ὑμᾶς ἐν κυρίῳ πολλὰ Ἀκύλας καὶ Πρίσκα σὺν τῇ κατ᾽ οἶκον αὐτῶν ἐκκλησίᾳ mit einem allgemeinen Gruß ἀσπάζονται ὑμᾶς αἱ ἐκκλησίαι τῆς Ἀσίας in den Handschriften konflationiert ist.[34]

Die Analyse der Quellen oben in dieser Untersuchung hat ergeben, daß nicht belegt ist, ob der *katholische Römerbrief* ursprünglich 14, 15 oder 16 Kapitel umfaßte.[35] Kapitel 16 möchte ich ähnlich Hb 13 als *covering note* interpretieren. Paulus sendet eine Abschrift des Röm nach Ephesus. Diese Abschrift endet mit Röm 15. Röm 16 ist von Paulus persönlich nach Ephesus gerichtet. Damit findet die Beobachtung, daß alle diejenigen Personen der Grußliste, die man aus den anderen Paulusbriefen kennt, wenige Monate vorher noch in Ephesus wohnhaft waren, eine harmonische Erklärung.

Da die *katholische Paulusbriefsammlung* als Zusammenstellung getrennt in Umlauf befindlicher Einzelbriefe gedacht ist, ist auch eine Lokalisierung an einem Punkt nicht durchführbar. Auf zwei mögliche Herausgeberkreise sei trotzdem hingewiesen. Es ist denkbar, daß die Entstehung mit der Entstehung der kanonisch gewordenen katholischen Briefsammlung zusammenfällt. Vielleicht ist aber auch Paulus selbst an der Überarbeitung zu allgemeinen Briefen beteiligt. Die Versendung von Abschriften des Röm kommt einer Veröffentlichung gleich. Wenn der Eph von Paulus stammt, so ist die Form des sehr allgemein gehaltenen Schreibens leicht als Serienbrief interpretierbar, in dem in der ersten Zeile die verschiedenen Adressaten in die Abschriften einzufügen waren. Und den 1Kor halte ich, wie ich gleich ausführen werde, für eine schriftstellerische Leistung des Paulus, die an die Allgemeinheit gerichtet war.

---

33 Es sei dahingestellt, ob die erhaltene Form des Hb tatsächlich auf Paulus zurückgeht oder nicht. Auf die argumentativen Schwierigkeiten bei der üblichen Spätdatierung hat K.Berger, "Hellenistische Gattungen im NT", S.1333 Anm.364 hingewiesen. Die Lokalisierung des Autors des Hb in Italien, d.h. Rom, könnte die stilistischen und inhaltlichen Gemeinsamkeiten des Hb, *1Clem*, und *Hirten des Hermas* harmonisch erklären.

34 Dies ist nicht zwingend. Die singuläre Lesart des p[46] ist genauso gut auf einen Homoioteleutonfehler zurückführbar.

35 Siehe S.63-79.

2. Die Ursammlung Röm Kor Gal

Von den drei wichtigen Ordnungsprinzipien - Ordnung nach Adressat, nach Chronologie, durch Eigenheiten der Entstehungsbedingungen - ist für 1Kor und 2Kor die Ordnung nach Adressat evident. Da 1Kor 15 und Röm 16 deutlich zu erkennen geben, daß 1Kor 15 vor Röm 16 verfaßt wurde, ist es unwahrscheinlich, daß von den Redaktoren eine chronologische Ordnung beabsichtigt war. Bleibt also zu prüfen, ob die Reihe auf Eigenheiten des Sammlungsortes zurückgeht. Was verbindet Röm Kor Gal?

Da ich außer einer gewissen Plausibilität an Argumenten nicht viel aufweisen kann und Wiederholungen vermeiden möchte, verweise ich an dieser Stelle lediglich auf meine zusammenfassenden Ausführungen am Ende dieses Kapitels.[36]

D. Autorenrezensionen von Einzelbriefen

Die überwältigende Mehrheit der betrachteten Briefsammlungen, die aus tatsächlich geführten Korrespondenzen entstanden, gehen in ihren Anfängen auf Briefausgaben zurück, die der Autor selbst veranlaßt hat. Auch bei den Paulusbriefen halte ich die älteste Form des Röm, 1Kor, 2Kor, Phil und 1Thess für das Ergebnis einer Autorenrezension.[37] Über die Echtheit des Eph und Kol wage ich kein Urteil zu fällen. Den 2Thess, 1Tim, 2Tim und Tit halte ich mit einem Großteil der historischen Exegeten für Fälschungen. Auch ob der Gal als Autorenrezension zu betrachten ist, oder ob er ohne Mitwirkung des Paulus herausgegeben wurde, möchte ich offen lassen.

1. Redaktion

Allgemein gilt für die Redaktion: Mißverständliches ist klarzustellen, Unwichtiges zu streichen, und inhaltlich ist das allgemein Gültige vor dem Situa-

---

[36] Siehe S.128-132ff.

[37] Die Vermutung, daß die Endgestalt der Paulusbriefe auf Bearbeitung durch Paulus selbst zurückgeht, äußert ohne nähere Begründung auch Lars Hartmann, "On Reading Other's Letters", *Christians Among Jews and Gentiles: Essays in Honor of Krister Stendahl on His Sixty-fifth Birthday*, George W.E.Nickelsburg, George W. MacRae (Hgg) (Philadelphia: Fortress Press, 1986), S.137-146.

tionsbedingten zu betonen.[38]

Das Vergleichsmaterial legt nahe anzunehmen, daß am Rahmen redaktionell gearbeitet wurde, also am Präskript, Proömium, und an allgemeinen Formulierungen am Briefende. Außerdem ist davon auszugehen, daß Informationen, die zum Zeitpunkt der Redaktion als unbedeutend oder verfänglich betrachtet werden, gestrichen wurden. Daß Paulus Äußerungen der ursprünglichen Korrespondenz zwar erhält, aber durch Zusätze Mißverstandenes und Mißverständliches richtigstellt, ist möglich. Solche kommentierenden Abschnitte müßten auf den umliegenden Text verweisen. Ein Verweis vom Text auf den Kommentar dürfte nicht vorhanden sein.

Auch die Möglichkeit, daß mehrere Briefe der Korrespondenz bei der Bearbeitung zusammengearbeitet wurden, kann nicht von vorneherein ausgeschlossen werden. Man sollte differenzieren zwischen *Teilungshypothesen* und *Umstellungshypothesen*. Es gibt meines Erachtens keine antiken Belege dafür, daß Briefe zerteilt und die Teile neu zusammengestellt werden. Die Beispiele für Briefverschmelzungen, die ich finden konnte, verschachteln die Briefe nicht ineinander sondern lassen sie aufeinander folgen. An den Schnittstellen wird redaktionell gearbeitet.

Ein deutliches Beispiel einer solchen impliziten Briefsammlung ist die Kurzform der Ignatiusbriefsammlung, die sich in drei syrischen Handschriften erhalten hat.[39] Da die schriftliche Vorlage erhalten blieb, lassen sich die redaktionellen Eingriffe deutlich erkennen. Die Sammlung enthält *IgnPol*, *IgnEph* und *IgnRöm*. Am Ende des *IgnRöm* sind zwei Kapitel des *IgnTral* angefügt, ohne daß ein neuer Briefanfang markiert wäre. Die Briefe haben redaktionelle Überschriften. Sie werden als erster, zweiter und dritter Brief des Ignatius bezeichnet, und das Ende der Briefe wird durch die Bemerkung angezeigt: "*Hier endet der erste (zweite, dritte) Brief*". Das Präskript der Briefe, in dem Absender und Adressat genannt sind, wird beibehalten. Der Briefcharakter soll durch die Bearbeitung nicht aufgehoben werden. In den Handschriften der Ignatiusbriefe stehen *IgnPol*, *IgnEph* und *IgnRöm* in der Reihenfolge, die in der syrischen Rezension eingehalten ist.[40] Die Brieftexte selbst

---

[38] Vgl. Hans-Martin Schenke, "Das Weiterwirken des Paulus und die Pflege seines Erbes durch die Paulus-Schule", *NTS*, 21, S.512-513:a "*Das Prinzip der Arbeit am schriftlichen Nachlaß ist, aus Gelegenheitsschreiben allgemein nützliche Lesebücher zu machen. Aus den meist kleinen Briefen, die mehr oder weniger den Stempel einer einmaligen und unwiederholbaren Situation trugen, sollte das zeitlos gültige Wort des Paulus, das er auf dem Weg über je eine Gemeinde der ganzen Kirche zu sagen hatte, werden.*"

[39] A.Harnack, *Altchristl. Literatur*, 1.1, S.78. Text mit englischer Übersetzung bei Lightfoot, *Apostolic Fathers*, 2, 3, S.86-103.

[40] Tabelle bei J.B.Lightfoot, *Apostolic Fathers*, 2, 1, S.234.

sind stark gekürzt. Besonders interessant ist der *SyrIgnRöm*. An den Schnittstellen sind redaktionelle Bemerkungen eingefügt: Die Überschrift bezeichnet ihn als Dritten Ignatiusbrief, der Übergang zwischen *IgnRöm* und *IgnTral* wird mit der Bemerkung versehen: "*Jetzt komme ich bald nach Rom*", die so weder im *IgnRöm* noch im *IgnTral* vorgegeben ist. Die Information wird *IgnRöm* 10,2 ("*Teilt ihnen mit, daß ich nahe bin!*") entnommen, aber neu formuliert. Der Brief wird mit einem Segenswunsch abgeschlossen, der so weder am Ende des *IgnRöm* noch am Ende de *IgnTral* vorlag.

Meines Erachtens ist die überlieferte Gestalt des 1Kor, 2Kor, Phil und 1Thess ausgezeichnet als eine ähnlich gestaltete *implizite Briefsammlung* deutbar.

Auf einen gewichtigen Einwand soll noch näher eingegangen werden. Im Verlauf dieser Untersuchung wurde die Beweislast bisher vor allem von Analogieschlüssen getragen: Was in der literarischen Umwelt typisch ist, sollte für die Paulusbriefe wahrscheinlich sein. Was nun aber Briefteilungshypothesen angeht, fällt es schwer, zahlreiche antike Analogien nachzuweisen.

Verschmelzungen führen in der Regel auf Fehler in der Handschriftentradition zurück. Beispiele: die Briefe 3, 17 und 86 der Trajankorrespondenz des Plinius. Bischof Polykarps Brief an die Philipper *(PolPhil)* ist griechisch in acht Handschriften erhalten.[41] Mitten im Satz geht der Text in den Text des *Barn* über. Dadurch fallen mehr als die letzten vier der 14 Kapitel des *PolPhil* weg und fast die ersten fünf der 21 Kapitel des *Barn*. Da der *Barn* griechisch und der *PolPhil* lateinisch vollständig erhalten sind, ist die Verschmelzung offensichtlich.

Der *PolPhil* wurde als Kombination zweier Briefe interpretiert.[42] Die Schrift an *Diognet*, wurde als Zusammenfügung zweier Schriften desselben Autors verstanden.[43] Für zwei Cicerobriefe wurde versucht nachzuweisen, daß in den HSS eine Form erhalten ist, in der das Konzept und die Reinschrift desselben Briefes miteinander verschmolzen sind: Zu *AdFam* 5,8 siehe C.Bardt, "Zur Provenienz von Ciceros Briefen ad familiares", *Hermes*, 32 (1897), S.264-272; zu *AdFam* 5,5 siehe J.Schoene, "Zu Ciceros Briefen", *Hermes*, 38 (1903), S.316-317. Ansonsten entstehen Briefkombinationen auch durch *covering notes*, die an Abschriften angefügt werden. Harrison, *Polycarp*, S.22-23 führt Tertullian, *DePraescrHaer* auf, dessen Ende (ab Kapitel 46) gefälscht ist. Hier handelt es sich aber eher um das Beispiel einer Interpolation.

---

41 A.Harnack, *Altchristl. Literatur*, 1.1, S.70.

42 P.N.Harrison, *Polycarp's Two Epistles to the Philippians* (Cambridge: University Press, 1936). Die Analyse wurde weitgehend akzeptiert und schlägt sich in der Ausgabe der *Apostolischen Väter*, von J.A.Fischer nieder, in der der *PolPhil* in zwei Briefe geteilt wurde. Ich halte die Argumentation Harrisons allerdings nicht für zwingend.

43 L.W.Barnard, "The Epistle ad Diognetum: Two Units from one Author?", *ZNW*, 56 (1965), S.130-137. Und: "The Enigma of the Epistle to Diognetus". *Studies in the Apostolic Fathers and Their Background* (Oxford: Blackwell, 1966), S.165-173.

Zum Einen läßt sich diese Frage nur diskutieren, wenn der Analogieschluß methodologisch anerkannt wird. Da aber historische Ereignisse von ihrem Wesen her einmalig und unwiederholbar sind und sich daher auch anders als die meisten vergleichbaren Ereignisse zugetragen haben können, kann ein Analogieschluß, der sich auf Häufigkeit und Wahrscheinlichkeit gründet, niemals zwingend sein. Es wäre also müßig, den Einwand widerlegen zu wollen, wenn das Analogieprinzip nicht anerkannt wird. Wird es aber anerkannt, so kann deutlich ausgesagt werden, daß die beiden beliebtesten konkurrierenden Modelle, nämlich daß die Paulusbriefe ohne redaktionelle Überarbeitung publiziert wurden und Erklärungsversuche, denen Briefumstellungshypothesen zugrundeliegen, als unwahrscheinlich gelten müssen.

Zum Anderen ist es ein grundsätzliches methodologisches Problem der redaktionskritischen Betrachtungsweise von Texten, daß meist nur die Endgestalt einer Schrift, nicht aber die unbearbeiteten literarischen Vorlagen erhalten geblieben sind. Insofern entspricht die geringe Zahl von Beispielen, bei denen sowohl die einzelnen Briefe als auch die Briefverschmelzungen erhalten geblieben sind, genau dem Befund bei vergleichbaren literarischen Texten. Ein Widerspruch zum Analogieprinzip sollte daraus nicht konstruiert werden.

Zum Dritten soll in dieser Untersuchung nur aufgezeigt werden, daß die Möglichkeit, daß mehrere Paulusbriefe miteinander verschmolzen sind, auf dem Hintergrund antiker Analogien nicht von der Hand gewiesen werden kann.

Beispiele für ähnlich eingreifende Redaktionsarbeit finden sich in der Bibel selbst. So sind im Jesajabuch mehrere Autoren zusammengearbeitet. Bei der Buchwerdung des Zwölfprophetenbuches wurde die Zahl zwölf bestimmend, um Rahmen und Ordnung der Sammlung zu gestalten. Die Überschriften sind redaktionell. Am Ende der Sammlung sind drei Abschnitte durch die Überschrift "Ausspruch" gegliedert, von denen die ersten beiden der Sacharja-Schrift zugeordnet wurden (Sach 9-11; 12-14), der dritte Teil aber eine eigene Überschrift erhielt (Maleachi), wohl um die Zwölfzahl zu erreichen.[44] Doch auch bei diesen Beispielen folgen die literarischen Vorlagen aufeinander und sind nicht ineinander verschachtelt.

Wenn aufgrund der Analogien bei Autorenrezensionen von Briefsammlungen Briefverschmelzungen nicht als unwahrscheinlich abgetan werden können,[45]

---

[44] Vgl. Rolf Rendtorff, *Das Alte Testament: Eine Einführung*, 3.Auflage (Neukirchen-Vluyn: Neukirchener, 1988), S.227-228.

[45] Die Frage, ob mehrere Briefe bei der Publikation zusammengearbeitet wurden, gehört auch bei den Briefen Senecas und Plinius d. Jüngeren zu den klassischen Einleitungsfragen, ohne daß dort der Befund vom Material her eindeutiger wäre als bei den Paulusbriefen.

so bleibt doch festzuhalten, daß die eigentlichen Argumente für Briefteilungshypothesen bisher unabhängig davon aus dem Text der Paulusbriefsammlung gewonnen wurden. Und am Text wird sich auch die Theorie der Autorenrezension bewähren müssen. In diesem Sinn sei der folgende Abschnitt verstanden.

2. Der 2.Korintherbrief als Autorenrezension

Exemplarisch sei die vorliegende Gestalt des 2Kor mit Hilfe des eben dargestellten Deutungsmusters interpretiert. Es soll dabei gezeigt werden, daß sich die Schrift als implizite Briefsammlung deuten läßt, wobei die Texte der ursprünglichen Briefe chronologisch aufeinander folgen, daß lediglich die Anfänge und Enden der einzelnen Briefe gestrichen wurden und sich die redaktionellen Ergänzungen auf die Schnittstellen beschränken.

Methodisch wird dabei vorausgesetzt: Wenn gezeigt werden kann, daß vor evidenten Schnittstellen des 2Kor formale Elemente von Briefenden, nach diesen Schnittstellen formale Elemente von Briefanfängen vorhanden sind und die so entstandenen Textteile Hinweise enthalten, daß sie nicht gleichzeitig verfaßt wurden, soll die These als plausibel gelten.

Drei evidente Schnittstellen werden vor 2,14, 7,4 und 10,1 behauptet. Dadurch zerfällt der 2Kor in vier Hauptteile: 1,3-2,11; 2,14-7,3; 7,4-9,15 und 10,1-13,10.[46]

Während der Neueinsatz 2,14 und 10,1 fast unumstritten ist, wird meist der Beginn des dritten Abschnittes mit 7,5 angenommen.[47] Ausgangspunkt ist dabei, daß 7,5 und 2,13 in einem ursprünglichen Brieftext aneinander anschlossen. Die parallele Konstruktion ist offensichtlich:

2Kor 2,12-13	*2Kor 7,5*
Ἐλθὼν δὲ εἰς τὴν Τρῳάδα	Καὶ γὰρ ἐλθόντων ἡμῶν εἰς Μακεδονίαν
εἰς τὸ εὐαγγέλιον τοῦ Χριστοῦ καὶ θύρας μοι ἀνεῳγμένης ἐν κυρίῳ,	
οὐκ ἔσχηκα ἄνεσιν τῷ πνεύματί μου	οὐδεμίαν ἔσχηκεν ἄνεσιν ἡ σὰρξ ἡμῶν

46 Überblick über Teilungshypothesen bei A.M.G.Stephenson, "Partition Theories on II Corinthians", *StEv*, 2, *TU*, 87 (1964), S.639-646.

47 J.Weiß, *Das Urchristentum*, (Göttingen, 1914), S.245-272; W.Schmithals, *Die Gnosis in Korinth*, 2.Auflage (Göttingen: Vandenhoeck, 1965), S.21-31; G.Bornkamm, *Die Vorgeschichte des sogenannten Zweiten Korintherbriefes*, SHAW.PH, 2.Abhandlung (Heidelberg: C.Winter, 1961), S.21.

τῷ μὴ εὑρεῖν με Τίτον τὸν ἀδελφόν μου,	
<u>ἀλλὰ</u>	<u>ἀλλ΄</u>
ἀποταξάμενος αὐτοῖς ἐξῆλθον εἰς Μακεδονίαν.	ἐν παντὶ θλιβόμενοι, ἔξωθεν μάχαι, ἔσωθεν φόβοι.

Doch gerade die parallele Konstruktion ist ein vernichtendes Gegenargument. Stünden 2,12-13 und 7,5 direkt hintereinander, so würde der gleiche Satzbau zusammen mit dem unmotivierten Wechsel des Subjekts vom Singular in den Plural auf eine Dublette hinweisen. Dubletten aber sind eines der sichersten Kriterien dafür, daß mehrere literarische Vorlagen kombiniert wurden. Der Vers 7,4 kann als Neueinsatz verstanden werden. Keine Konjunktion, kein Pronomen weist auf einen vorausgehenden Text. Im Gegenteil: 7,4 weist deutlich auf den folgenden Text. Stichwörter aus 7,4 werden im folgenden Text aufgenommen und ausgeführt: καύχησις in 7,14; παράκλησις in 7,6.7.13; χαρά in 7,7.9.13.16; θλίψις in 7,5. 7,5 schließt mit καὶ γὰρ sowohl syntaktisch wie auch inhaltlich ausgezeichnet an. 7,4 ff liegt eine andere Haltung dem Adressaten gegenüber zugrunde als dem vorhergehenden Text. Die überschwengliche Freude ist diesem fremd. In 2,14-7,3 wird der Adressat kaum angeredet, und wenn doch, so ist die Wertung des Adressaten sehr zurückhaltend - ganz im Gegensatz zu 7,4-16.

Vor diesen Schnittstellen lassen sich formale Merkmale beobachten, die sonst an Briefenden stehen, nach diesen Schnittstellen begegnen formale Merkmale des Briefanfangs.[48] Es legt sich daher nahe von vier verschiedenen Brieftexten zu sprechen.

Im Einzelnen sind das: *2,14: Elemente von Briefenden*: Ermahnungen 2,5-11; ἔγραψα 2,3.4.9 als formelhafter Bestandteil des Briefendes (so auch Röm 15,15; Phm 21; 1Petr 5,12; Hb 13,22 ἐπέστειλα; Röm 16,22 Τέρτιος ὁ γράψας; *IgnRöm* 8,3; 10,3; in all diesen Fällen ist auf den soeben geschriebenen, fast fertiggestellten Brief Bezug ge-

[48] Die Bestimmung der formalen Elemente von Briefanfängen und -schlüssen stützt sich auf folgende Arbeiten: P.Schubert, *Form and Function of the Pauline Thanksgivings*, BZNW, 20 (Berlin: Töpelmann, 1939); G.A.Eschlimann, "La rédaction des épîtres pauliniennes", *RB*, 53 (1946), S.185-196; J.T.Sanders, "The Transition from Opening Epistolary Thanksgiving to Body in the Letters of the Pauline Corpus", *JBL*, 81 (1962), S.348-362; T.Y.Mullins, "Disclosure: A Literary Form in the New Testament", *NT*, 7 (1964/65), S.44-50; G.J.Bahr, "Paul and Letter Writing in the Fifth (sic! Korrekt: First) Century", *CBQ*, 18 (1966), S.465-477; R.W.Funk, "The Apostolic *Parousia*: Form and Significance", *Christian History and Interpretation: Studies presented to John Knox*, hg. von W.R.Farmer, C.F.D.Moule, R.R.Niebuhr (Cambridge: University Press, 1967), S.249-268; G.J.Bahr, "The Subscriptions in the Pauline Letters", *JBL*, 87 (1968), S.27-41; Carl J.Bjerkelund, *Parakalô: Form, Funktion und Sinn der parakalô-Sätze in den paulinischen Briefen*, BTN, 1 (Oslo, Bergen, Tromsö: Universitätsverlag, 1967); J.L.White, "Introductory Formulae in the Body of the Pauline Letter", *JBL*, 90 (1971), S.91-97; H.Gamble, *Textual History*, 1977.

nommen, vgl. auch *IgnMagn* 14; *IgnTral* 12,3).[49] *Elemente von Briefanfängen*: 2,14-16 entspricht formal und funktionell den εὐχαριστῶ-Abschnitten paulinischer Briefeingänge (so auch: J.-F.Collange, *Enigmes de la deuxième épître de Paul aux Corinthiens Etude exégétique de 2 Cor. 2:14-7:4* (Cambridge: University Press, 1972), S.21-23); die rhetorischen Fragen 2,16-3,1 finden in Gal 1,10-12 eine Entsprechung am Briefeingang.

7,4: Elemente von Briefenden: Ermahnungen (2,14-5,19 enthält keinen einzigen Imperativ, in 5,20; 6,1.13; 7,1.2 werden elf Mal Aufforderungen zu bestimmtem Verhalten ausgesprochen); 6,1: παρακαλῶ ohne Präpositionalsatz (vgl.Röm 16,17; 1Kor 16,15-18; Phil 4,2-3; 1Thess 4,10); 6,13 und 7,3: Gebrauch von λέγω (vgl. Röm 15,8; 1Kor 15,50-51; Gal 5,2.16; 1Thess 4,15); 6,14-7,1: die Aufnahme eines traditionell vorformulierten Textabschnittes entspricht der Tendenz vieler Briefschreiber, sich am Briefende mit dem Adressaten solidarisch zu erklären, d.h. das Gemeinsame herauszustreichen (vgl. liturgische Elemente 1Kor 16,22, Zitatreihen Röm 15,7-13; 1Kor 15,54-55 oder die stereotypen paränetischen Reihen 1Thess 5,12-22; Phil 4,4-9; 1Kor 16,13-14; 2Kor 13,11); der abrupte Neueinsatz 6,14 findet in Gal 6,11 und 1Kor 16,21 eine Entsprechung und ist dort durch eine Überleitung als Beginn des autographischen Briefschlusses markiert; Aufforderung zur Scheidung vom theologischen Gegner (vgl. Röm 16,17-20; Gal 6,16a; 1Kor 16,22; 2Thess 3,14; *IgnTral* 11);[50] Rückbezüge auf den eben fertiggestellten Brief: χωρήσατε (7,2) nimmt πλαντύνθητε ὑμεῖς (6,13) auf, οὐδένα ἠδικήσαμεν, οὐδένα ἐφθείραμεν, οὐδένα ἐπλεονεκτήσαμεν nimmt Aussagen von 6,3-10 auf.[51] *Elemente von Briefanfängen*: Ausdruck der Freude in 7,4 (vgl. Phm 7); 8,1: Eröffnungsformel, (vgl. Gal 1,11; Röm 1,13; 1Thess 2,1; Phil 1,12; 2Kor 1,8);

10,1: Elemente von Briefenden: Ermahnungen (9,6-15); traditionelle Formulierungen (9,7.9-10 Schriftzitate); Bezug auf das Gebet (9,12-14; vgl. Röm 15,30-33; 1Thess 5,25; Phm 22, 2Thess 3,1; Kol 4,3; Eph 6,18-20); χάρις τῷ θεῷ (9,15) findet seine Entsprechung am Briefende in 1Kor 15,57: τῷ δὲ θεῷ χάρις. *Elemente von Briefanfängen:* Bittformel (10,1-2 ist 1Kor 1,10 ähnlich, an Elementen paulinischer Bittformeln sind vorhanden: ein Verb, das die Forderung ausdrückt, bei Paulus παρακαλῶ, die Verbindung δια mit Genitiv und der Inhalt der Bitte, der Vokativ fehlt; vgl. auch Phm 8).

Ein unterschiedlicher Abfassungszeitpunkt der Teile läßt sich wahrscheinlich machen.

Die freudige und offenherzige Haltung des Paulus dem Adressaten gegenüber, die sich 7,4-9,15 findet, fehlt in 2,14-7,3. Dies läßt sich damit erklären, daß Paulus über die Lage in der Gemeinde unterschiedlich unterrichtet war. Ähnliches gilt für Kapitel 10-13: die geänderte Einstellung dem Adressaten gegenüber führt sich wohl auf Informationen zurück, die ihm vorher nicht zur Verfügung standen.

Ist die Analyse korrekt, so hat Paulus an den ursprünglichen Brieftexten die Absender- und Adressatangaben und die Schlußgrüße des Briefrahmens ge-

---

[49] Zu ἔγραψα vgl. auch K.Berger, "Hellenistische Gattungen im NT", S.1332, Anm.362.

[50] G.Bornkamm, *Vorgeschichte des 2Kor*, S.24-27 nennt weitere Beispiele.

[51] Auf Rückbezüge des autographischen Briefschlusses auf den vorangegangenen Text und deren Funktion verweist Bahr, "Subscriptions", S.28; 33.

strichen. Für sicher halte ich, daß die Personalien überarbeitet wurden.

Außer Timotheus und Titus werden im 2Kor neben Paulus keine Eigennamen erwähnt, ein krasser Gegensatz zu 1Kor und Röm 16. Während an vergleichbaren Stellen bei paulinischen Sendformeln (1Kor 4,17, 1Thess 3,2-5; Phil 2,19-23.25-30; vgl. Eph 6,21-22; Kol 4,7-9) die Namen der Gesandten erwähnt sind, fehlen die Namen der prominenten Brüder, die Titus begleiten in 2Kor 8,16-9,5 und 12,18). Hier kann mit guten Gründen bewußte redaktionelle Streichung angenommen werden. Die Streichung von Personalien gehört zu den bestdokumentierten Autorenveränderungen bei der Überarbeitung eigener Werke.[52]

Mit 1,1-2 wird ein in Anlehnung an 1Kor 1,1-3 bis auf formelhafte Bestandteile reduziertes Präskript und mit 13,11-13 ein allgemein gehaltener Briefschluß angefügt.

Der allgemeine Schluß macht meines Erachtens deutlich, daß als Adressat nicht mehr nur an die Korinther gedacht ist. Die unverbindlich freundliche Haltung von 13,11-13 paßt schlecht zum emotional formulierten vorhergehenden Text. Die Verse wirken aufgesetzt.

Die Brieftexte sind chronologisch geordnet.

Dieser letzte Punkt verdient noch eine weitere Ausführung. Die dargestellte Interpretation des 2Kor war bis jetzt an der Oberflächenstruktur und an formkritischen Beobachtungen orientiert. Es sollte damit gezeigt werden, daß sich der 2Kor in seiner überlieferten Form ausgezeichnet als implizite Briefsammlung und Ergebnis einer Autorenrezension begreifen läßt. Ist in der Form der Autorenrezension ein neues Deutungsmuster gefunden, so eröffnet sich der redaktionskritischen Interpretation ein weites Feld.

Ein Beispiel: ich meine, daß Paulus die Brieftexte nicht nur chronologisch ordnete, sondern daß er auch dem Leser signalisieren wollte, wann welcher verarbeitete Brieftext geschrieben worden war. Als Leserkreis ist zunächst an "*die Gemeinde Gottes in Korinth und alle Heiligen in ganz Achaia*" gedacht, denen Paulus den 2Kor gewidmet hat (2Kor 1,1). Von Anfang an war auch beabsichtigt, den Freunden in Ephesus eine Abschrift zukommen zu lassen.[53] Beide Adressatengruppen wußten, daß die Korrespondenz, die Paulus während seiner Reise von Ephesus nach Korinth mit der korinthischen Gemeinde führte, nicht nur einen Brief umfaßte. Ihnen wollte Paulus signalisie-

---

[52] Siehe oben in dieser Untersuchung die Ausführungen zur *damnatio memoriae*, S.96f.

[53] Darüber hinaus sollte der 2Kor nichts enthalten, was Paulus zum Nachteil gereichen könnte, wenn er von Dritten gelesen und verbreitet würde. Dies ist ein wesentliches Merkmal der Autorenrezension. Von daher ist die Überarbeitung der Personalien motiviert. Daß dieser allgemeine Adressat, zu denen auch wir als Bibelleser des 20.Jahrhunderts gehören, die einzelnen Briefteile erkennen muß, hielt Paulus wohl nicht für unbedingt nötig.

ren, wo die Brieftexte begannen und endeten und auf welcher Station seiner Reise sie verfaßt wurden. Die geschichtlichen Angaben sind von Paulus als Gliederungssignale konzipiert.

Liest man die Aussagen zur historischen Situation des 2Kor in der dort gebotenen Reihenfolge, so ergibt sich ein chronlogisch geordnetes Bild:

1.Brief: 1,3-2,11: 1,8-11: Paulus erzählt von unangenehmen Erlebnissen in Asien. 1,15-16: Paulus erklärt, warum er seinen ursprünglichen Reiseplan, von Asien aus zuerst nach Korinth und von dort aus nach Makedonien zu reisen, nicht einhalten kann.

2,12,-13: Paulus kommt nach Troas, findet Titus aber nicht vor und reist nach Makedonien ab.

2.Brief: 2,14-7,3 enthält keine Angaben zur konkreten Briefsituation.

3.Brief: 7,4-9,15: 7,5-13: Paulus ist in Makedonien angekommen und trifft dort mit Titus zusammen, der aus Korinth anreist.[54] 8,1-6: Paulus wird von den Gemeinden Makedoniens aufgefordert, Titus nach Korinth zurückzusenden, um die begonnene Kollekte zu Ende zu führen. 8,16-9,5: Titus kommt der Aufforderung nach und reist von einem *Bruder* begleitet nach Korinth ab, um die Kollekte bis zur Ankunft des Paulus vorzubereiten.

4.Brief: 10,1-13,10: 12,17-18: "*Habe ich euch etwa durch einen von denen, die ich zu euch geschickt habe, ausbeuten lassen? Ich habe Titus gebeten und den Bruder mitgesandt. Hat euch etwa Titus ausgebeutet?...*" Titus und der *Bruder* sind in Korinth angekommen. 12,14; 13,1: Paulus steht unmittelbar vor der Abreise nach Korinth.

Während der erste (1,3-2,11), dritte (7,4-9,15) und vierte Brief (10,1-13,10) im Text Angaben enthält, die Zeitpunkt und Ort der Abfassung erschließen lassen, fehlen solche Angaben vollständig im zweiten Brieftext (2,14-7,3).

---

[54] Die Angaben, die Paulus in 2Kor 7,8.12 über seinen (letzten) Brief nach Korinth macht, passen zu 2Kor 2,14-7,3: 1. Reue ist als Reaktion der Korinther denkbar (7,9: ἐλυπήθητε εἰς μετάνοιαν). 2. Der Brief muß vor der Abreise des Titus aus Korinth in Korinth angekommen sein, da er sonst die Reaktion nicht mitteilen könnte. Wenn Paulus von Troas aus geschrieben hat, ist der Brief auf dem Seeweg schnell nach Korinth gelangt. 3. 7,14 läßt sich auch so verstehen: "*Also, obwohl ich euch geschrieben habe, habe ich weder über den geschrieben, der Unrecht getan hat, noch über den der Unrecht erlitten hat, sondern damit euer Eifer um uns unter euch sichtbar werde vor Gott.*" Das läßt sich so interpretieren, als hätte Paulus entgegen seiner sonstigen Gewohnheit, nicht auf konkrete Vorfälle und Personen Bezug genommen, sondern sich auf einer allgemeineren, vielleicht ausgesprochen theologischen Ebene mit der Gemeinde auseinandergesetzt. Dies würde genau dem seltsam unkonkreten Charakter von 2Kor 2,14-7,3 entsprechen.

Deshalb hat Paulus in 2,12-13 selbst die Situation beschrieben, in der der Brief entstanden ist, und bei der Erstellung des 2Kor am Rahmen eingefügt: er erwartete Titus, der ihm von der Reaktion der Korinther auf seinen ersten Brief (1,3-2,11) berichten sollte. Enttäuscht, daß er ihn nicht vorfindet, reist er nach Makedonien ab. In dieser Situation der Ungewißheit verfaßt er 2,14-7,3. So wie Paulus bei der Formulierung des Präskripts 1,1-2 das Präskript von 1Kor 1,1-3 weitgehend übernimmt und nur ein wenig strafft, und 2Kor 13,12 mit einer Umstellung wörtlich 1Kor 16,20 wiedergibt, legt er den Formulierungen 2,12-13 Wortlaut und Struktur von 7,5 zugrunde. 2,12-13 wird also als spätere redaktionelle Ergänzung des Paulus gedeutet.

Ich denke hier nicht an Randglossen. Diese redaktionelle Einfügung gehört zum Text. Zum äußeren Rahmen des 2Kor gehören nicht nur Präskript und Schlußformulierung sondern auch die Stellen, an denen die Brieftexte aneinanderstoßen. Als Parallele kann auf oben erwähnten *SyrIgnRöm* verwiesen werden, wo an der Stelle, an der *IgnRöm* und *IgnTral* zusammentreffen eine redaktionelle Bemerkung zur Briefsituation eingefügt wurde. Dort sind ebenfalls Briefeingang und -ende redaktionell.

Man könnte zunächst geneigt sein, 2,12-13 als Reiseangabe zu verstehen, die auch zu den häufigen formalen Elementen paulinischer Briefschlüsse gehört. Jedoch ist in allen vergleichbaren Stellen (1Kor 4,14-21; 16,3-12; Phm 22; Röm 15,14-33; 1Thess 2,17-3,13; Phil 2,19-29; 2Kor 1,8-11; 7,4-7; 8,16-9,5; 12,14-18; 13,1-10; ebenfalls Eph 6,21-22; Kol 4,7-9) ein enger Bezug zum Adressaten des jeweiligen Schreibens gegeben. Bis auf 2Kor 1,8-11 hängen sie alle mit der Ankunft des Paulus oder seiner Mitarbeiter zusammen. 2,12-13 erwähnt die Bedeutung für die Korinther nicht. Natürlich impliziert die Aussage, daß er zunächst nach Makedonien reist, für die Korinther, daß er sie erst später besuchen wird. Trotzdem bleibt festzuhalten, daß eine derartige Reiseangabe in den Paulusbriefen ohne Parallele ist. Die Angabe wirkt informativ. Ihre Funktion leuchtet ein, wenn sie als spätere, redaktionelle Erweiterung verstanden wird.

Und noch eine Kuriosität am Rande: Es wird manchmal versucht, den historischen Quellenwert der Paulusbriefe gegen die tendenziöse Darstellung der Apg auszuspielen. Falls meine Analyse des 2Kor richtig ist, so zeichnen alle Quellen, nämlich der Röm, 1Kor 16, die Apg und der 2Kor, das gleiche Bild der Ereignisse. Irgendwelche Zwischenbesuche oder Zwischenbriefe kunstvoll zu rekonstruieren, ist nicht notwendig.

3. Hypothesen zur Vorgeschichte des Corpus Paulinum

Es sei nochmals an den Aufbau dieser Untersuchung erinnert: Ich habe bei der heutigen Gestalt der Paulusbriefsammlung angesetzt und versucht, auf Paulus zuzugehen, in der Hoffnung, vom Gesicherten zum Wahrscheinlichen vorzudringen. Weil ich meine, dem Leser der Untersuchung genügend Kriterien zur eigenen Theoriebildung vorgelegt zu haben, wage ich, am Ende mit derben Strichen ein Bild der Entstehungsgeschichte der Paulusbriefsammlung zu skizzieren, wie es sich mir heute darstellt. Nicht alles kann ich begründen. So mancher Gedanke hat sich im Laufe der letzten Jahre festgesetzt und vielleicht nur deshalb gehalten, weil ich nichts gefunden habe, was ihn widerlegt. Bei der spärlichen Quellenlage kann dies sicher kein Wahrheitsbeweis sein. Trotzdem habe ich die Zuversicht, daß der Umgang mit den zahlreich eingesehenen antiken Briefsammlungen meine Phantasie vielleicht in richtige Bahnen gelenkt hat. In diesem Sinne also die folgende Darstellung:

Die Geschichte der Paulusbriefsammlung beginnt mit dem mehrjährigen Aufenthalt des Paulus in Ephesus während seiner sogenannten dritten Missionsreise. Paulus kommt äußerlich zur Ruhe. Aus dem reisenden Zeltmacher wird ein Lehrer, aus dem spontanen Prediger und charismatischen Missionar ein bewahrender Seelsorger und systematischer Denker. Vielleicht war es der *Galaterbrief*, der ihn das Medium des Briefes entdecken ließ. Der an ganz bestimmte Personen zu ganz bestimmten Problemen formulierte Brief wird weitergegeben und gerät in die Hände Dritter. Nicht alle, die ihn lesen, sind Paulus wohlgesonnen. Es kommt zu Mißverständnissen aber auch zu dankbaren Leserreaktionen. Der Gal war nicht der erste Brief, den er schrieb, aber doch der erste Brief, der über den konkreten Zweck und konkreten Adressat hinaus Wirkung auslöste. Man möchte mehr von Paulus lesen. Gleichzeitig setzt sich bei Paulus der Wunsch fest, seine Lehre der Nachwelt zu hinterlassen. Die erwartete Wiederkunft des Herrn und das Ende der Welt ist ausgeblieben, die politische Situation unsicher, Verfolgungen und Tod jederzeit möglich. Auch aus anderen Gründen scheinen ihm seine Tage in Ephesus gezählt.

Zum ersten Mal greift Paulus zur Feder und erstellt aus seiner Korrespondenz mit Korinth den sogenannten *1.Korintherbrief*. Für die Freunde, Schüler und anfragenden Gemeinden faßt er seine Position zu bestimmten Fragen zusammen, seinen Gegnern will er den Wind aus den Segeln nehmen. Das Leserinteresse ist überwältigend. Über Nacht wird Paulus zum Schriftsteller. Man möchte mehr lesen. Der Vorwurf 2Kor 10,10, in seinen Briefen sei er wesentlich wirkungsvoller als in seinen Reden, gibt die Situation treffend wieder. Paulus beschließt im Stillen, neben den praktischen Problemen, die er im 1Kor verhandelte, auch seine theoretischen Überzeugungen für die Nachwelt schriftlich festzuhalten. Er beginnt mit den Vorarbeiten.

Doch die Verhältnisse in Ephesus verändern sich schneller als erwartet. Paulus muß überstürzt die Stadt verlassen. Im Bewußtsein, daß es seine letzte Reise in dieses Gebiet sein wird, bricht er auf und besucht die von ihm gegründeten europäischen Gemeinden. Teils auf Drängen der Gemeinden, teils auf eigenen Wunsch faßt er weitere Korrespondenzen zusammen und gibt ihnen durch die gewählte äußere Form, vor allem durch die Zusammenfassung in nur eine Schrift und das erweiterte Präskript, einen testamentarischen Anstrich. Während seines Besuches in Thessalonich entsteht der *1.Thessalonicherbrief*, während seines Aufenthaltes in Philippi der *Philipperbrief*. Als er nach Korinth kommt, faßt er die Korrespondenz mit dieser Gemeinde, die er während seiner letzten Reise geführt hatte, zum sogenannten *2.Korintherbrief* zusammen. Und in den Wintermonaten in Korinth findet er endlich die Ruhe, die er braucht, um seine theoretischen Überzeugungen, die Grundzüge seiner Theologie, zu sortieren und niederzuschreiben. Der *Römerbrief*, in seinen Augen die Krönung seines Werkes, entsteht. Auf seiner Reise nach Jerusalem trifft er noch einmal mit einer Gesandtschaft aus Ephesus zusammen. Er übergibt ihnen eine Abschrift des Röm, an die er noch persönliche Grüße und letzte Wünsche anfügt, zusammen mit einer Abschrift des 2Kor. Ohne es zu wissen, hat er damit den Grundstock zu einer Sammlung gelegt, aus der dann über Zwischenstufen das Corpus Paulinum erwächst, die meistgelesene Briefsammlung der Weltliteratur.

Die christliche Schriftstellerei ist geboren. Ihre größte Aufgabe und Herausforderung wird sich ihr erst in den nächsten Jahrzehnten stellen: Die Aufarbeitung des Jesus-Stoffes.

Gleichzeitig beginnt sich das christliche Verlagswesen herauszubilden. Die von den frühen Anfängen an einheitliche Kürzung der *nomina sacra* und die unzeitgemäße einheitliche Benutzung der Kodexform sind deutliche Indizien dafür, daß die Erstellung und Verbreitung der Schriftensammlungen, die heute das Neue Testament ausmachen, zentral und von wenigen Stellen aus erfolgte.

Die Paulusbriefsammlung selbst entwickelt sich zunächst an verschiedenen Punkten. Die Gesandtschaft aus Ephesus kehrt von ihrem letzen Treffen mit Paulus - die Apg setzt es in Milet an und hat es mit der berühmten Abschiedsrede des Paulus für die Nachwelt eindrucksvoll stilisiert (Apg 20,17-38) - nach Hause zurück, den Röm und den 2Kor im Reisegepäck. Der 1Kor wird wegen des gleichen Adressaten und aus chronologischen Gründen vor den 2Kor gestellt, eine Abschrift des Gal wird aus dem Archiv geholt und der Vollständigkeit halber am Ende beigegeben. Die *Ursammlung* Röm 1Kor 2Kor Gal ist entstanden.

Daneben wird aus einzelnen Paulusbriefen, die eine weitere Verbreitung gefunden haben, weil sie gezielt eine breitere Öffentlichkeit ansprechen, die *katholische Paulusbriefsammlung* zusammengestellt. Sie besteht aus dem 1Kor, der ersten und für Paulus bahnbrechenden Schrift, dem Röm, der letzten und dem Paulus wichtigsten Schrift, dem als paulinisches Rundschreiben überlieferten Eph und dem Hb. Der *Hebräerbrief* wurde von den Herausgebern nicht als gewöhnlicher Paulusbrief verstanden: Paulus ist hier nicht Autor, sondern Herausgeber und Förderer. In Kapitel 13 des Hb versieht er den Traktat eines unbekannten aber vielversprechenden christlichen Autors, den er während seines Romaufenthaltes kennenlernte, mit einem empfehlenden Nachwort. Dadurch wird der Hb zur letzten schriftlichen Mitteilung, die von Paulus erhalten ist. Für die Herausgeber ist das Grund genug, die Schrift in ihre Ausgabe der allgemeinen Paulusbriefe aufzunehmen.

Am Anfang des zweiten Jahrhunderts veranlaßt ein einflußreicher Bischof, - es könnte Onesimus, Bischof von Ephesus, gewesen sein - eine autorisierte Gesamtausgabe der Paulusbriefe. Weitere Gemeindebriefe (Eph Phil Kol Thess) werden der ephesischen Ursammlung Röm Kor Gal als Anhang beigegeben. Um den Phm, den Onesimus als kostbaren Schatz aufbewahrte, entsteht die Teilsammlung der Paulusbriefe an Einzelne. Vor allem die bis dahin unbekannten Pastoralbriefe sichern dem Bischof die Unterstützung seiner Amtskollegen in Kleinasien. Beispielsweise nimmt Polykarp von Smyrna die Ausgabe mit großer Freude auf und sorgt mit den ihm zur Verfügung stehenden Mitteln und seiner verlegerischen Erfahrung für eine gezielte Verbreitung. Der Vertrieb der entstandenen *13-Briefe-Sammlung* ist gewährleistet. Die Sammlung entwickelt sich mehr und mehr zum buchhändlerischen Erfolg.

In diese Zeit fällt auch die Veröffentlichung der später kanonisch gewordenen *Vier-Evangelien-Sammlung*. Und wenig später wird als Gegengewicht zur paulinischen Briefliteratur aus Schriften, die dem Kreis der zwölf Jesusjünger zugeschrieben werden, die Sammlung der *katholischen Briefe* zusammen mit der *Apostelgeschichte* herausgegeben.

Ältere Paulusausgaben werden von der 13-Briefe-Sammlung völlig verdrängt. Auch die Ausgabe der katholischen Paulusbriefsammlung, die bis nach Ägypten gedrungen ist, kann sich wegen ihres geringen Umfanges nicht behaupten. Sie steuert lediglich den Hb bei, der im Anhang zur 13-Briefe-Sammlung aufgenommen wird. Ihre Textform und die Textform anderer Ausgaben - etwa des kurzen nur 14 Kapitel umfassenden Röm, der am Ende die Doxologie enthält - verfließt mit der 13-Briefe-Sammlung. Das *Corpus Paulinum* in seiner bis heute gültigen Form ist entstanden, nur die Stellung des Hb wechselt von Ausgabe zu Ausgabe.

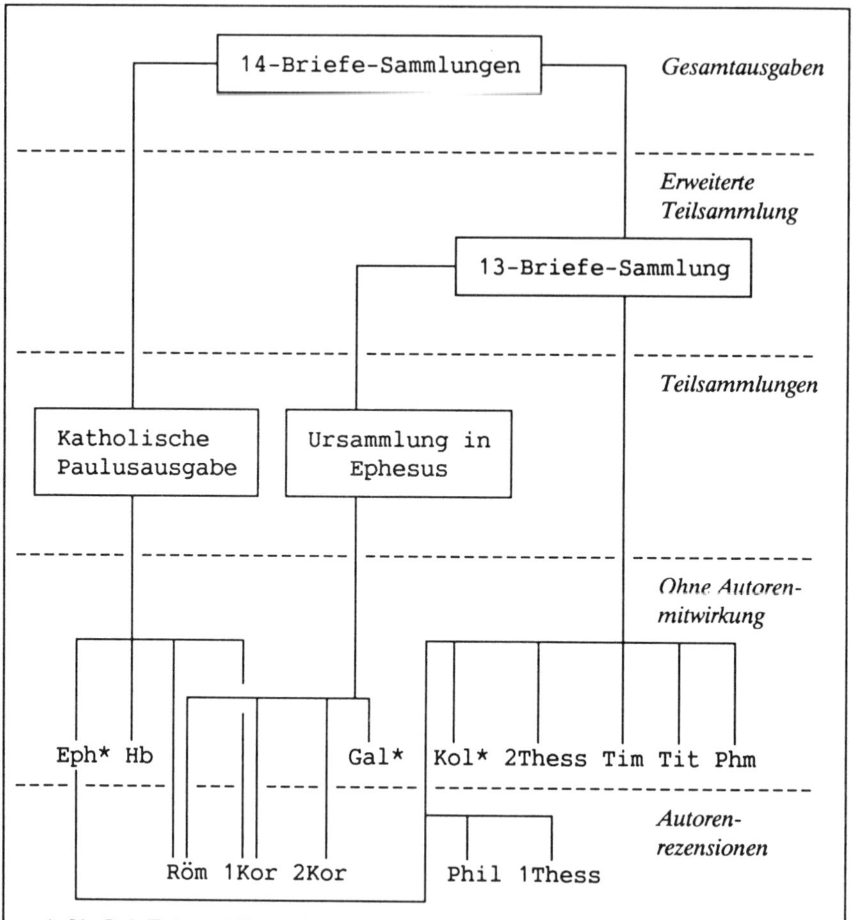

* *Ob Gal, Eph und Kol auf Autorenrezension zurückgehen, bleibt offen.*

VI. ZUSAMMENFASSUNG UND ERGEBNISSE

Am Anfang dieser Untersuchung wurden ausgewählte Arbeiten zur Entstehung des Corpus Paulinum vorgestellt. Es wurde dabei darauf hingewiesen, daß den meisten Argumenten entweder eine *Interpretation der Nachrichten von alten Paulusausgaben* zugrunde liegt oder aber Aussagen zur *typischen Entstehung* antiker Briefsammlungen.

Zunächst wurden nochmals die Belege für alte griechische Ausgaben der Paulusbriefsammlung untersucht, wobei der Schwerpunkt auf der Interpretation des wechselnden Umfanges und der veränderten Reihenfolge der Briefe gelegt wurde. Es wurde dabei von der heutigen Gestalt der Paulusbriefsammlung ausgegangen, und es sollten die Sammlungen beschrieben werden, aus denen sie sich entwickelt hat. Als Belege für alte griechische Ausgaben der Paulusbriefe kamen zunächst die Ausgaben selbst, also die Handschriften, in Betracht. In einem weiteren Schritt wurden dann die Quellen untersucht, die alte Ausgaben nur indirekt bezeugen, das sind verlorene Vorlagen erhaltener Handschriften, alte Kommentarwerke, Zitatreihen der Kirchenväter, die alten Übersetzungen, die Kanonslisten und die ältesten Erwähnungen der Paulusbriefe.

Es ließen sich neun verschiedene Ausgaben beschreiben, die in Anzahl und Reihenfolge der Briefe voneinander abweichen. Nur drei davon sind in mehr als einer Handschrift erhalten. Sieben dieser neun Reihen lassen sich zu zwei Gruppen zusammenfassen, in denen lediglich die Stellung des Hb variiert.[1]

Das Deutungsmuster für die Interpretation dieser zehn Reihen wurde im Vergleich mit anderen antiken Briefsammlungen gefunden. Ausgangspunkt war dabei die Analyse des Corpus Cyprianum durch H.von Soden, der feststellte, daß der wechselnde Umfang und die wechselnde Anordnung der Briefe in Gesamtausgaben auf unterschiedliche Kombinationen mehrerer Teilsammlungen zurückführbar sind. Die Verschmelzung mehrerer Sammlungen läuft dabei so mechanisch ab, daß das Ergebnis fast mit mathematischer Genauigkeit vorhergesagt werden kann. Auch bei anderen Briefcorpora wurden mit ähnlichen methodischen Grundsätzen zunächst willkürlich erscheinende Reihenfolgen als Ergebnis eines sich ständig wiederholenden Vorganges sinnvoll interpretiert.

Im Interesse einer überprüfbaren Theoriebildung, wurde versucht, für die

---

[1] Tabellarische Zusammenfassung auf S.56.

Rekonstruktion der Vorgeschichte des Corpus Paulinum, möglichst wenige selbständig überlieferte Teilsammlungen anzunehmen. Es stellte sich dabei heraus, daß nur zwei alte Sammlungen der Paulusbriefe nötig sind, um die Entstehung der neun Reihen zu erklären: Die Sammlung *Röm Kor Gal Eph Phil Kol Thess Tim Tit Phm* und die Sammlung *Röm Hb 1Kor Eph*. Die erstgenannte Sammlung besteht deutlich aus zwei Teilen. Zwingende Belege dafür, daß die Gemeindebriefe Röm-Thess und die Briefe an Einzelne Tim-Phm jemals als getrennte Teilsammlungen in Umlauf gewesen seien, ließen sich aber nicht finden.

Der nächste Teil der Untersuchung geht von der Beobachtung aus, daß im Altertum unterschiedliche Ausgaben des Röm in Umlauf waren. Es steht fest, daß einmal eine Ausgabe des Röm existierte, in der die Schlußkapitel 15 und 16 fehlten. Ferner ist eine Ausgabe des Röm belegt, in der die Adresse nach Rom durch eine allgemeine Adresse ersetzt ist. Und schließlich steht die Doxologie Röm 16,25-27 in den erhaltenen Handschriften an verschiedenen Stellen. Nach einer Diskussion alternativer Deutungen wurde ein eigener Entwurf vorgestellt, der die in den Handschriften erhaltenen Formen des Röm miteinander in Beziehung setzt.

Vor allem die Entfernung der konkreten Adresse des Röm ist als Redaktion so klar zu motivieren, daß sich die Frage aufdrängte, ob nicht auch andere Paulusbriefe Spuren einer ähnlichen Bearbeitung aufweisen. Dies konnte auch für 1Kor, Eph und Hb gezeigt werden, und es war ein naheliegender Schluß, daß die einheitliche Bearbeitung dieser Briefe auch auf eine Hand zurückzuführen ist.

Die Analyse deckte sich mit dem Ergebnis des vorhergehenden Teiles der Untersuchung, wo auf ganz anderem Wege bei der Interpretation der unterschiedlichen Reihenfolgen alter Paulusausgaben eine Sammlung Röm Hb 1Kor Eph rekonstruiert worden war. Diese Indizien schienen mir ausreichend genug, eine *Zweiquellentheorie des Corpus Paulinum* aufzustellen: Die erhaltene Textform ist eine Vermengung mindestens zweier Ausgaben. Die eine war nach Adressat gegliedert und umfaßte Röm Kor Gal Eph Phil Kol Thess Tim Tit Phm, die andere bestand aus Briefen mit allgemeiner Adresse und umfaßte Röm Hb 1Kor und Eph. Die erste Sammlung wurde innerhalb der Untersuchung als *13-Briefe-Sammlung*, die andere als *katholische Paulusbriefsammlung* bezeichnet.

Der nächste Teil der Untersuchung bemühte sich darum, Regelmäßigkeiten bei der Entstehung und Überlieferung antiker Briefsammlungen zu beschreiben. Es wurde dabei versucht, die Paulusbriefe weder einseitig mit den auf

Papyri erhaltenen Privatbriefen noch ausschließlich mit literarischen Briefsammlungen zu vergleichen. Die engsten Parallelen wurden dort erwartet, wo tatsächlich geführte Korrespondenzen zu Briefsammlungen umgearbeitet und überliefert wurden. Von der Gattung her wurde zunächst zwischen *Privatbrief*, *offenem Brief* und *Kunstbrief* differenziert, die sich deutlich durch verschiedenen Leserkreis und unterschiedliche Funktion innerhalb des Kommunikationsgeschehens voneinander unterscheiden. Jeder in eine Sammlung aufgenommene Brief hat eine *Bearbeitung* erfahren. Zumindest die Gliederungsmerkmale, an denen sich eine Sammlung erst als Sammlung zu erkennen gibt, sind ergänzt worden. Anhand ausgewählter Beispiele wurde in der Untersuchung gezeigt, welche redaktionellen Eingriffe darüber hinaus während der Entwicklung einer Briefsammlung zu beobachten sind. Insbesondere wurden Auswahlkriterien, Ordnungsprinzipien, typische Streichungen und Ergänzungen näher untersucht. Schließlich wurden die beobachteten redaktionellen Eingriffe mit den gattungsgeschichtlichen Entwicklungsstufen einer Sammlung in Beziehung gesetzt. Auch wurde kurz auf die jeweiligen Entstehungsbedingungen eingegangen. Die Entwicklungsstufen sind 1. Einzelbriefe oder Teilsammlungen, die auf *Autorenrezension* zurückgehen, 2. *ohne Mitwirkung des Autors herausgegebene* Einzelbriefe oder Teilsammlungen, 3. *erweiterte Teilsammlungen*, 4. *Gesamtausgaben*.

Im abschließenden Teil der Untersuchung wurden die rekonstruierten Paulusausgaben mit den beschriebenen Entwicklungsstufen in Beziehung gesetzt. Es wurde versucht, die Entwicklung des Corpus Paulinum von seinen Anfängen bis zur heutigen Form im Lichte der typischen Entstehungs- und Überlieferungsgeschichte einer antiken Briefsammlung zu interpretieren. Der Anlage der gesamten Untersuchung entsprechend wurde dabei wieder vom Jüngeren zum Älteren fortgeschritten.

Als Gesamtausgaben wurden alle Ausgaben mit 14 Briefen und die Ausgabe des p^{46} interpretiert.

Die 13-Briefe-Sammlung, die den Hb nicht enthält, ansonsten in Umfang und Reihenfolge aber dem Corpus Paulinum in der heutigen Form entspricht, wurde als erweiterte Teilsammlung gedeutet. Die Briefe sind in erster Linie nach Adressat geordnet, wobei die Briefe an Gemeinden (Röm-Thess) und die Briefe an Einzelne (Tim-Phm) zu Einheiten zusammengefaßt werden. Innerhalb dieser Einheiten sind die Briefe an gleichen Adressat wiederum zusammengestellt (Kor, Thess, Tim). In zweiter Linie wurden die Briefe nach der Textlänge geordnet. Dieses Ordnungsprinzip setzt innerhalb der Gemeindebriefe mit dem Eph neu ein, da der Eph länger ist als der Gal. Analog zu Beobachtungen an anderen Briefsammlungen, wo der Neueinsatz des

Ordnungsprinzips den Anfang eines Anhanges markiert, wurden Eph-Phm als früher Anhang zu einer Ursammlung Röm Kor Gal gedeutet. Auch die Beobachtung, daß alle Briefe, deren paulinische Verfasserschaft zweifelhaft ist, über diesen Anhang in die Sammlung eindringen, entspricht dem Befund bei anderen Briefsammlungen. Als möglicher Entstehungsort wurde Smyrna unter Bischof Polykarp oder Ephesus unter Bischof Onesimus am Anfang des 2.Jahrhunderts erwogen, wobei weniger auf den genauen Ort oder Zeitpunkt als auf die Beschreibung der allgemeinen Entstehungsbedingungen Wert gelegt wurde.

Die katholische Paulusbriefsammlung und die Ursammlung Röm Kor Gal wurden als Teilsammlungen gedeutet, die ohne Mitwirkung des Autors zustandekamen. Über die Entstehungsbedingungen wurden nur Vermutungen geäußert.

Die Mehrheit der betrachteten Briefsammlungen, die aus tatsächlich geführten Korrespondenzen entstanden, gehen in ihren Anfängen auf Briefausgaben zurück, die der Autor selbst veranlaßt hat. Am Ende der Rekonstruktion wurde daher versucht, die Autorenrezension als Deutungsmuster für die auf Paulus zurückgehenden Briefe zu verwenden. Nach einer allgemeinen Darstellung der zu erwartenden redaktionellen Eingriffe, wurde exemplarisch der 2Kor als Ergebnis einer Autorenrezension ausgelegt.

VII. SCHLUSSBEMERKUNGEN

Am Ende noch ein persönliches Wort. Jeder, der eine umfangreiche Untersuchung angeht, beginnt mit fixen Vorstellungen und Theorien, die man beschönigend auch gerne als Arbeitshypothesen bezeichnet. Vor allem die Vermutung, daß die überlieferte Form der Briefe vollständig auf tendenziöse Überarbeitung von Interpolatoren und Fälschern zurückzuführen sei, mußte ich aufgeben. Die Beobachtung, daß ein Großteil der anderen antiken Briefsammlungen, die tatsächlich geführte Korrespondenzen verarbeiten, auf Autorenrezensionen zurückgehen, war bestechend. Und so habe ich am Ende doch zu einem viel optimistischeren Bild der historischen Verwertbarkeit eines Teiles der Paulusbriefsammlung zurückgefunden.

Trotzdem: *Der biblische Paulus ist nicht der historische Paulus*. Zum Einen hat die Untersuchung versucht zu zeigen, daß der Text in mehreren konkurrierenden Ausgaben von Einzelbriefen und Teilsammlungen überliefert wurde bevor er zu der Textform verschmolz, die in den Handschriften erhalten ist. Zum Anderen beweist die Aufnahme von unechten Schriften, daß die Endredaktion dieser Ausgaben nicht einfach als paulinisch bezeichnet werden kann. Auch die Betrachtung der Briefe, deren paulinische Verfasserschaft kaum bestritten wird, ändert sich unter der redaktionskritischen Fragestellung. Ist mit der Autorenrezension ein angemessenes Deutungsmuster gefunden, so heißt das beispielsweise für den 1Thess: Obwohl in ihm die ältesten erhaltenen Paulustexte verarbeitet sind, sind sie mit der Brille des späten Paulus redigiert. Ferner sollte geprüft werden, ob nicht die überlieferte Form des 1Kor, 2Kor, Phil und 1Thess am treffendsten als implizite Briefsammlungen erfaßt werden. Gegenwärtig scheint das Lager der Ausleger gespalten: die einen beharren programmatisch auf der Einheitlichkeit der Briefe. Die anderen zerteilen die Texte in kleinste Einheiten, die sie dann wieder kunstvoll neu zusammensetzen, wobei aber selten zwei Analysen zum gleichen Ergebnis gelangen. Das Deutungsmuster der Autorenrezension könnte beide Anliegen verbinden: Die einheitliche Endgestalt wird als Ergebnis sorgfältiger Redaktion ernst genommen, ohne die zahlreichen literarkritischen Beobachtungen in den Bereich nicht erklärungsbedürftiger Zufälligkeiten abdrängen zu müssen.

Ich hoffe, in dieser Untersuchung gezeigt zu haben, daß vor allem der Vergleich mit anderen antiken Briefsammlungen noch stärker berücksichtigt werden sollte. Diese Arbeit konnte hier nur einen vorsichtigen Anfang machen.

VIII. ANHANG

A. Die Länge der Paulusbriefe: Computerzählung

Inhalt	*Buchstaben*	*Prozent*	*Differenz*
Röm	34410	18.397%	
1Kor	32767	17.519%	1643
2Kor	22280	11.912%	10487
Gal	11091	5.930%	11189
Eph	12012	6.422%	- 921
Phil	8009	4.282%	4003
Kol	7897	4.222%	112
1Thess	7423	3.969%	474
2Thess	4055	2.168%	3368
1Tim	8869	4.742%	- 4814
2Tim	6538	3.495%	2331
Tit	3733	1.996%	2805
Phm	1575	0.842%	2158
Hb	26382	14.105%	
Gesamt	187041	100.001%	

Vorgangsweise: Es wurde der Text von *The Greek New Testament*, 2.Auflage, ed. K.Aland, M.Black, C.M.Martini, B.M.Metzger, A.Wikgren (Stuttgart: Württemberg. Bibelanstalt, 1968) auf Diskette zugrundegelegt, wie er von der *Facility for Computer Analysis of Texts* der University of Pennsylvania, Philadelphia für die wissenschaftliche Verwendung angeboten wird (Version 0.1 (4/24/86 rak)). Dort ist Röm-Phm zu einer Textdatei *(paul.gnt)* zusammengefaßt. Aus dieser Datei wurden alle Akzente und Codierungen für Kapitel und Versangaben durch ein kleines Programm *(gnttxt.pas)* ausgefiltert *(procedure zeichenausscheiden)*, die Buchstaben in die griechische Codierung des verwendeten Textverarbeitungsprogrammes übertragen *(procedure zeichentauschen)* und das Ergebnis in einer neuen Textdatei *(paul.txt)* abgelegt. Um das Ergebnis auf dem Bildschirm kontrollieren zu können, wurden die Leerfelder zwischen den Worten erhalten.

Die erzeugte Textdatei wurde leicht überarbeitet: Vor jedem Brief war ein Buchstabe erhalten geblieben, der auf der Diskette für Hilfsprogramme den

Briefanfang markiert. Dieser Buchstabe wurde gestrichen. Am Ende jedes Briefes wurde eine Absatzmarkierung *(Wagenrücklauf: chr(13)+chr(10))* eingefügt. Die veränderte Datei unter dem gleichen Namen abgespeichert. Dann wurden die Einzelbriefe aus dem Text herausgelöst und unter ihrem Namen als Textdatei abgespeichert. Derselbe Prozeß wurde für den Hb wiederholt, der als Teil der Datei `hb-rev.gnt` ausgeliefert wurde. Im nächsten Schritt wurde mit Hilfe eines weiteren Programmes *(countgnt.pas)* die Anzahl der Buchstaben ermittelt, wobei lediglich die Leerfelder und die Absatzmarkierungen der Texte nicht mitgezählt werden durften, um die *scriptio continua* zu simulieren. Das Ergebnis wurde vom Computer als Textdatei *(protokol.txt)* abgelegt.

Da der Computer bei jedem Testlauf dasselbe Ergebnis bringt, liegen eventuelle Fehler bei der Programmierung und nicht bei der Ausführung. Deshalb sind zur Überprüfung im Folgenden beide Listings angegeben:

```
PROGRAM GNTTXT;
var
  dateiname    : string [80];
  dateiname1   : string [80];
  datei        : text;
  datei1       : text;
  zeichen      : char;

procedure zeichenausscheiden;
begin
if zeichen < 'A' then zeichen := chr(0);
if zeichen > 'Z' then zeichen := chr(0);
end;

procedure zeichentauschen;
begin
case zeichen of
'J': zeichen := CHR(228); 'C': zeichen :=
'J'; 'E': zeichen := CHR(238); 'F': zei-
chen := CHR(232); 'G': zeichen :=
CHR(226); 'P': zeichen := CHR(239);
'Q': zeichen := CHR(233); 'R': zei-
chen := 'P'; 'S': zeichen := CHR(228);
'Y': zeichen := 'C'; 'U': zeichen := 'Y';
'V': zeichen := ' '; 'W': zeichen :=
CHR(234);
end;
end;

(*HAUPTPROGRAMM*)
begin
clrscr;
write ('Quell-Dateiname angeben: ');
readln (dateiname);
write (' Ziel-Dateiname angeben: ');
readln (dateiname1);
assign (datei, dateiname);
reset (datei);
assign (datei1, dateiname1);
rewrite (datei1);
while not eof (datei) do
    begin
    read(datei,zeichen);
    if zeichen = chr(13) then zeichen :=
chr(32);
    if zeichen <> chr(32) then zeichen-
ausscheiden;
    zeichentauschen;
    if zeichen > chr(0) then
      write(datei1,zeichen);
    end;
close (datei1);
gotoxy(15,5);
end.
```

```
PROGRAM COUNTGNT;
(*zählt Buchstaben und gibt Ergebnisse
auf Bildschirm und auf Protokolldatei
aus*)

type
  str20_typ    = string[20];
var
  dateiname    : string [80];
  pfad         : string [70];
  datei        : text;
  protokolldatei : text;
  zeichen      : char;
  zaehler,summe,
  prozent      : real;
  x            : integer;
  name         : array [0..14] of str20_typ;

procedure dateinamen_einlesen;
begin
writeln;
writeln ('        PAUL.TXT in Laufwerk
A:');
writeln ('(Einzelbriefe).TXT in Laufwerk
B: legen',chr(7));
writeln;
writeln ('Taste drücken');
read (kbd,zeichen);
name [0] := 'a:Paul'; (*Paulusbrief-
sammlung Röm-Phm Hb *)
name [1] := 'b:Röm'; name [2] :=
'b:1Kor'; name [3] := 'b:2Kor';
name [4] := 'b:Gal'; name [5] := 'b:Eph';
name [6] := 'b:Phil'; name [7] := 'b:Kol';
name [8] := 'b:1Thess'; name [9] :=
'b:2Thess'; name [10] := 'b:1Tim';
name [11] := 'b:2Tim'; name [12] :=
'b:Tit'; name [13] := 'b:Phm';
name [14] := 'b:Hb';
end;

procedure buchstaben_zaehlen;
begin
zaehler := 0;
assign (datei, dateiname);
reset (datei);
while not eof (datei) do
    begin
    read(datei,zeichen);
    if zeichen > chr(32) then zaehler :=
zaehler + 1;
    end;
close (datei);
end;

(*HAUPTPROGRAMM*)
begin
summe := 0;
clrscr;
write ('Pfad für Protokolldatei angeben:
');
readln (pfad);
assign (protokollda-
tei,pfad+'protokoll.txt');
rewrite (protokolldatei);
dateinamen_einlesen;
for x :=0 to 14 do
  begin
  dateiname := name [x]+'.txt';
  buchstaben_zaehlen;
  if x = 0 then prozent := zaehler/100;
  writeln (name[x]:10,': ',
chr(7),zaehler:7:0,' Buchstaben', zaeh-
ler/prozent:10:3, '%');
  writeln (protokolldatei,name[x]:10,':
',zaehler:7:0,' Buchstaben', zaeh-
ler/prozent:10:3, '%');
  if x > 0 then summe := summe +
zaehler;
  end;
writeln;
writeln('Gesamtsumme: ', chr(7),
summe:7:0);
writeln (protokolldatei);
writeln(protokolldatei,'Gesamtsumme: ',
summe:7:0);
close (protokolldatei);
end.
```

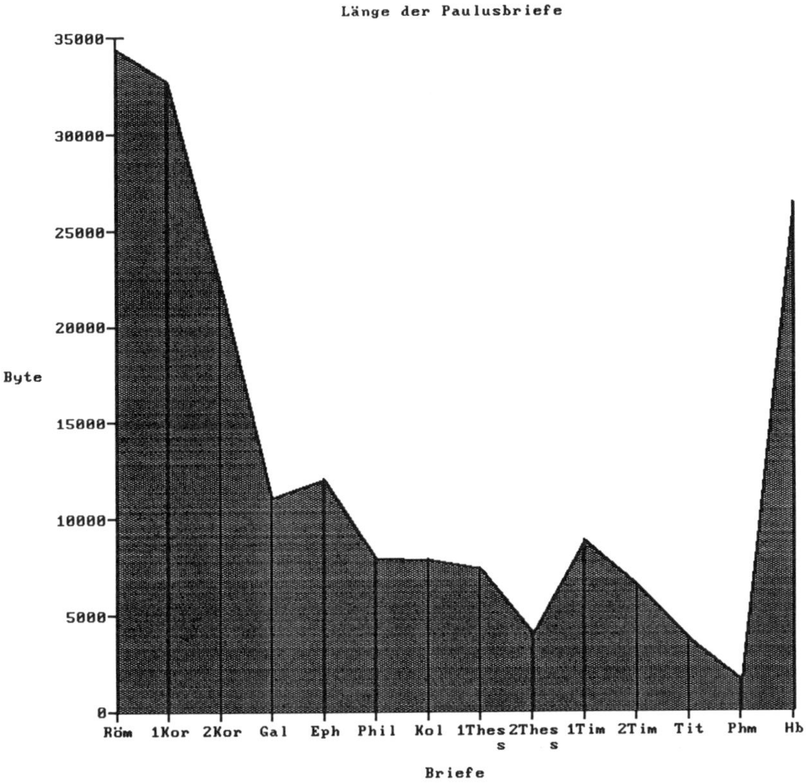

B. Liste der eingesehenen antiken Briefsammlungen

Von den eingesehenen Briefsammlungen habe ich nicht alle in gleichem Maße auswerten können. Am versprechendsten erschienen mir *Sammlungen, die auf tatsächliche Korrespondenzen* zurückgehen, also keine Einzelbriefe und keine Kunstbriefe. Auch sollten sie möglichst *in der zeitlichen Nähe* der Paulusbriefsammlung, *umfangreich erhalten* und *wissenschaftlich dokumentiert und diskutiert* worden sein.

Die meisten Beispiele habe ich ausgewählt aus den Sammlungen der Briefe des *M.Tullius Cicero, Ignatius von Antiochien, Gaius Plinius Caecilius Secundus* und *Cyprian von Karthago*.[1] Für den Vergleich mit dem Corpus Paulinum in

[1] Die benutzten Editionen sind im Literaturverzeichnis angegeben.

besonderem Maße interessant, schienen mir: *Basilius der Große*,[2] *Gregor von Nazianz*,[3] *Gregor von Nyssa*,[4] *Cyrill von Alexandrien*,[5] *Libanius*,[6] *Synesios von Kyrene*[7] und *Theodoret von Cyrus*[8]. Nachrichten gesammelt habe ich zu Briefen, die unter folgenden Verfassernamen überliefert wurden: *Claudius Aelianus, Aineas aus Gaza, Aischines, Akaios von Beroia, Alexander der Große, Alexander von Jerusalem, Alkiphron, Amasis, Amphilochius von Ikonium, Anacharsis, Antonius, C.Sidonius Apollinaris, Apolonius von Tyana, Aristainetos, Aristoteles, Athanasius von Alexandrien, Augustinus, Augustus, Barnabas, M.Brutus, C.Iulius Caesar, Sinnius Capito, Cato, Chion von Herakleia, Claudius Claudianus, Clemens III, Clemens Romanus, Cornelia, Cornelius von Rom, Demetrios von Phaleron, Demosthenes, Diogenes von Sinope, Dionysios von Alexandria, Dionysios von Halikarnassos, Eratosthenes von Alexandria, Evagrius Ponticus, Euripides, Euseb von Caesarea, M.Cornelius Fronto, Gregorius Thaumaturgus, Heraklitus, Hieronymus, Hippokrates, Q.Horatius Flaccus, Isidor von Pellusium, Iohannes Chrysostomus, Iulianus Apostata, Kynikerbriefe, Kyrill von Jerusalem, Leo I, Titus Livius, Lucilius, Makarios der Ägypter, Origenes, P.Ovidius Naso, Nilus von Ancyra, Pachomius, Phalaris, Flavius Philostratus, Platon, Polykarp von Smyrna, Proklos von Konstantinopel, Sextus Propertius, Ptolemaios, Pythagoreerbriefe, C.Sallustius Crispus, L.Annaeus Seneca, Seneca und Paulus, Serapion, Sextus Iulius Africanus, Sidonius von Apollinaris, Sokrates, Q.Aurelius Symmachus, Synesios von Kyrene, Themistokles, Theophilos von Alexandrien, Varro, Vergil, M.Verrius Flaccus, Xenophon*. Die Aufzählung hat nicht den Anspruch, vollständig zu sein, soll aber einen Eindruck über das weite Vergleichsmaterial vermitteln.

---

[2] Y.Courtonne (Hg).

[3] P.Gallay (Hg).

[4] G.Pasquali (Hg), *Gregorii Nysseni Epistulae* (Berlin, 1925).

[5] *Cyrilli Alexandriae Archiepiscopi Opera Omnia*, PG 68-77. R.Y.Ebied; L.R.Wickham (Hgg), *Cyrillus Alexandrinus: A Collection of Unpublished Syriac Letters* (Louvain, 1975).

[6] R.Förster (Hg), *Libanii Opera*, Nachdruck der Ausgabe 1903-1927 (Hildesheim: Olms, 1963)

[7] Antonius Garzy (Hg), *Synesii Cyrenensis Epistolae* (Rom: Typis Officinae Polygraphicae, 1979).

[8] Yvan Azéma (Hg), *Théodoret de Cyr, Correspondance* (Paris: Éditions du Cerf, Band 1: 1955, Band 2: 1964, Band 3: 1965).

C. Verzeichnis der zitierten Literatur

Druckausgaben

Aland, Kurt. *Kurzgefaßte Liste der griechischen Handschriften des Neuen Testaments*. ANTF, 1 (Berlin: De Gruyter, 1963).

Aland, Kurt. "Der gegenwärtige Stand der Arbeit an den Handschriften wie am Text des griechischen Neuen Testaments und das Institut für neutestamentliche Textforschung in Münster (Westf.)". *Studien zur Überlieferung des Neuen Testamentes und seines Textes, ANTF*, 2 (1967), S.202-214.

Aland, Kurt. "Die griechischen Handschriften des Neuen Testaments: Ergänzungen zur 'Kurzgefaßten Liste' (Fortsetzungsliste VII)". *Materialien zur neutestamentlichen Handschriftenkunde. ANTF,* 3 1969) S.1-53.

Aland, K(urt). "The twentieth-century Interlude in New Testament textual criticism". *Text and Interpretation: Studies in the New Testament presented to Matthew Black*. Edited by Ernest Best and R.McL.Wilson (Cambridge, London, New York, Melbourne: Cambridge University Press, 1979), S.1-14.

Aland, Kurt. "Der Schluß und die ursprüngliche Gestalt des Römerbriefes". *Neutestamentliche Entwürfe*. TB, 63 (München: Kaiser, 1979), S.284-301.

Aland, Kurt. "Die Entstehung des Corpus Paulinum". *Neutestamentliche Entwürfe*. TB, 63 (München: Kaiser, 1979), S.302-350.

Aland, Kurt (Hg); Mitherausgeber: Matthew Black, Carlo M.Martini, Bruce M.Metzger, Allen Wikgren. *Novum Testamentum Graece*. Post Eberhard Nestle et Erwin Nestle communiter ediderunt; apparatum criticum recensuerunt et editionem novis curis elaboraverunt Kurt Aland et Barbara Aland una cum Instituto studiorum textus Novi Testamenti Monasteriensi (Westphalia). 26. neu bearbeitete Auflage (Stuttgart: Deutsche Bibelgesellschaft, 1979).

Aland, Kurt; Barbara Aland. *Der Text des Neuen Testaments: Einführung in die wissenschaftlichen Ausgaben sowie in Theorie und Praxis der modernen Textkritik*. (Stuttgart: Deutsche Bibelgesellschaft, 1982).

Aland, Kurt. "Die Grundurkunde des Glaubens: Ein Bericht über 40 Jahre Arbeit an ihrem Text". *Bericht der Hermann Kunst-Stiftung zur Förderung der neutestamentlichen Textforschung für die Jahre 1982 bis 1984*. (Münster, 1985) S.9-75.

Aland, Kurt (Hg). *Repertorium der griechischen christlichen Papyri, 1: Biblische Papyri, Altes Testament, Neues Testament, Varia, Apokryphen*. In Namen der patristischen Arbeitsstelle Münster hg. (Berlin, New York: De Gruyter, 1976).

Altaner, Berthold; Stuiber, Alfred. *Patrologie: Leben, Schriften und Lehre der Kirchenväter*. 9.Auflage (Freiburg, Basel, Wien: Herder, 1978).

Anderson, Charles P.. "The Epistle to the Hebrews and the Pauline Letter Collection". *HThR*, 59 (1966), S.429-438.

Azéma, Yvan (Hg), *Théodoret de Cyr, Correspondance* (Paris: Éditions du Cerf, Band 1: 1955, Band 2: 1964, Band 3: 1965).

Bahr, Gordon J.. "Paul and Letter Writing in the Fifth (sic! korrekt:First) Century". *CBQ*, 28 (1966), S.465-477.

Bahr, Gordon J.. "The Subscriptions in the Pauline Letters". *JBL*, 87 (1968), S.27-41.

Bardt, C.. "Zur Provenienz von Ciceros Briefen ad familiares". *Hermes*, 32 (1897), S.264-272.

Barnard, L.W.. "The Epistle ad Diognetum: Two Units from one Author?" *ZNW*, 56 (1965), S.130-137.

Barnard, L.W.. "The Enigma of the Epistle to Diognetus". *Studies in the Apostolic Fathers and Their Background.* (Oxford: Blackwell, 1966), S.165-173.

Bayard, Le Chanoine (Hg). *Saint Cyprien: Correspondance.* 2.Auflage CUFr (Paris: 'Les Belles Lettres', 1.Bd.1962, 2.Bd.1961).

Berger, Klaus. "Apostelbrief und apostolische Rede: Zum Formular frühchristlicher Briefe". *ZNW*, 65 (1974), S.190-231.

Berger, Klaus. "Hellenistische Gattungen im Neuen Testament". *Aufstieg und Niedergang der römischen Welt: Geschichte und Kultur Roms im Spiegel der neueren Forschung.* 25, 2 (Berlin, New York: De Gruyter, 1984), S.1031-1432; Register: S.1831-1885.

Berger, Samuel. *Histoire de la vulgate pendant les premiers siècles du moyen âge.* (Nancy: Berger-Levrault et Cie, 1893).

Best, Ernest. "Ephesians i,1". *Text and Interpretation: Studies in the New Testament presented to Matthew Black.* Edited by Ernest Best and R.McL.Wilson (Cambridge, London, New York, Melbourne: Cambridge University Press, 1979), S.29-41.

Bethge, Eberhard (Hg). *Dietrich Bonhoeffer, Widerstand und Ergebung: Briefe und Aufzeichnungen aus der Haft.* (München: Kaiser, 1951; Neuausgabe: 1970).

Bihlmeyer, Karl (Hg.) *Die Apostolischen Väter.* Neubearbeitung der Funkschen Ausgabe. 2.Auflage mit einem Nachtrag von W.Schneemelcher, 1.Teil. SQS (Tübingen: Mohr, 1956).

Birt, Theodor. *Das antike Buchwesen in seinem Verhältniss zur Litteratur: Mit Beiträgen zur Textgeschichte des Theokrit, Catull, Properz und anderer Autoren.* (Aalen: Scientia, 1959; Nachdruck von 1882).

Birt, Theodor. *Kritik und Hermeneutik nebst Abriss des antiken Buchwesens.* HKAW I,3 (München: Beck, 1913).

Bjerkelund, Carl J.. *Parakalô: Form, Funktion und Sinn der parakalô-Sätze in den paulinischen Briefen.* BTN 1, (Oslo, Bergen, Tromsö: Universitätsverlag 1967).

Bornkamm, Günther. *Die Vorgeschichte des sogenannten Zweiten Korintherbriefes.* SHAW.PH, 2.Abhandlung (Heidelberg: C.Winter, 1961, 2. Auflage 1965). Durchgesehen und um einen Nachtrag erweitert: *Geschichte und Glaube: Gesammelte Aufsätze.* 2, 4 BEvTh 53 (München: Kaiser, 1971), S.162-194.

Brandt, Samuel; Georgius Laubmann (Hg). *L. Caeli Firmiani Lactanti opera omnia.* Recensuerunt Samuel Brandt et Georgius Laubmann, CSEL, 19,1 (1890).

Bruyne, Donatien de. "Prologues bibliques d'origine Marcionite". *RBen*, 24 (1907), S.1-14.

Bruyne, Donatien de "Les deux derniers chapitres de la lettre aux Romains". *RBen*, 25 (1908), S.423-430.

Buck, Charles.H.Jr.. "The Early Order of the Pauline Corpus". *JBL*, 68 (1949), S.351-357.

Büchner, Karl. "M.Tullius Cicero: Briefe". *PRE*, 2.Reihe, 13.Halbband (1939), S.1192-1235.

Camelot, P.Th.. *Ignace d'Antioche. Polycarp de Smyrne: Lettres, Martyre de Polykarp.* Texte grec, introduction, traduction et notes de P.Th.Camelot, 3.édition revue et augmentée. SC (Paris: Cerf, 1958).

Campenhausen, Hans Freiherr von. "Polykarp von Smyrna und die Pastoralbriefe", *Aus der Frühzeit des Christentums: Studien zur Kirchengeschichte des ersten und zweiten Jahrhunderts*, (Tübingen: Mohr, 1963), S.197-252.

Chadwick, H.. "Rufinus and the Tura Papyrus of Origen's Commentary on Romans". *JThS*, 10 (1959), S.10-42.

Collange, J.-F.. *Enigmes de la deuxième épître de Paul aux Corinthiens: Etude exégétique de 2 Cor. 2:14-7:4.* (Cambridge: University Press, 1972).

Conybeare, F.C.. "Newly discovered Letters of Dionysius of Alexandria to the Popes Stephen and Xystus", *EHR*, 25 (1910), S.111-114.

Corssen, Peter "Zur Überlieferungsgeschichte des Römerbriefes". *ZNW*, 10 (1909), S.1-45, Nachtrag S.97-102.

Courtonne, Yves (Hg). *Saint Basile: Lettres.* CUFr (Paris: Les Belles Lettres, Bd. I: 1957, Bd. II: 1961, Bd. III: 1966).

Dahl, Nils Alstrup. "Welche Ordnung der Paulusbriefe wird vom Muratorischen Kanon vorausgesetzt?" *ZNW*, 52 (1961), S.39-53.

Dahl, Nils Alstrup. "The Particularity of the Pauline Epistles as a Problem in the Ancient Church". *Neotestamentica et Patristica.* Freundesgabe O.Cullmann (Leiden: Brill, 1962), S.261-271.

Deissmann, Adolf. *Licht vom Osten: Das Neue Testament und die neuentdeckten Texte der hellenistisch-römischen Welt.* 1.Auflage 1908, 4.Auflage (Tübingen: Mohr, 1923).

Deissmann, G. Adolf. "Prolegomena zu den biblischen Briefen und Episteln". *Bibelstudien: Beiträge, zumeist aus den Papyri und Inschriften, zur Geschichte der Sprache, des Schrifttums und Religion des hellenistischen Judentums und des Urchristentums* (Marburg: Elwert, 1895), S.187-252.

Diercks, G.F. (Hg). *Novatiani opera.* CCL, 4 (Turnhout: Brepols, 1972).

Doty, William G.. *Letters in Primitive Christianity* (Philadelphia: Fortress Press, 1973).

Ebied, R.Y.; Wickham, L.R. (Hgg), *Cyrillus Alexandrinus: A Collection of Unpublished Syriac Letters* (Louvain, 1975).

Elliott, J.K.. "The Language and Style of the Concluding Doxology to the Epistle to the Romans". *ZNW*, 72 (1981), S.124-130.

Emonds, Hilarius. *Zweite Auflage im Altertum: Kulturgeschichtliche Studien zur Überlieferung der antiken Literatur.* (Leipzig: Harrasowitz, 1941).

Eschlimann G.A.. "La rédaction des épîtres pauliniennes". *RB*, 53 (1946), S.185-196.

Evans, Ernest. *Tertullian, Adversus Marcionem.* Edited and Translated by Ernest Evans, 2Bde (Oxford: Clarendon Press, 1972).

Ewig, Eugen. "Die lateinische Kirche im Übergang zum Frühmittelalter". *HKG(J)*, 2,2 (Freiburg, Basel, Wien: Herder, 1975), S.95-329.

Finegan, Jack. "The Original Form of the Pauline Collection". *HThR*, 49 (1956), S.85-103.

Fischer, Joseph A. (Hg). *Die Apostolischen Väter.* Griechisch und Deutsch. Eingeleitet, herausgegeben, übertragen und erläutert (Darmstadt: Wissenschaftliche Buchgesellschaft, 1956).

Fischer, Bonifatius. "Bibelausgaben des frühen Mittelalters". *Lateinische Bibelhandschriften im frühen Mittelalter.* Vetus Latina: Aus der Geschichte der lateinischen Bibel, 11 (Freiburg: Herder, 1985), S.35-100.

Fohrer, Georg. *Das Buch Hiob.* KAT, 16 (Gütersloh: Mohn, 1963).

Frede, H.J.. *Altlateinische Paulus-Handschriften.* Vetus Latina: Die Reste der altlateinischen Bibel nach Petrus Sabatier, neugesammelt und herausgegeben von der Erzabtei Beuron, Aus der Geschichte der lateinischen Bibel,4 (Freiburg: Herder, 1964).

Frede H.J.. "Die Ordnung der Paulusbriefe und der Platz des Kolosserbriefs im Corpus Paulinum". *Vetus Latina: Die Reste der altlateinischen Bibel*, 24 (Freiburg: Herder, 1969), S.290-303.

Frede H.J.. "Die Ordnung der Paulusbriefe". *Studia Evangelica*, 6, TU, 112 (Berlin: Akademie-Verlag, 1973), S.122-127.

Friedrichsen, George W.S.. *The Gothic Version of the Epistles: A Study of its Style and Textual History.* (London: Oxford University Press, 1939).

Funk, Robert W.. "The Apostolic *Parousia*: Form and Significance". *Christian History and Interpretation: Studies presented to John Knox*, Hg. von W.R.Farmer, C.F.D.Moule, R.R.Niebuhr (Cambridge: University Press, 1967), S.249-268.

Gallay, Paul (Hg). *Saint Grégoire de Nazianze: Lettres.* CUFr (Paris: Les Belles Lettres, Bd. I: 1964, Bd. II: 1967).

Gamble, Harry. "The Redaction of the Pauline Letters and the Formation of the Pauline Corpus". *JBL*, 94 (1975), S.403-418.

Gamble, Harry, Jr.. *The Textual History of the Letter to the Romans: A Study in Textual and Literary Criticism.* StD 42 (Grand Rapids, Mich.: Eerdmans, 1977).

Garitte, Gérard (Hg). *Lettres de S.Antoine version Géorgienne et fragments Coptes.* Corpus Scriptorum Christianorum Orientalium, 148; Scriptores Iberici, 5 (Louvain: Durbecq, 1955).

Garzy, Antonius (Hg), *Synesii Cyrenensis Epistolae* (Rom: Typis Officinae Polygraphicae, 1979).

Georges, Karl Ernst. *Ausführliches lateinisch-deutsches Handwörterbuch: Aus den Quellen zusammengetragen und mit besonderer Bezugnahme auf Synonymik und Antiquitäten unter Berücksichtigung der besten Hilfsmittel.* 10.Auflage = Nachdruck der 8. verbesserten und vermehrten Auflage von Heinrich Georges (Basel: Schwabe, 1959).

Goltz, Ed.Freiherr von der. *Eine textkritische Arbeit des zehnten bezw. sechsten Jahrhunderts: herausgegeben nach einem Kodex des Athosklosters Lawra.* TU, 17,4 (Leipzig: Hinrichs, 1899).

Goodspeed, Edgar J.. *The Formation of the New Testament.* (Chicago: University of Chicago Press, 1926; 2.Auflage 1927).

Goodspeed, Edgar J.. *The Meaning of Ephesians.* (Chicago: University of Chicago Press, 1933).

Goodspeed, Edgar J.. *An Introduction to the New Testament.* (Chicago, London: University of Chicago Press, 1937; 15.Auflage 1963).

Goodspeed, Edgar J.. *A History of Early Christian Literature.* Revised and enlarged by Robert M. Grant (Chicago: University of Chicago Press, 1966).

Goodspeed, Edgar J.. "The Editio Princeps of Paul". *JBL*, 64 (1945), S.193-204.

Goodspeed, Edgar J.. "Ephesians and the First Edition of Paul". *JBL*, 70 (1951), S.285-291.

Grenfell, Bernhard P.; Arthur S. Hunt. *The Oxyrhynchus Papyri.* Edited with translations and notes. 4 (London: Oxford University Press, 1904).

Grunewald, W.(Hg). *Die katholischen Briefe.* Das Neue Testament auf Papyrus, 1; in Verbindung mit K.Junack bearbeitet von W.Grunewald mit einem Vorwort von K.Aland, ANTF, 6 (Berlin, New York: De Gruyter, 1986).

Gülzow, Henneke. *Cyprian und Novatian: Der Briefwechsel zwischen den Gemeinden in Rom und Karthago zur Zeit der Verfolgung des Kaisers Decius.* BHTh, 48 (Tübingen: Mohr, 1975).

Hadorn, W.. "Die Abfassung der Thessalonicherbriefe auf der dritten Missionsreise und der Kanon des Marcion". *ZNW*, 19 (1920), S.67-72.

Hagedorn, Dieter. *Der Hiobkommentar des Arianers Julian.* Patristische Texte und Studien, 14 (Berlin, New York: De Gruyter, 1973).

Hannick, Christian. "Das Neue Testament in altkirchenslawischer Sprache: Der gegenwärtige Stand seiner Erforschung und seine Bedeutung für die griechische Textgeschichte". *ANTF*, 5 (Berlin, New York: De Gruyter, 1972), S.403-435.

Harnack, Adolf. *Geschichte der altchristlichen Literatur bis Eusebius.* 2.erweiterte Auflage mit einem Vorwort von Kurt Aland (Leipzig: Hinrichs, 1958).

Harnack, Adolf von. *Marcion: Das Evangelium vom fremden Gott: Eine Monographie zur Geschichte der Grundlegung der katholischen Kirche.* (Leipzig: Hinrichs, 1921).

Harnack, Adolf von. *Die Briefsammlung des Apostels Paulus und die anderen vorkonstantinischen christlichen Briefsammlungen: Sechs Vorlesungen aus der altkirchlichen Literaturgeschichte.* (Leipzig: Hinrichs, 1926).

Harrison, P.N.. *Polycarp's Two Epistles to the Philippians.* (Cambridge: University Press, 1936).

Hartel, Guelmus L.. (Hg). *S.Thasci Caecilii Cypriani opera omnia.* Recensuit et commentario critico instruxit. Epistulae. *CSEL*, 3,2 (1871).

Hartke, W.. *Die Sammlung und die älteste Ausgabe der Paulusbriefe.* (Bonn: C.Georgi, 1917).

Hartmann, Lars. "On Reading Other's Letters", *Christians Among Jews and Gentiles: Essays in Honor of Krister Stendahl on His Sixty-fifth Birthday.* George W.E.Nickelsburg, George W. MacRae (Hgg) (Philadelphia: Fortress Press, 1986), S.137-146.

Harvey, W. (Hg). *Sancti Irenaei episcopi Lugdunensis Libros quinque adversus haereses.* 2.Bd (Cantabrigae, 1857), republished (Ridgewood, New Jersey: Gregg Press, 1965).

Hatch, William Henry Paine. *The Greek Manuscripts of the New Testament at Mount Sinai: Facsimiles and Descriptions.* American Schools of Oriental Research, Publications of the Jerusalem School, Vol.I (Paris: Geuthner, 1932).

Hatch, William Henry Paine. *The Greek Manuscripts of the New Testament in Jerusalem: Facsimiles and Descriptions.* (Paris: Geuthner, 1934).

Hatch, William H.P.. "The Position of Hebrews in the Canon of the New Testament". *HThR*, 29 (1936), S.133-151.

Haussleitner, Johannes (Hg). *Victorini Episcopi Petavionensis Opera.* Recensuit, commentario critico instruxit, prolegomena et indices adiecit Johannes Haussleitner, CSEL, 49 (Wien: F.Tempsky, Leipzig: G.Freytag, 1916).

Hennecke, E.; Wilhelm Schneemelcher (Hg). *Neutestamentliche Apokryphen in deutscher Übersetzung.* 2 Bde, 3., völlig neu bearbeitete Auflage, Hg. W.Schneemelcher (Tübingen: Mohr, 1968. 1969).

Hercher, Rudolphus (Hg). *Epistolographi Graeci.* (Paris, 1873).

Holl, Karl (Hg). *Epiphanius, Panarion haer.34-64.* GCS, 31, 2. 2., 2. bearbeitete Auflage hg. von Jürgen Dummer (Berlin: Akademie-Verlag, 1980).

Horner, George. *The Coptic Version of the New Testament in the Northern Dialect, otherwise called Memphitic and Bohairic: With Introduction, Critical Apparatus, and Literal English Translation. Vol.III: The Epistles of S.Paul edited from MS.oriental 424 in the British Museum* (Oxford: Clarendon Press, 1905), Nachdruck (Osnabrück, 1969).

Howald, Ernst (Hg). *Die echten Briefe Platons: Griechisch und deutsch.* Übertragen und eingeleitet von Ernst Howald, Die Bibliothek der Alten Welt, Hg. Karl Hoenn (Zürich: Artemis, 1951).

Jülicher, Adolf. *Einleitung in das Neue Testament.* 7.Auflage (Tübingen: Mohr, 1931).

Kahle, Paul E.. *Bala'izah: Coptic Texts from Deir el-Bala'izah in Upper Egypt.* 2 Bde. (London: Oxford University Press, 1954).

Kasten, Helmut (Hg). *Gaius Plinius Caecilius Secundus: Briefe.* Lateinisch - deutsch (München: Heimeran, 1968).

Kasten, Helmut (Hg). *Marcus Tullius Cicero, An seine Freunde.* 3.Auflage (München: Heimeran, 1980).

Kasten, Helmut (Hg). *Marcus Tullius Cicero, Atticus-Briefe.* 3. unveränderte Auflage (München: Heimeran, 1980).

Kenyon, Frederic G. (Hg). *The Chester Beatty Biblical Papyri: Descriptions and Texts of Twelve Manuscripts on Papyrus of the Greek Bible.* Fasciculus III supplement, Pauline Epistles (London: Walker, 1936/37).

Kenyon, Frederic G.. *Der Text der griechischen Bibel.* Zweite Auflage, überarbeitet und ergänzt von A.W.Adams (Göttingen: Vandenhoeck, 1961).

Kim, Chan-Hie. *Form and Structure of the Familiar Greek Letter of Recommendation.* SBL Dissertation Series, 4 (Missoula, 1972).

Kleberg, Tönnes. *Buchhandel und Verlagswesen in der Antike.* (Darmstadt: Wissenschaftliche Buchgesellschaft, 1967).

Knox, John. *Philemon Among the Letters of Paul: A New View of Its Place and Importance.* (Chicago: University of Chicago Press, 1935).

Knox John. "A Note On the Format of the Pauline Corpus". *HThR*, 50 (1957), S.311-314.

Kraft, Heinrich (Hg). *Eusebius von Caesarea: Kirchengeschichte.* Herausgegeben und eingeleitet von Heinrich Kraft, die Übersetzung von Philipp Haeuser (Kempten 1932) wurde neu durchgesehen von Hans Armin Gärtner, 2.Auflage (München: Kösel, 1981).

Kraft, Heinrich. *Kirchenväter Lexikon.* (München: Kösel, 1966).

Kümmel, Werner Georg. *Einleitung in das Neue Testament.* 19., durchgesehene und erweiterte Auflage (Heidelberg: Quelle & Meyer, 1978).

Labourt, Jérôme. *Saint Jérôme: Lettres.* Texte établi et traduit par Jérôme Labourt, 8 Bde, CUFr (Paris: 'Les Belles Lettres', 1949-1963).

Lampe, Peter. "Zur Textgeschichte des Römerbriefes", *NT*, 27 (1985), S.273-277.

Lawler, Thomas Comerford (Hg). *The Letters of St.Jerome.* Translated by Charles Christopher Mierow: Introduction and notes by Thomas Comerford Lawler, Vol.I: Letters 1-22 *ACW,33* (1963).

Lewis, Agnes Smith. *Studia Sinaitica No.I: Catalogue of the Syriac MSS. in the Convent of St.Catherine on Mount Sinai.* (London: Clay, 1894).

Lietzmann, Hans. *Wie wurden die Bücher des Neuen Testaments heilige Schrift? Fünf Vorträge.* (Tübingen: Mohr, 1907).

Lietzmann, Hans. "Einführung in die Textgeschichte der Paulusbriefe". *An die Römer,* HNT, 8, 4.Auflage (Tübingen: Mohr, 1933), = *Kleine Schriften*, 2: Studien zum Neuen Testament, TU, 68 (1958), S.138-159.

Lietzmann, Hans. "Zur Entstehungsgeschichte der Briefsammlung Augustins", Kleine Schriften I: Studien zur spätantiken Religionsgeschichte, K.Aland (Hg) *TU*, 67(1958), S.260-304.

Lightfoot, Joseph Barber. *The Apostolic Fathers: A Revised Text with Introductions, Notes, Dissertations, and Translations.* Nachdruck der 2.Auflage (London, 1889.1890) (Hildesheim, New York: Olms, 1973).

Lindemann, Andreas. *Paulus im ältesten Christentum: Das Bild des Apostels und die Rezeption der paulinischen Theologie in der frühchristlichen Literatur bis Marcion.* BHTh, 58 (Tübingen: Mohr, 1979).

Locher, Albrecht (Hg). *Marii Victorini Afri, Commentarii in Epistulas Pauli ad Galatas ad Philippenses ad Ephesios.* (Leipzig: Teubner, 1972).

Martini, Carolus M. (Hg) *Novum Testamentum e Codice Vaticano Graeco 1209.* Tertia viae phototypice expressum, Vorwort von C.M.Martini (Vatikan, 1968).

Marxen, Willi. *Einleitung in das Neue Testament: Eine Einführung in ihre Probleme.* 4., völlig neu bearbeitete Auflage (Gütersloh: Mohn, 1978).

Melmoth, William (Hg). *Pliny: Letters.* With an English Translation by William Melmoth in 2 Volumes, Bd.2 (London: Heinemann; New York: Macmillan, 1915).

Metzger, Bruce M.. *Der Text des Neuen Testaments: Eine Einführung in die neutestamentliche Textkritik.* (Stuttgart, Berlin, Köln, Mainz: Kohlhammer, 1966).

Metzger, Bruce M.. *A Textual Commentary on the Greek New Testament: A Companion Volume to the United Bible Societies' Greek New Testament (third edition).* On behalf of and in cooperation with the Editorial Committee of the United Bible Societies' Greek New Testament Kurt Aland, Matthew Black, Carlo M.Martini, Bruce M.Metzger, and Allen Wikgren (London, New York: United Bible Societies, 1971).

Metzger, Bruce M.. *The Early Versions of the New Testament: Their Origin, Transmission, and Limitations.* (Oxford: Clarendon Press, 1977).

Metzger, Bruce M.. *Manuscripts of the Greek Bible: An Introduction to Greek Palaeography.* (New York, Oxford: Oxford University Press: 1981).

Milne, H.J.M.; T.C.Skeat. *Scribes and Correctors of the Codex Sinaiticus.* (Oxford: University Press, 1938).

Mitton, C.Leslie. *The Formation of the Pauline Corpus of Letters.* (London: Epworth Press, 1955).

Molitor, Joseph. (Hg). *Der Paulustext des Hl.Ephräm: Aus seinem armenisch erhaltenen Paulinenkommentar untersucht und rekonstruiert.* MBE 4 (Rom: Päpstliches Bibelinstitut, 1938).

Morton, A.Q.. "The Authorship of the Pauline Corpus". *The New Testament in Historical and Contemporary Perspective: Essays in Memory of G.H.C.Macgregor,* Hg. H.Anderson und W.Barclay (Oxford: Blackwell, 1965), S.209-235.

Mowry, Lucetta. "The Early Circulation of Paul's Letters". *JBL*, 63 (1944), S.73-86.

Mullins, Terence Y.. "Disclosure: A Literary Form in the New Testament". *NT*, 7 (1964/65), S.44-50.

Musurillo, Herbert (Hg), "Passio Sanctorum Scillitanorum". *The Acts of the Christian Martyrs: Introduction Texts and Translations,* (Oxford: Clarendon Press, 1972), S.86-89.

Oberg, Eberhard. "Das Lehrgedicht des Amphilochios von Ikonion". *JAC*, 16 (1973), S.67-97.

Pasquali, G. (Hg), *Gregorii Nysseni Epistulae* (Berlin, 1925).

Perrot, Charles. "Un fragment christo-palestinien découvert à Khirbet Mird (Actes des Apôtres, X, 28-29; 32-41)". *RB*, 70 (1963), S.506-555.

Peter, Hermann. *Der Brief in der römischen Litteratur.* Literaturgeschichtliche Untersuchungen und Zusammenfassungen (Leipzig: Teubner, 1901).

Quasten, Johannes. *Patrology.* Bd.3: The Golden Age of Greek Patristic Literature. From the Council of Nicaea to the Council of Chalcedon (Utrecht, Antwerpen: Spectrum, 1966).

Quecke, Hans (Hg). *Die Briefe Pachoms: Griechischer Text der Handschrift W.145 der Chester Beatty Library eingeleitet und herausgegeben von Hans Quecke. Anhang: Die koptischen Fragmente und Zitate der Pachombriefe.* TPL,11 (Regensburg: Pustet, 1975).

Rendtorff, Rolf. *Das Alte Testament: Eine Einführung,* 3.Auflage (Neukirchen-Vluyn: Neukirchener, 1988).

Renner, Frumentius. *'An die Hebräer' - ein pseudepigraphischer Brief.* Münsterschwarzacher Studien, 14, hg. von Missionsbenediktinern der Abtei Münsterschwarzach (Münsterschwarzach: Vier-Türme-Verlag, 1970).

Roberts C.H.. "The Codex". *Proceedings of the British Academy,* 40 (1954), S.169-204.

Roberts, Colin H., T.C.Skeat. *The Birth of the Codex* (London: Oxford University Press, 1983).

Rocchi, D.Antonii. *Codices Cryptenses seu Abatiae Cryptae Ferratae in Tusculano digesti et illustrati cura et Studio D.Antonii Rocchi.* (Tusculani: Typis Abatiae Cryptae Ferratae, 1883).

Römer, Cornelia (Hg). "170. Philemon 13-15; 24-25". *Kölner Papyri (P.Köln),* 4, Papyrologica Coloniensia Vol.7, bearbeitet von Bärbel Kramer, Cornelia Römer, Dieter Hagedorn (Opladen: Westdeutscher Verlag, 1982), S.28-31.

Roller, Otto. *Das Formular der paulinischen Briefe: Ein Beitrag zur Lehre vom antiken Brief.* (Stuttgart: Kohlhammer, 1933).

Sanders, Henry A.. *The New Testament Manuscripts in the Freer Collection.* Part II: The Washington Manuscript of the Epistles of Paul (New York: Macmillan, 1918).

Sanders, Henry A. (Hg). *A Third-Century Papyrus Codex of the Epistles of Paul.* University of Michigan Studies, Humanistic Series, 38 (Ann Arbor: University of Michigan Press, 1935).

Sanders, Jack T.. "The Transition from Opening Epistolary Thanksgiving to Body in the Lettters of the Pauline Corpus". *JBL,* 81 (1962), S.348-362.

Schanz, Martin. *Geschichte der römischen Literatur bis zum Gesetzgebungswerk des Kaisers Justinian.* v. M. Schanz. Erster Teil: Die römische Literatur in der Zeit der Republik. Vierte neubearbeitete Auflage von Carl Hosius (München: Beck, 1959).

Schenke, Hans-Martin. "Das Weiterwirken des Paulus und die Pflege seines Erbes durch die Paulus-Schule", *NTS,* 21, S.505-518.

Schenke, Hans-Martin; Karl Martin Fischer. *Einleitung in die Schriften des Neuen Testaments: Teil I: Die Briefe des Paulus und Schriften des Paulinismus.* Unter Mitarbeit von H.-G. Bethge und G.Schenke (Gütersloh: Mohn, 1978).

Schepers, M.A. (Hg). *Alciphronis rhetoris epistularum libri IV.* (Leipzig: Teubner, 1905)

Schmithals, Walter. *Die Gnosis in Korinth: Eine Untersuchung zu den Korintherbriefen.* FRLANT 66, 2. neubearbeitete Auflage (Göttingen: Vandenhoeck, 1965).

Schmithals, Walter. "Zur Abfassung und ältesten Sammlung der paulinischen Hauptbriefe". *Paulus und die Gnostiker: Untersuchungen zu den kleinen Paulusbriefen,* ThF, 35 (Hamburg-Bergstedt: Reich, 1965), S.175-200; erste Fassung: *ZNW,* 51 (1960), S.225-245.

Schmithals, Walter "Die Korintherbriefe als Briefsammlung". *ZNW,* 64 (1973), S.263-288.

Schmithals, Walter. *Der Römerbrief als historisches Problem.* StNT, 9 (Gütersloh: Mohn, 1975).

Schoene, J.. "Zu Ciceros Briefen". *Hermes,* 38 (1903), S.316-317.

Schubert, Paul. "Form and Function of the Pauline Thanksgivings". *BZNW,* 20 (Berlin: Töpelmann, 1939).

Shackleton Bailey, D.R. (Hg). *Cicero's Letters to Atticus.* 7 Bde. (Cambridge: University Press, 1965. 1965. 1968. 1968. 1966. 1967. 1970).

Shackleton Bailey, D.R. (Hg). *Cicero: Epistulae ad familiares.* 2 Bde. (Cambridge, London, New York, Melbourne: Cambridge University Press, 1977).

Sherwin-White A.N. *The Letters of Pliny: A Historical and Social Commentary.* (Oxford, 1966).

Simonetti M.(Hg). *Sancti Cypriani Episcopi Opera: Ad Donatum, De Mortalitate, Ad Demetrianum, De Opere et Eleemosynis, De Zelo et Livore.* CCL, 3A, (Turnhout, 1976).

Skeat T.C. "Early Christian Bookproduction: Papyri and Manuscripts". *The Cambridge History of the Bible, vol.2: The West From the Fathers to the Reformation,* Hg.G.W.H.Lampe (Cambridge: University Press, 1969), S.54-79.

Soden, Hans von. *Die Cyprianische Briefsammlung: Geschichte ihrer Entstehung und Überlieferung.* TU, 25,3 (Neue Folge 10.Bd, 3.Heft) (Leipzig: Hinrichs, 1904).

Soden, Hermann Freiherr von. *Die Schriften des Neuen Testaments in ihrer ältesten erreichbaren Textgestalt.* Hergestellt auf Grund ihrer Textgeschichte von Hermann Freiherr von Soden. 3 Bde (Berlin: Duncker, 1902; Glaue, 1907. 1910).

Sparks, H.F.D.. "The Order of the Epistles in P46". *JThS,* 42 (1941).

Speyer, Wolfgang. *Die literarische Fälschung im heidnischen und christlichen Altertum.* Ein Versuch ihrer Deutung, HAW 1.2 (München: Beck, 1971).

Stephenson, A.M.G.. "Partition Theories on II Corinthians". *StEv,* 2, TU, 87 (1964), S.639-646.

Stout, S.E. (Hg). *Plinius, Epistulae.* A Critical Edition by S.E.Stout (Bloomington: Indiana University Press, 1962).

Streitberg, Wilhelm (Hg). *Die gotische Bibel. Erster Teil: Der gotische Text und seine griechische Vorlage.* Mit Einleitung, Lesarten und Quellennachweisen sowie den kleineren Denkmälern als Anhang; 6., unveränderte Auflage (Heidelberg: C.Winter, 1971).

Stutz, Elfriede. "Das Neue Testament in gotischer Sprache". *Die alten Übersetzungen des Neuen Testaments, die Kirchenväterzitate und Lektionare: Der gegenwärtige Stand ihrer Erforschung und ihre Bedeutung für die griechische Textgeschichte,* ANTF, 5 (Berlin, New York: De Gruyter, 1972), S.375-402.

Sundberg, Albert C.. "Canon Muratori: A Fourth-Century List". *HThR*, 66 (1973), S.1-41.

Sundberg, A.C.. "Towards a Revised History of the New Testament Canon". *Studia Evangelica*, 4, TU, 102 (1968), S.452-461.

Swete, H.B. (Hg). *Theodori Episcopi Mopsuesteni in epistolas B. Pauli commentarii. The Latin Version with the Greek Fragments: With an Introduction Notes and Indices,* (Cambridge: University Press, Bd. 1: 1880. Bd. 2:1882; republished Westmead u.a.: Gregg International, 1969).

Thraede, Klaus. *Grundzüge griechisch-römischer Brieftopik.* Zet. 48 (München: Beck, 1970).

Tischendorf, Constantinus (Hg). *Novum Testamentum Graece ad antiquissimos testes denuo recensuit, apparatum criticum apposuit Constantinus Tischendorf.* Editio octava critica maior volumen III, Prolegomena scripsit Caspar Renatus Gregory (Leipzig: Hinrichs, 1894).

Van Damme, Dirk (Hg). *Pseudo-Cyprian: Adversus Iudaeos: Gegen die Judenchristen: Die älteste lateinische Predigt.* Paradosis, Beiträge zur altchristlichen Literatur und Theologie, 22 (Freiburg: Universitätsverlag, 1969).

Vielhauer, Philipp. *Geschichte der urchristlichen Literatur: Einleitung in das Neue Testament, die Apokryphen und die Apostolischen Väter.* (Berlin, New York: de Gruyter, 1975).

Vööbus, Arthur. *Early Versions of the New Testament.* Manuscript Studies. PETSE, 6 (Stockholm, 1954).

Vogels, Heinrich Josef (Hg). *Das Corpus Paulinum des Ambrosiaster.* BBB, 13 (Bonn: Haustein, 1957).

Vogels, H.J.. "Der Codex Claromontanus der paulinischen Briefe". *Amicitiae Corolla: A Volume of Essays Presented to James Rendel Harris,* Hg. H.G.Wood (London: University of London Press, 1933), S.274-299.

Walker, G.S.M. (Hg). *Sancti Columbani Opera.* Scriptores Latini Hiberniae, 2 (Dublin, 1957).

Weber, R.. *Sancti Cypriani Episcopi Opera: Ad Quirinum, Ad Fortunatum.* CCL, 3 (Turnhout, 1972).

Weinstock, Heinrich (Hg). *Platon: Die Briefe.* Übersetzt und eingeleitet von Heinrich Weinstock, Kröners Taschenbuchausgabe, Bd.203 (Stuttgart: Kröner, 1954).

Weiß, Johannes. *Die Aufgaben der Neutestamentlichen Wissenschaft in der Gegenwart* (Göttingen: Vandenhoeck, 1908)

Wengst, Klaus (Hg). *Schriften des Urchristentums: Zweiter Teil: Didache (Apostellehre), Barnabasbrief, Zweiter Klemensbrief, Schrift an Diognet.* Eingeleitet, herausgegeben, übertragen und erläutert (Darmstadt: Wissenschaftliche Buchgesellschaft, 1984).

Wessely C. "Literarischer theologischer Text Nr.26". *Studien zur Paläographie und Papyruskunde,* 12 (Leipzig, 1912), S.246.

Westcott, Brooke Foss; Fenton John Anthony Hort. *The New Testament in the Original Greek: Introduction, Appendix.* (Cambridge, London: Macmillan, 1882).

White, John L. ; Keith A. Kensinger. "Categories of Greek Papyrus Letters". *Society of Biblical Literature 1976 Seminar Papers*, 10, ed. George MacRae (Missoula: Scholar Press, 1976), S.79-91.

White, John L.. "Introductory Formulae in the Body of the Pauline Letter". *JBL*, 90 (1971), S.91-97.

Wilcken, Ulrich. "The Chester Beatty Biblical Papyri". *APF*, 11 (1935), S.112-114.

Wilckens, Ulrich. *Der Brief an die Römer.* EKK, 6, 3.Teilband: Röm 12-16 (Zürich, Einsiedeln, Köln: Benziger; Neukirchen-Vlujn: Neukirchener, 1982).

Wittek, M.. *Album de Paléographie greque: Specimens d'ecritures livresques du IIe siècle avant J.C. au VIIe siècle conservés dans des collections Belges.* (Gand: Story-Scientia, 1967).

Wordsworth, Iohannes; Henricus Iulianus White. *Novum Testamentum Domini nostri Iesu Christi Latine secundum Editionem Sancti Hieronymi.* 4 Bde (Oxford: Clarendon, 1889-1954).

Wolska-Conus, Wanda (Hg). *Cosmas Indicopleustès, Topographie Chrétienne.* Tome II. Introduction, texte critique, illustration, traduction et notes, SC, 159. (Paris: Cerf, 1970).

Zahn, Theodor. *Geschichte des Neutestamentlichen Kanons.* Erster Band: Das Neue Testament vor Origenes (Erlangen: Deichert, 1888/1889). Zweiter Band: Urkunden und Belege zum ersten und dritten Band (Erlangen, Leipzig: Deichert, 1890/1892).

Zahn, Th.. "Das Neue Testament Theodors von Mopsuestia und der ursprüngliche Kanon der Syrer". *NKZ*, 11 (1900), S.788-806.

Zuntz, G.. *The Text of the Epistles: A Disquisition upon the Corpus Paulinum.* The Schweich Lectures of the British Academy (1946) (London: Oxford University Press, 1953).

Datenträger

The Greek New Testament. K.Aland, M.Black, C.M.Martini, B.M.Metzger, A.Wikgren (Hgg). 2.Auflage (Stuttgart: Württemberg. Bibelanstalt, 1968). Auf Diskette angeboten von der *Facility for Computer Analysis of Texts* der University of Pennsylvania, Philadelphia, Version 0.1 (4/24/86 rak).

REGISTER

BIBEL

Reihen

Biblische Schriften

Bibelstellen

Evangelien

HANDSCHRIFTEN

Minuskeln

Majuskeln

Papyri

Lateinisch

Zum vorliegenden Buch

Die Arbeit hat sich zum Ziel gesetzt, die Entstehung der kanonischen Paulusbriefsammlung zu erhellen. Als Quellenbasis werden dazu antike Briefsammlungen herangezogen und ausgewertet.

Im ersten Teil der Untersuchung steht ein Aspekt im Mittelpunkt, der in fast keiner Theorie zur Entstehung des Corpus Paulinum fehlt: Die Interpretation des wechselnden Umfanges und der sich ändernden Reihenfolge der Briefe in den alten Paulusausgaben. Es wird gezeigt, daß sich alle alten Ausgaben der Paulusbriefsammlung, die sich noch in den Handschriften dokumentieren lassen, als Kombination aus zwei Ur-Ausgaben interpretieren lassen. Die eine rekonstruierte Vorlage war nach Adressat gegliedert und umfaßte Röm Kor Gal Eph Phil Kol Thess Tim Tit Phm, die andere bestand aus Briefen mit allgemeiner Adresse und umfaßte Röm Hb 1Kor und Eph. Die erste Sammlung wird innerhalb der Untersuchung als *13-Briefe-Sammlung*, die andere als *katholische Paulusbriefsammlung* bezeichnet. Diese *Zweiquellentheorie des Corpus Paulinum* wird an einer Reihe textkritischer Varianten erhärtet, wobei die verschiedenen Ausgaben des Röm mit 14, 15 und 16 Kapitel, sowie die wechselnde Stellung der Doxologie in Röm und die Adressatangaben im Röm, 1Kor, Eph und Hb analysiert werden.

Der zweite Teil der Untersuchung bemüht sich darum, Regelmäßigkeiten bei der Entstehung und Überlieferung antiker Briefsammlungen mithilfe gattungsgeschichtlicher Kriterien zu beschreiben. Es wird dabei versucht, die Paulusbriefe weder einseitig mit den auf Papyrus erhaltenen Privatbriefen noch ausschließlich mit literarischen Briefsammlungen zu vergleichen. Die engsten Parallelen werden dort gefunden, wo tatsächlich geführte Korrespondenzen zu Briefsammlungen umgearbeitet und überliefert werden.

Es stellt sich dabei heraus, daß die Mehrheit der betrachteten Briefsammlungen, die aus tatsächlich geführten Korrespondenzen entstanden, in ihren Anfängen auf Briefausgaben zurückgehen, die der Autor selbst veranlaßt hat. Am Ende der Untersuchung wird daher versucht, die *Autorenrezension* als Deutungsmuster auf die auf Paulus zurückgehenden Briefe des Corpus Paulinum anzuwenden. Nach einer allgemeinen Darstellung der zu erwartenden redaktionellen Eingriffe, wird exemplarisch der 2Kor als Ergebnis einer Autorenrezension ausgelegt.

ISBN 3-7278-0640-0 (Universitätsverlag)
ISBN 3-525-53911-8 (Vandenhoeck & Ruprecht)

Bd. 1 MAX KÜCHLER, *Schweigen, Schmuck und Schleier.* Drei neutestamentliche Vorschriften zur Verdrängung der Frauen auf dem Hintergrund einer frauenfeindlichen Exegese des Alten Testaments im antiken Judentum
XXII–542 Seiten. 1986

Bd. 2 MOSHE WEINFELD, *The Organizational Pattern and the Penal Code of the Qumran Sect.* A Comparison with Guilds and Religious Associations of the Hellenistic-Roman Period
104 Seiten. 1986

Bd. 3 ROBERT WENNING, *Die Nabatäer - Denkmäler und Geschichte.* Eine Bestandesaufnahme des archäologischen Befundes
252 Seiten; 18 Karten. 1986

Bd. 4 RITA EGGER, *Josephus Flavius und die Samaritaner.* Eine terminologische Untersuchung zur Identitätsklärung der Samaritaner
412 Seiten. 1986

Bd. 5 EUGEN RUCKSTUHL, *Die literarische Einheit des Johannesevangeliums.* Der gegenwärtige Stand der einschlägigen Forschungen. Mit einem Vorwort von Martin Hengel
344 Seiten. 1987

Bd. 6 MAX KÜCHLER/CHRISTOPH UEHLINGER (Hrsg.), *Jerusalem, Texte - Bilder - Steine*
238 Seiten. 1987

Bd. 7 DIETER ZELLER (Hrsg.), *Menschwerdung Gottes - Vergöttlichung von Menschen*
236 Seiten. 1988

Bd. 8 GERD THEISSEN, *Lokalkolorit und Zeitgeschichte in den Evangelien.* Ein Beitrag zur Geschichte der synoptischen Tradition
348 Seiten. 1989

Bd. 9 TAKASHI ONUKI, *Gnosis und Stoa.* Eine Untersuchung zum Apokryphon des Johannes
208 Seiten. 1989

Bd. 10 DAVID TROBISCH, *Die Entstehung der Paulusbriefsammlung.* Studien zu den Anfängen christlicher Publizistik
176 Seiten. 1989